国家出版基金项目
NATIONAL PUBLICATION FOUNDATION

新闻出版总署社会主义核心价值体系
建设“双百”出版工程重点出版物

改革开放与
社会主义核心价值体系建设

GAIGE KAIFANG YU
SHEHUIZHUYI HEXIN JIAZHI TIXI JIANSHE

孙伟平　张传开◎主编

安徽师范大学出版社

责任编辑：汪鹏生
装帧设计：丁奕奕

图书在版编目（CIP）数据

改革开放与社会主义核心价值体系建设/孙伟平，张传开主编．—芜湖：安徽师范大学出版社，2012. 11（2025.1 重印）
ISBN 978-7-5676-0037-9
Ⅰ. ①改… Ⅱ. ①孙… ②张… Ⅲ. ①社会主义建设—价值论—研究—中国 Ⅳ. ①D616

中国版本图书馆 CIP 数据核字（2012）第 291921 号

改革开放与社会主义核心价值体系建设
孙伟平 张传开 主编

出版发行：安徽师范大学出版社
芜湖市九华南路 189 号安徽师范大学花津校区 邮政编码：241002
网 址：http：//www. ahnupress. com/
发 行 部：0553-3883578 5910327 5910310（传真） E-mail：asdcbsfxb@ 126. com
经 销：全国新华书店
印 刷：阳谷毕升印务有限公司
版 次：2012 年 11 月第 1 版
印 次：2025年1月第2次印刷
规 格：700×1000 1/16
印 张：16. 25 插页：16
字 数：270 千
书 号：ISBN 978-7-5676-0037-9
定 价：65.00 元

1927 年 10 月，毛泽东率领秋收起义部队，创立了井冈山革命根据地。井冈山精神产生于开创井冈山革命根据地的伟大实践。井冈山精神的内容包括：胸怀理想、坚定信念，实事求是、勇创新路，艰苦奋斗、敢于胜利，依靠群众、无私奉献。图为秋收起义部队与南昌起义部队在井冈山会师。

1934 年 10 月，中央红军主力实行战略转移，开始二万五千里长征。红军指战员在长征途中表现出了乐于吃苦，不惧艰难的革命乐观主义；勇于战斗，无坚不摧的革命英雄主义；重于求实，独立自主的创新胆略；善于团结，顾全大局的集体主义。伟大的长征精神是中华民族百折不挠、自强不息的民族精神的表现，是保证中国革命和建设事业的精神力量。

延安精神是延安时期中国共产党和根据地军民在革命实践中所表现出来的精神风貌和优良作风。延安精神的内涵是解放思想、实事求是的思想路线，全心全意为人民服务的根本宗旨，自力更生、艰苦奋斗的创业精神。延安精神是中华民族精神的重要组成部分。图为毛泽东在延安窑洞写作《论持久战》。

1948 年 5 月，中共中央在西柏坡召开中国共产党七届二中全会，提出了西柏坡精神。其内涵是敢于斗争，敢于胜利的革命进取精神；坚持依靠群众，坚持团结统一的民主精神；戒骄戒躁的谦虚精神、艰苦奋斗的创业精神。

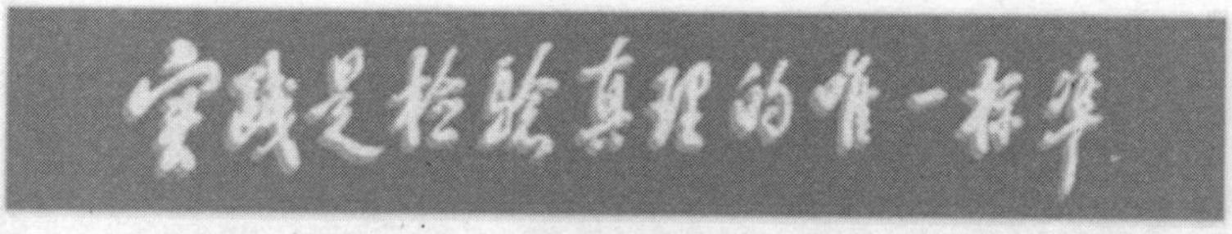

实践是检验真理的唯一标准

《光明日报》发表的《实践是检验真理的唯一标准》文章

1978 年 5 月 11 日，《光明日报》刊登题为《实践是检验真理的唯一标准》的特约评论员文章。文章指出任何理论都要接受实践的检验。马克思主义理论并不是教条，它要在实践中不断增加新的内容。文章引发了一场关于真理标准问题的大讨论，人们的思想空前解放。

1978 年 12 月 18 日至 22 日，中国共产党第十一届中央委员会第三次全体会议在北京举行。会议重新确立了马克思主义的思想路线、政治路线和组织路线。党的十一届三中全会开启了改革开放新时期的历史大幕。

邓小平为深圳经济特区题词：“深圳的发展和经验证明，我们建立经济特区的政策是正确的。”

1979 年 7 月，中共中央、国务院决定在深圳、珠海、汕头、厦门试办出口特区。1980 年 5 月，改称经济特区。图为建设中的我国第一个经济特区——深圳。

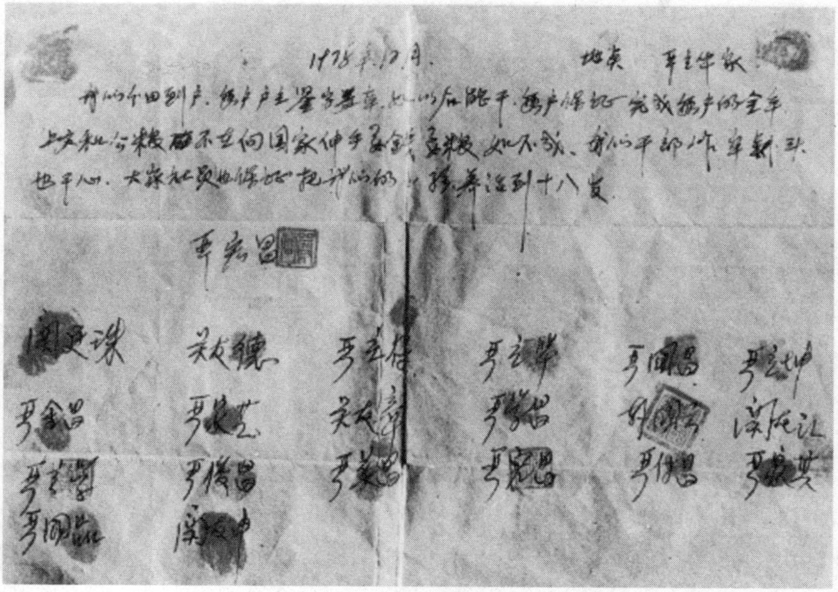

1978年12月　地点　严立华家

我们分田到户，每户户主签字盖章，如以后能干，每户保证完成每户的全年上交和公粮，不在向国家伸手要钱要粮，如不成，我们干部作牢杀头也甘心，大家社员也保证把我们的小孩养活到十八岁。

严宏昌

1978 年 11 月 24 日，小岗村村民召开秘密会议，决定包产到户，首创“大包干”联产承包责任制，掀开中国农村改革历史新的一页。图为小岗村 18 位农民按下红手印的“包产到户”契约。

1982 年家庭联产承包责任制的确立，拉开了我国农村改革的序幕。图为 1984 年国庆 35 周年庆典，农民游行队伍的彩车上打出“联产承包好”。

1985 年 3 月 13 日，中共中央作出《关于科学技术体制改革的决定》，指出现代科学技术是新的社会生产力中最活跃和决定性的因素。作为经济体制改革的一个重要部分和最先实施内容，这一改革政策的颁布极大地促进了我国经济和科技的结合，以及由此而生的中国多领域跨越式进步。1988 年 9 月 5 日，邓小平提出“科学技术是第一生产力”的著名论断。

1992 年初，邓小平到武昌、深圳、珠海、上海等地视察，就我国的现代化建设和国内外形势发表了重要讲话，强调抓住机遇，加快我国建设和发展的必要性。图为 1992 年 3 月，邓小平南方视察时，与女儿邓楠、邓榕参观深圳“锦绣中华”。

中共中央关于经济体制改革的决定

（中国共产党第十二届中央委员会第三次全体会议一九八四年十月二十日通过）

十二届三中全会通过的《中共中央关于经济体制改革的决定》（《人民日报》1984 年 10 月 21 日）

1984 年 10 月 20 日，中国共产党十二届三中全会通过《中共中央关于经济体制改革的决定》，提出：进一步贯彻执行对内搞活经济、对外实行开放的方针，改革的基本任务是建立具有中国特色的、充满生机和活力的社会主义经济体制，促进社会生产力的发展。

2001 年 12 月 11 日我国正式加入世界贸易组织（WTO），成为其第 143 个成员。图为中国代表团团长石广生于当地时间 11 日晚在多哈签署中国入世议定书。

1997 年 7 月 1 日零点，中华人民共和国国旗和香港特别行政区区旗在香港升起，经历了百年沧桑的香港回到祖国的怀抱，中国政府开始对香港恢复行使主权。香港的回归推进了祖国的和平统一大业，是一国两制伟大构想的成功实践。

1999 年 12 月 20 日零时，中葡两国政府在澳门文化中心举行政权交接仪式，中国政府对澳门恢复行使主权，澳门回归祖国。这是继香港回归祖国之后，中华民族在实现祖国统一大业中的又一盛事。

1998年夏，长江流域发生了有史以来的特大洪灾，在党中央和国务院的领导下，数百万军民众志成城，奋起抗洪，一方有难，八方支援，中华儿女用钢铁般的意志和大无畏的英雄气概，谱写了一曲又一曲气吞山河的抗洪壮歌。演绎了伟大的抗洪精神：万众一心、众志成城，不怕困难、顽强拼搏，坚韧不拔、敢于胜利。

2008年5月12日，汶川发生里氏8.0级大地震。这是中国1949年以来破坏性最强、波及范围最大的一次地震。全国人民发扬“一方有难，八方支援”的精神，整个抗震救灾过程充分体现了万众一心，同舟共济的伟大民族精神。

2003 年 10 月 15 日 9 时，我国自行研制的第一艘载人飞船神舟五号发射升空。16 日 6 时 28 分，神舟五号飞船成功返回。这标志我国首次载人航天飞行获得圆满成功。中国成为世界上第三个独立掌握载人航天飞行技术的国家。

2008 年 9 月 27 日，中国航天员翟志刚身着中国自行研制的舱外宇航服出舱，成为中国太空行走第一人，中国也成为世界上第三个掌握空间出舱活动技术的国家。铸就了特别能吃苦、特别能战斗、特别能攻关、特别能奉献的载人航天精神。

1984 年第 23 届洛杉矶奥运会上，许海峰首先在男子手枪 60 发慢射决赛中以 566 环的成绩获得冠军，成为中国奥运会历史上的首位奥运冠军，突破了中国奥运史上金牌“零”的纪录。

第 29 届奥林匹克运动会于 2008 年 8 月 8 日在北京开幕，204 个国家及地区参赛，中国以 51 面金牌居奖牌榜首，是奥运历史上首个登上金牌榜首的亚洲国家。

2006 年 5 月，全长 2309 米的三峡大坝全线建成，全线浇筑达到设计高程 185 米，是世界上规模最大的混凝土重力坝和水利枢纽工程。

2006 年 7 月 1 日，青藏铁路全线通车运营。青藏铁路，是世界海拔最高、线路最长的高原铁路，被誉为“天路”。它东起青海西宁市，南至西藏拉萨市，全长 1956 公里。

2009 年 12 月 10 日，重达 120 吨 3 兆瓦风力发电机组在新疆达坂城正式安装。新疆达板城风电厂是中国第一个大型风电厂，也是亚洲最大的风力发电站。风力发电将成为新疆未来重要的替代能源。

西藏山南地区乃东县结巴乡结巴村的一位村民在使用太阳灶（2008 年 12 月 14 日摄）。西藏凭借丰富的太阳能资源，致力发展“阳光经济”。太阳能广泛运用到群众的日常生活中，成为改善群众生活、增加群众收入、保护自然环境的一个重要途径。

2006年10月8日至11日，中国共产党第十六届中央委员会第六次全体会议在北京举行。会议审议通过了《中共中央关于构建社会主义和谐社会若干重大问题的决定》，勾勒了和谐社会建设的蓝图，并第一次明确提出“社会主义核心价值体系建设”的重大论题。

2011年10月15日至18日，中国共产党第十七届中央委员会第六次全体会议在北京举行，会议通过了《中共中央关于深化文化体制改革 推动社会主义文化大发展大繁荣若干重大问题的决定》，进一步兴起社会主义文化建设新高潮。

2004 年 1 月，中共中央发出《关于进一步繁荣发展哲学社会科学的意见》，提出实施马克思主义理论研究和建设工程。马克思主义理论研究和建设工程是巩固马克思主义在意识形态领域指导地位的基础工程。

由中共中央宣传部组织的精神文明建设“五个一工程”评选活动，自 1992 年起每年进行一次，评选上一年度的精品佳作。“五个一”指：一部好的戏剧作品，一部好的电视剧（或电影）作品，一部好的图书（限社会科学方面），一部好的理论文章（限社会科学方面），一首好歌。

以杨善洲、郭明义为代表的100位新中国成立以来感动中国人物，是众多先进人物的代表，在他们身上，我们看到了一种理想，一种信念，一种精神，一种力量，他们以自己的行动从不同角度诠释了社会主义核心价值体系的真谛。

杨善洲（1927.01—2010.10），男，汉族，云南施甸人，2011年全国道德模范候选人，入选2011年感动中国人物。杨善洲同志从事革命工作近40年，曾担任保山地委领导，两袖清风，清廉履职，忘我工作，一心为民。退休后，扎根大亮山，义务植树造林22年，建成面积5.6万亩，价值3亿元的林场，并无偿上缴给国家。

郭明义，1977年参军，1980年入党，1982年复员到齐大山铁矿工作。先后任鞍山钢铁集团矿用大型生产汽车驾驶员、车间团支部书记、矿党委宣传部干事、车间统计员兼人事员、英文翻译等。郭明义曾先后获部队学雷锋标兵、鞍钢劳动模范、鞍山市特等劳动模范、全国无偿献血奉献奖金奖、中央企业优秀共产党员、全国“五一劳动奖章”等荣誉称号。

目　录

导　言

波澜壮阔的改革开放实践催生了伟大的时代精神，浩荡激昂的时代精神蕴涵着深厚的核心价值，和谐发展的核心价值为中华文化注入鲜活的灵魂，社会主义核心价值体系引领中华民族走向强国之路。

一

1978 年，中国共产党冲破重重阻力，召开了具有重大历史意义的十一届三中全会，开启了我国改革开放的历史新时期。新时期最鲜明的特点就是思想解放，最核心的内容是改革开放，最突出的标志是与时俱进，最显著的成就是快速发展。

30 多年来，从农村到城市，从经济、政治、文化到其他各个社会领域，改革创新的进程披荆斩棘；从沿海到沿江、沿边，从东部到西部、中部，对外开放的潮流势不可挡。中华民族大踏步赶上时代前进潮流，迎来伟大复兴的光明前景。

30 多年来，妨碍发展的传统思想观念被逐步冲破，束缚发展的旧的行为规范被逐步改变，影响发展的僵化体制弊端被逐步革除，人们的思想空前大解放、观念空前大转变、精神空前大振奋。

30 多年来，中国共产党的面貌、中国人民的面貌、社会主义中国的面貌发生了深刻的历史性变化。波澜壮阔的改革开放实践，孕育和形成了以改革创新为核心的伟大时代精神。解放思想、实事求是、与时俱进的精神极大弘扬，以人为本、尊重科学、崇尚和谐的观念牢固树立，诚实守信、团结友爱、互助奉献的风尚日益浓厚，民主法治、自由平等、公平正义的理念深入人心。

这一切，体现了时代精神的丰富内涵，反映了中国人民的精神风貌，代表了中华民族的振兴希望。

经过30多年的艰苦奋斗，我国经济建设取得了举世瞩目的辉煌成就，已经发展成为世界第二大经济体。一个历史超悠久、体量超大型的现代文明型国家正在创造着人类文明发展的奇迹。当然，从总体上看，我国的文化实力和国际影响力与我国的国际地位还不相称，特别是在理想信念教育、思想道德建设、价值观念建设等方面存在不少问题。

唯物史观告诉我们，社会存在决定社会意识。生产力与生产关系、经济基础与上层建筑之间相互影响，相互作用，共同推动社会向前发展。为此，要解决当前的文化发展问题，就必须加强上层建筑建设，其中观念的上层建筑建设尤为重要。社会主义核心价值体系建设，就是从观念的上层建筑角度统领社会主义文化建设，力图以柔性的方式来化解社会矛盾，调节复杂多变的社会关系，推动经济社会全面发展。

改革开放促进了人们的思想空前大解放，开拓了中国特色社会主义建设新道路，形成了以改革创新为核心内容的时代精神。人们的精神面貌发生了根本性的改变，爱国主义、集体主义、社会主义思想，科学文明、自强不息、开拓进取以及其他与改革开放和社会主义核心价值体系相适应的思想观念、道德风尚，成为现时代中国人精神世界的主流。

具体地看，改革开放使中国的发展融入了全球化世界大潮，极大地提振了中国人民建设美好家园的自信心；改革开放为精神文明建设夯实了物质基础，坚定了广大人民群众建设中国特色社会主义的信心；改革开放为经济社会的发展树立起精神支柱，提供了人们建设共同精神家园的核心价值观。

融入全球化的世界发展大潮，使中国人民的视野空前开阔，目光不再短浅，思维不再局限，境界不再低下，行动不再迟缓。面向世界的中国人民以气壮山河的气魄开始新的社会主义建设的征程。但是，随着改革开放的不断深入，我国社会思想更加多样化、价值观念更加多元化、社会思潮更加复杂化，因此，坚持以马克思主义为指导思想、以社会主义核心价值体系引领社会思潮的重要性和紧迫性更加凸显，社会主义核心价值体系在凝聚力量、推动发展、满足人民的精神需求等方面的作用愈益显现。

与此同时，全球化的世界历史进程，大大提高了实践主体的自由度，跨越民族和国家界限，超越制度和文化障碍，全球范围内的交流、对话、协调和沟通，使全人类得以拓展交往空间，共享文明成果。人与人之间依附关系逐步解除，人际关系更加开放、平等、宽容和透明。市场经济催生出的经济全球化，客观上要求建立以自由、平等、信用、契约为基础的经济关系。这些关系反映在思想道德领域，就是人格自由平等、遵守社会公德、诚信公平竞争、懂法依法守法的现代文明规范。

二

在改革开放与全球化两股潮流的激荡下，社会主义核心价值体系建设变得异常迫切。

放眼国内，改革开放促使中国社会发生了复杂而深刻的变化。激烈的社会变革导致思想文化领域也发生了“大地震”，出现了价值失范之类现象。在传统计划经济向现代市场经济转变过程中，个人主义、拜金主义、功利主义、工具主义、享乐主义开始侵入到一些人的思想中。社会道德风尚受到影响，传统的集体主义价值观受到冲击。一些人开始怀疑马克思主义的指导地位，淡化中国特色社会主义的共同理想信念，爱国主义意识淡薄，改革创新动力不足，社会主义的道德准则和行为规范迷失。

放眼世界，各种思想观念以不同的文化内容和价值观念竞相表现，异彩纷呈。这其中既有能够引领和促进社会发展的进步文化和主流价值观，也有逆社会进步潮流而动的糟粕文化和消极价值观，更有长期敌视我、试图分化我的西方意识形态和价值观。各种性质的价值观错综复杂，相互交织，各种价值观念相互激荡，彼此影响，社会意识、社会心理呈现出复杂多变、难以把控的局面。

在这样一种复杂的国内国际环境中，我们既要坚定不移地坚持改革开放战略，又要坚定不移地坚持独立自主发展战略。一方面我们要积极借鉴吸纳世界各国文明进步的思想观念、价值理念和实践方式，丰富和建设我们的核心价值体系；一方面又要坚决抵制和防范各种腐朽文化和落后的价值观念对我们的侵蚀，着力建构文化和价值的安全体系。只有这样，才能保证社会主义核心价值体系健康发展，充分发挥引领社会进步的巨大精神作用。

改革开放客观上导致价值观念多样化。改革开放以来，随着思想的解放、社会的发展、开放的扩大，各种文化间交流、交融、交锋不断，人们价值观念的多样化趋势日益明显。在价值观念领域，集体主义、共产主义、功利主义、个人主义、利己主义、英雄主义、庸俗主义等各种价值观念相互碰撞，使得价值观念变革和发展的程度空前活跃与激烈。多样化的价值观念虽然增加了选择的多样化，但也容易导致消极乃至腐朽的价值观念肆意盛行。

在这种情况下，以社会主义核心价值体系引领社会思潮，增强主流价值观的影响力，加强社会主义核心价值体系的建设迫在眉睫。

社会转型客观上引发新旧价值观念相冲突。社会转型时期，旧的价值观念已不再适应但仍有影响力，价值观的培育滞后于经济社会发展，新的价值体系有待深入人心。市场伦理讲求利益导向、公平竞争、效益优先，道德伦理崇尚以义为上、大公无私、奉献利他，两个领域的不同伦理趋向使人们在道德价值选择时产生困惑。市场经济主体利益的多元化，决策的分散性，市场调节的自发性，市场调节功能的滞后性和有限性，再加上市场竞争的排他性，急功近利的短期性，以及等价交换原则的片面性，必然会助长利己主义、本位主义和拜金主义，诱发追名逐利、投机钻营等不正之风。

在这种情况下，引导人们自觉树立合理的市场价值导向，摈弃落后、保守、腐朽、庸俗的价值观，坚定社会主义价值信念迫在眉睫。

经济全球化带来西方价值观的双重影响。一方面，世界文化交流拓展了人们的视野，中华民族厚德载物、海纳百川的精神，有利于我们汲取其他国家和民族的优秀文化遗产，丰富我们的价值观；另一方面，对外开放以来，西方世界的现代文明通过各种渠道不断输入我国。近代以来多年积累的崇洋媚外的社会心理，使得各种资产阶级的生活方式和腐朽思想，特别是美化资本主义意识形态、攻击马克思主义和科学社会主义的各种反动思潮，活跃在我国社会的各个方面，严重影响着人们的世界观、人生观和价值观，使一些人理想信念丧失、价值观念多元、精神支柱坍塌。

在这种情况下，如何消除崇洋媚外的社会心理，弘扬中华文化的优秀传统价值理念，确立民族自信，提炼和践行社会主义核心价值观迫在眉睫。

无论是文化多元化、价值观多元化给人们带来的冲击、激荡乃至迷惘，还是社会急剧转型给价值观带来的交融、交锋乃至困惑，都是社会发展、时代潮流所致。

今日世界，和平、发展、合作成为时代潮流，但国际环境复杂多变，我们既面临着前所未有的发展机遇，又面临着前所未有的严峻挑战。今日中国，改革发展进入了关键时期，经济体制深刻变革，社会结构深刻变动，利益格局深刻调整，思想观念深刻变化。

国内外形势的迅速发展和社会变革的日益深化，给我国社会发展进步既带来巨大活力，也带来种种矛盾和问题。这些问题的产生源自改革开放，与社会大变革、大转型、大发展进程中人们的精神文化、心态文化相伴生，这是发展中的问题。发展中的问题只有在不断地推进改革开放和发展的实践中，才能得到解决。

社会意识形态具有强大的能动性，社会意识的能动性又可以直接通过文化自觉、文化自信、文化自强，进而以理论自觉、理论自信、理论自强来加以实现。建设社会主义核心价值体系是社会意识自我发展的最显著的能动性之表现。

改革开放的直接目的是建设社会主义强国。文化强则国家强，文化弱则国家弱。没有先进文化的积极引领，没有精神世界的极大丰富，没有精神力量的充分发挥，任何国家、任何民族都不可能屹立于世界民族之林。党的十七届六中全会提出，进一步激发文化发展活力，要显著提高全国各族人民思想道德素质和科学文化素质，促进人的全面发展，着力提升国家文化软实力，为推进中国特色社会主义事业提供强大精神力量。中华民族伟大复兴必然伴随着中华文化繁荣兴盛，要更加自觉、更加主动地推动文化大发展大繁荣，在中国特色社会主义的伟大实践中进行文化创造，提高国家文化软实力。没有社会主义文化的百花齐放，就没有社会主义现代化的累累硕果。中华文化是中华民族的血脉，是中国人民的精神家园。

改革开放的精神动力源于文化强国建设。建设文化强国必须健其体强其魂。社会主义核心价值体系是文化强国之魂，国家文化软实力之核。在文化强国之魂、国家文化软实力、社会主义先进文化、社会主义核心价值体系之间形成了一个逻辑链条。建设社会主义核心价值体系是源头，没有社会主义核心价值体系的建设，就不可能有社会主义的先进文化；没有社会主义先进文化的建设，就不可能提升国家的文化软实力；文化软实力不强，文化强国就会失去自己的灵魂。一个没有民族文化之魂的国家很难得到持续发展，改革开放的动力之源也将趋于枯竭。

改革开放的最高理想是建设我们共有的精神家园。精神家园的实质，即一个国家、民族、社会乃至个人的精神支柱和核心价值追求所在。任何国家、社会、民族乃至个人，不可能没有自己的精神支柱，也不可能没有自己的精神家园。改革开放历史进程中形成的社会主义核心价值体系，构成了中华民族精神家园的核心内涵。这一精神家园的理念内涵极其丰富，其中最为鲜明的关键词是：马克思主义、中国特色社会主义共同理想、民族精神和时代精神、社会主义道德观。

马克思主义是构筑中华民族精神家园的精神旗帜。中国共产党在马克思主义理论指导下进行了改革开放伟大实践，取得了举世瞩目的中国特色社会主义发展成就。没有马克思主义就没有中国共产党，没有中国共产党就没有新中国，没有新中国就没有中国特色社会主义事业，没有中国特色社会主义事业就没有改革开放的伟大成就，也就没有中华民族实现伟大复兴的时代机遇。

中国特色社会主义共同理想是中华民族精神家园的价值取向。中国特色社会主义是一种发展理论、一条发展道路、一种发展模式，也是全党全国各族人民的共同理想。实现中国特色的社会主义共同理想，实现中华民族伟大复兴，使自己的国家富强、民主、文明、和谐，这是一种历史选择，也是中华民族自觉选择的发展道路，是一种社会和政治理想，是中国人民共同的价值追求，也是整合全国人民同心同德进行社会主义现代化建设的重要凝聚力。

民族精神和时代精神是社会主义文化的灵魂，构成社会主义中华民族精神家园的底蕴。中国特色社会主义理论体系及其精神家园植根于中国传统文化土壤之上。五千年的中国传统文化，许多已积淀为民族精神并在今天焕发为时代精神和“中国特色”，是当代中国社会主义文化建设的基础。

社会主义道德观是中华民族精神家园的基础。社会主义道德承担着为社会主义核心价值体系的建立和完善提供价值导向的重要任务，社会主义道德基础需要不断发展才能适应改革开放的现实要求。努力建立和发展与中国特色社会主义相适应的社会主义道德基础，是构建中华民族精神家园的道德环境和坚强的道德支撑。社会主义荣辱观为我们划清了社会主义道德建设的是非界限，为社会主义道德建设确立了标杆。建设社会主义道德体系，就要自觉地将社会主义核心价值体系的内容融入其中。

旗帜是方向，理想是引领，精神是支柱，道德是基石。坚持改革开放的道路不动摇，就是坚持马克思主义，就是坚持中国特色社会主义道路，就是焕发时代精神，就是创造社会主义道德文化。

总之，坚持马克思主义的指导地位，就抓住了中华民族精神家园的精神旗帜；树立共同理想，就突出了中华民族精神家园的主题；培育和弘扬民族精神和时代精神，就把握了中华民族精神家园的灵魂；树立和践行社会主义荣辱观，就打牢了中华民族精神家园的基础。坚持和践行社会主义核心价值体系，就能够充分发挥中华民族精神家园在推进经济社会发展中的巨大作用，就能实现文化强国的伟大战略。

一个国家要兴旺发达，一个民族要立于世界民族之林，不仅要有强大的经济、物质和技术硬实力，还要有强大的思想、文化、精神方面的软实力。作为社会的核心软实力，精神家园的建设是实施文化强国战略的基础工程，是中国特色社会主义发展的理论策源地和精神动力的另一种表达。马克思主义理论旗帜，社会主义共同理想目标，民族精神与时代精神，社会主义道德观，作为社会主义核心价值体系的主要构成，它们是中国特色社会主义文化软实力中最核心的内容，已成为社会主义中国精神家园的核心理念所在，也已成为中国人民开创未来的强大精神力量。

三

2012 年 7 月 23 日，胡锦涛总书记在省部级主要领导干部专题班上发表了重要讲话。他指出，我国过去 30 多年的快速发展靠的是改革开放，我国未来发展也必须坚定不移依靠改革开放。只有改革开放才能发展中国、发展社会主义、发展马克思主义。我们一定要坚持党的十一届三中全会以来的路线方针政策，坚持把改革创新精神贯彻到治国理政各个环节，更加自觉、更加坚定地推进改革开放，不断在制度建设和创新方面迈出新步伐，奋力把改革开放推向前进。

循着前述思路，本书着力阐述以下问题：

一是阐述改革开放与价值观念的时代变迁。从理论和现实两个维度，力图阐明改革开放是中华民族复兴的必由之路，改革开放的实践过程对人们思想观念造成的深刻影响；并力图探索在全球化时代和中国社会发生深刻转型的战略机遇期，以及未来中国社会价值观念的变化及趋势。

二是探讨改革开放进程中社会主义核心价值体系建设。社会主义核心价值体系是中国特色社会主义理论的重要组成部分。建设社会主义核心价值体系，必须正视改革开放带来的多元价值观对社会主义价值观的冲击。为此，我们必须加快建设社会主义核心价值体系，进而与西方倡导的各种普世价值相抗争。

三是论述社会主义核心价值体系是改革开放的保障。马克思主义是改革开放的理论旗帜。改革开放的时代主题是中国特色社会主义。改革开放需要民族精神与时代精神，这是改革开放的精神支柱。改革开放需要社会主义道德基石，只有在改革开放中才能够构筑中华民族道德之魂。

四是阐明改革创新精神对社会主义核心价值体系的丰富和深化。改革创新是我们的时代精神，改革创新离不开思想解放，以人为本是其落脚点，民族精神是其精神之源。改革创新精神是对民族精神的升华，在改革开放的伟大实践中得以展现。改革创新精神的深化必须依靠社会主义核心价值体系建设。

五是分析核心价值观与社会主义核心价值体系的关系。二者必须保持高度一致，才能够真正推进社会主义核心价值体系建设。社会主义核心价值观的提炼和概括必须遵循一定的原则和方法，以此为基础，才能够对核心价值观的内容做出具体的阐述。

六是论述社会主义核心价值体系建设与文化强国建设的关系。社会主义核心价值体系建设是文化强国战略的重要组成部分。价值观是文化的灵魂，强国之梦的实现离不开价值观建设，也离不开文化软实力的提升，更离不开中华民族共有精神家园的建设。

第一章　改革开放与价值观念的变迁

改革开放以来，中国步入由传统社会向现代社会过渡的全面转型时期。在这一重大的社会变迁过程中，生产力迅速发展，经济体制全面转轨，社会交往扩大，利益分化重组，新阶层不断涌现……中国社会的各个领域都在发生翻天覆地的变化。改革触及了每个人的切身利益，改革的实质就是改变利益关系，这必然涉及人民利益格局和观念领域的调整，必然会引起人们精神面貌、价值观念和生活方式的重大变化。传统的价值观念逐渐受到怀疑乃至发生动摇，伴随着社会主义市场经济的发展，新生价值观应运而生，新旧价值观产生激烈冲突，多元价值取向并存共处。这一方面激发了价值主体的创造活力，为社会发展提供了源源不绝的精神动力；另一方面也导致了人们在价值追求上的困惑，甚至出现行为失范和信仰危机等社会问题。为了应对这些困难，人们开始重新审视自己生存的意义，调整价值选择，确立新的价值目标，改进和完善自己在社会交往中的态度和行为，与时俱进地跟上社会前进的脚步。由此可见，改革开放自然成为当代中国价值观冲突的焦点，也成为当代中国核心价值观发展创新的源泉。正如江泽民同志所指出的："完全可以这样说，改革开放是新时期最鲜明的特征。没有改革开放就没有建设中国特色社会主义。"① 改革开放是新中国历史发展进入新时期的标志，涵盖了引发中国社会价值观变迁的全部因素，是中国社会价值观变化的发端之缘。所以我们关于当代中国的价值观和社会主义核心价值体系的讨论，也就必须围绕这一宏观背景展开。

---

① 中共中央文献研究室编：《十五大以来重要文献选编》（上），北京：人民出版社2000年版，第683页。

一、改革开放是实现中华民族伟大复兴的必由之路

十一届三中全会是中国共产党历史上一次非同寻常、影响深远的会议，是新中国成立以来党的历史上具有深远意义的伟大转折。由此开始，中国共产党领导全国各族人民开启了改革开放的伟大历史征程。30多年来的改革开放使我国社会经济发展取得了举世瞩目的成就，在中国历史上谱写了浓墨重彩的华章。“事实雄辩地证明，改革开放是决定当代中国命运的关键抉择，是发展中国特色社会主义、实现中华民族伟大复兴的必由之路；只有社会主义才能救中国，只有改革开放才能发展中国、发展社会主义、发展马克思主义。”①

（一）改革开放是决定当代中国命运的关键抉择

胡锦涛同志在中国共产党的十七大报告中深刻指出：“改革开放是决定当代中国命运的关键抉择。”这一重要论断充分表明，实行改革开放的战略决策是中国共产党、中国人民和中华民族在重大历史关头做出的关键抉择，是中国共产党在新的历史条件下的伟大觉醒，是改变中国命运的历史性创举。

中国共产党十一届三中全会召开前夕，中国的发展面临着复杂严峻的国内外形势。就国际形势来说，当时有两个最主要的特点。一是世界主题由战争与革命转换为和平与发展。二战结束后，特别是二十世纪七十年代以来，世界战争和社会革命潮流渐渐成为过去，新科技革命潮流和改革潮流逐步兴起，世界主题发生了巨大改变。这种形势下要求中国领导层必须转变观念，不再依靠战争与革命，而是通过适应世界和平与发展大潮流，在科技革命和调整改革中加快本国政治经济文化建设、加快发展社会主义。二是当时社会主义和资本主义两大阵营力量的历史对比发生了重大转变。二战之后，社会主义力量的发展经历了一个由快速成长到步入困境的过程。先是在马克思主义指导

① 胡锦涛：《高举中国特色社会主义伟大旗帜　为夺取全面建设小康社会新胜利而奋斗——在中国共产党第十七次全国代表大会上的报告》，北京：人民出版社2007年版，第10页。

和各国共产党的领导下，亚洲、欧洲、拉丁美洲先后有15个国家走上社会主义道路，形成了世界社会主义体系；再是世界民族解放革命走向高潮，到二十世纪七十年代已有100多个国家宣告民族独立，世界殖民主义体系彻底崩溃。然而，由于社会主义各国在探索发展道路过程中发生了重大失误，没有及时跟上新科技革命和调整改革大趋势，各社会主义国家普遍陷入困境或危机。与此同时，同时代的资本主义各国在经历了战后初期的实力下降和社会动荡之后，通过新科技革命和调整改革，到二十世纪五六十年代以后，迎来了不断发展的阶段，表现出很大的发展活力。这种转变客观上向社会主义各国提出了如何寻找国家发展出路、摆脱困境和危机的这一具有普遍性的现实问题，而对于经历过“文化大革命”浩劫的新中国来说，这一问题尤为迫切。

就国内形势来说，1976年下半年，持续十年的“文化大革命”虽然结束了，而我国却在前进中又徘徊了两年。这里所谓的“徘徊”主要是指当时党中央的主要领导人坚持“抓纲治国”，提出“两个凡是”的口号，即“凡是毛主席作出的决策，我们都坚决维护；凡是毛主席的指示，我们要始终不渝地遵循”，没有摆脱“左”的指导思想和政治路线。同时，这里也在“前进”，主要体现在：一是揭批“江青集团”的斗争取得了决定性胜利；二是国民经济得到较快的恢复和发展；三是开展了真理标准的大讨论，恢复了党的实事求是的思想路线；四是平反了大批冤假错案，为开拓新局面提供了重要的组织保证。所以说，从粉碎“四人帮”到党的十一届三中全会是徘徊中前进的两年，政治局面虽然相对稳定，但是党内外的思想认识却相当混乱。

概括地说，在中国今后走什么道路的问题上，当时有三种不同的意见和主张。一是主张沿着以往社会主义的老路继续走下去。这些人深受“左”的社会思潮的影响，思想僵化，坚持毛泽东晚年的无产阶级专政下继续革命的理论和路线。二是主张改走西方资本主义道路。他们借拨乱反正和纠正“左”的错误之机，把矛头对准中国共产党的领导和社会主义制度，竭力鼓吹西方的经济政治模式，美化资本主义制度。三是主张探索社会主义的新路。这部分人认为，社会主义是一个长期探索过程，党和国家在探索中发生这种那种失误是不可避免的。既然过去的路子不成功，就应继续探索，在探索中闯出一条新路。由此可见，当时中国发展所面临的三条道路充分说明当时中国正徘徊在十字路口。

面对这一重大历史关头，改革开放总设计师邓小平同志深刻指出："如果现在再不实行改革，我们的现代化事业和社会主义事业就会被葬送"。[①] 1978 年 12 月 18 至 22 日，中国共产党召开了十一届三中全会。在全会上，以邓小平为核心的党的第二代中央领导集体在总结以往正反两方面经验教训的基础上，重新确立实事求是的思想路线，毅然做出实行改革开放的重大历史性决策。十一届三中全会公报提出："对经济管理体制和经济管理方法着手认真的改革，在自力更生的基础上积极发展同世界各国平等互利的经济合作，努力采用世界先进技术和先进设备，并大力加强实现现代化所必需的科学和教育工作。"[②] 从此，中国共产党带领全国各族人民开启了改革开放的新征程。

经过 30 多年的改革开放，中国的经济社会发展取得了巨大成就，主要表现在以下几个方面：

第一，经济快速增长，总量持续扩大。根据国家统计局公布的数据，从 1978 年到 2011 年，我国国内生产总值从 3645.2 亿元增长到 471564 亿元。尤其是 2003 年到 2011 年的十年来，中国经济年均增长 10.7%，而同期世界经济的平均增速为 3.9%。2000 年，我国 GDP 总量突破 1 万亿美元大关，2002 年又登上 10 万亿元人民币台阶。2002 年我国经济总量位居全球第 6 位，2010 年先后超过英、法、德、日，成为仅次于美国的全球第二大经济体。

第二，综合国力大大增强，经济发展惠及世界。经过 30 多年改革发展，我国经济总量健康快速增长。从 2002 年到 2011 年，我国从占世界经济总量份额的 4.4% 提高到 10% 左右。其中，我国的谷物、肉类、棉花等主要农产品，钢铁、煤炭以及电视机、电脑等主要工业品产量均居世界第一，成为世界第一大出口国和第二大进口国。与此同时，中国经济的持续健康发展为全球经济治理和世界经济复苏与发展作出了积极的贡献。

第三，城乡居民收入持续提高，家庭财富积累显著增加。统计数

① 《邓小平文选》第 2 卷，北京：人民出版社 1994 年版，第 150 页。

② 中共中央文献研究室编：《三中全会以来重要文献选编》（上），北京：人民出版社 1982 年版，第 6 页。

据表明，1978 年我国城镇人均可支配收入仅为 343.40 元，2011 年增加到 21810 元。1978 年我国农村居民人均纯收入仅为 133.57 元，2011 年增长到 6977 元。扣除价格因素，改革开放 30 多年来，我国城乡居民家庭财富也有了较快增长，截止到 2008 年，我国城乡居民人民币储蓄存款余额为 221503 亿元，2011 年又增加到 351957 亿元。

第四，人民生活质量明显改善，实现小康目标迈出新步伐。改革开放极大地提高了我国人民的生活水平，加快了全面建设小康社会的进程。30 多年来，人民生活实现由温饱到小康的历史性跨越，人均 GDP 由 1978 年的不足 300 美元，增加到 2011 年的 5414 美元。我国不断加强以民生为重点的社会建设，居民消费结构实现了从衣、食、住、行为主向教育、文化、旅游和娱乐为主的转变，人民群众物质文化生活水平不断提高。

第五，贫困人口逐渐减少，贫困地区的经济条件不断改善。改革开放初期，我国农村有绝对贫困人口 2.5 亿人，到 2008 年农村贫困人口减少到 4007 万人，到 2010 年减少为 2688 万人。当前我国不断加强扶贫攻坚力度，2011 年我国将农村扶贫标准提高到年人均纯收入 2300 元（2010 年不变，为 1274 元）。按照新标准，当年末我国农村扶贫对象增加到 12238 万人。我国贫困地区人民的生产和生活条件得到了很大改善。①

30 多年来中国改革开放取得的巨大成就充分证明，改革开放的决策是完全正确的。如果没有改革开放也就不可能有中国今天的巨大成就。

（二）改革开放是发展中国特色社会主义的必由之路

建设和发展中国特色社会主义是我国改革开放过程中一以贯之的主题。30 多年来，人民群众活动的主要历史内容就是推进改革开放。中国特色社会主义正是在不断推进改革开放中发展起来的。从某种意义上说，中国改革开放史就是一部中国特色社会主义发展史。

改革开放以来，中国共产党历代领导集体，紧紧围绕“什么是社

① 数据参照中华人民共和国国家统计局网站发布的《中华人民共和国国民经济和社会发展年度统计公报》。

会主义、怎样建设社会主义"、"建设一个什么样的党，怎样建设党"、"实现什么样的发展，怎样发展"这些根本性问题，从我国社会主义初级阶段基本国情出发，坚持以经济建设为中心，坚持四项基本原则，坚持改革开放，初步回答了中国特色社会主义发展道路、发展阶段、根本任务、发展动力、战略步骤、领导力量和依靠力量等一系列基本问题，创立并发展了中国特色社会主义理论，成功地开辟了一条中国特色社会主义道路。正是这条道路的开辟，保证了我国改革开放能够始终沿着社会主义方向前进，使我们成功地找到了一条实现民族复兴的伟大道路。所以说，没有改革开放，就没有中国特色社会主义，就不能实现中华民族伟大复兴。

第一，改革开放解放和发展了社会主义社会的生产力，为实现中华民族复兴奠定了物质基础。

"革命是解放生产力，改革也是解放生产力"。二十世纪五十年代，我们党领导人民创造性地实现了由新民主主义到社会主义的转变，全面确立了社会主义基本制度，这是中国社会变革和历史进步的巨大飞跃。这次伟大的革命，使中国发生了翻天覆地的变化，欣欣向荣的社会主义新中国，代替了"一穷二白"、"百孔千疮"的旧中国，社会生产力获得了极大的解放。但是，社会主义基本制度建立以后，我国仍处于并将长期处于社会主义初级阶段，实现社会主义现代化还有很长的路要走。一方面，社会生产力还很落后，社会主义的根本任务是要尽快解放和发展社会生产力，实现现代化，为巩固社会主义制度奠定强大的物质技术基础；另一方面，新生的社会主义制度还不完善，有一个很长的发展、巩固和完善的过程。无论是生产力发展的要求还是社会主义制度自我完善和发展的要求，都需要我们多方面地调整和改革生产关系、调整和改革上层建筑，使之适应现代化建设的需要。就解放社会生产力而言，改革开放是新的时代条件下进行的一次新的革命，其目的就是要把中国建设成为社会主义现代化强国。实践证明，改革开放给中国社会注入了强大活力。改革开放的实践极大地调动了亿万人民的积极性，使我国成功实现了从高度集中的计划经济体制到充满活力的社会主义市场经济体制、从封闭半封闭到全方位开放的伟大历史转折。

改革开放所取得的成就再次证明，改革开放是发展中国特色社会主义的根本途径。它所创造的坚实的物质基础终于让中华民族大踏步地赶上了时代前进的潮流，迎来了中华民族复兴的光明前景。

第二，改革开放是推进社会主义制度自我完善与发展的伟大革命，为实现中华民族复兴奠定了政治前提和制度基础。

马克思、恩格斯曾指出："所谓'社会主义社会'不是一种一成不变的东西，而应当和任何其他社会制度一样，把它看成是经常变化和改革的社会"。[①] 社会主义制度的建立，为实现中华民族的伟大复兴奠定了政治前提和制度基础。由于社会主义制度是新生的社会制度，还不完善、不成熟，同时现行的一些具体制度中，还存在不少的弊端，妨碍甚至严重妨碍了社会主义优越性的发挥。要使我国的社会主义制度真正发展和成熟起来，并且适应时代的发展和中国的基本国情，必须对它进行不断的改革和完善。

在社会主义条件下，改革的实质就是社会主义制度的自我完善和发展。这种革命虽然不是那种一个阶级推翻另一个阶级的政治革命，但它却是对旧体制、旧机制的根本变革。改革必然会引起经济、政治、文化、社会、教育、科技等各个领域的深刻变化，必然会引起人们精神面貌、价值观念和生活方式的重大变化，必然会触及每个人的切身利益，引起社会各方面的调整。正是从改革所必然引起的社会变革的角度而言，我们才称之为一场革命。

然而，社会主义制度的自我完善和发展不可能自然而然地实现，它需要通过改革来加以推动，通过开放不断吸收人类文明优秀成果来加以发展。改革开放作为社会主义制度自我完善和发展的新的伟大革命，既不是对社会主义根本制度的否定，也不是进行细枝末节的修修补补，而是在坚持社会主义基本原则的前提下，适应时代发展的要求，对生产关系和上层建筑中某些不合理的方面和环节，即不合理的体制、机制进行革命性的变革，兴利除弊，破旧立新。

我国的改革开放既坚持了科学社会主义的基本原则，又具有鲜明的中国特色。30 多年的改革开放之所以成为发展中国特色社会主义的强大动力，关键在于此。中国的最大实际，就是处于并将长期处于社会主义初级阶段。立足我国实际的改革开放，只能是坚持社会主义市

① 《马克思恩格斯全集》第 37 卷，北京：人民出版社 1971 年版，第 443 页。

场经济方向的改革开放。我国的改革开放就是在立足社会主义初级阶段基本国情，探索社会主义制度与市场经济相结合的实践中逐步推进的。在这个过程中，中国共产党坚持实事求是，解放思想，开拓创新，始终坚持社会主义市场经济的改革方向。为了与建立社会主义市场经济体制相适应，我们党又深入开展政治、文化、社会等领域的体制改革，发展社会主义政治文明、精神文明，构建社会主义和谐社会，坚决抵制照搬西方政治制度模式的主张，有力地推进了中国特色社会主义事业的发展。在改革开放和现代化建设取得重大成就的今天，坚定不移地推进社会主义市场经济取向的改革开放，是中国特色社会主义制度自我完善的内在要求，是继续坚持和发展中国特色社会主义事业的需要。

第三，改革开放是在新的历史条件下发展中国特色社会主义，为实现中华民族复兴提供了动力之源。

我国改革开放虽取得了巨大成就，但是社会生产力发展还面临诸多体制性障碍。社会主义市场经济体制已初步建立，但还不成熟、不完善，旧的体制机制中的一些积弊尚未完全消除，改革和发展过程中也不断产生新课题、新矛盾。在新的历史条件下不断创新充满活力的体制机制，解放和发展社会生产力，必然要求坚定不移地推进改革开放，冲破一切妨碍科学发展的思想观念，改变一切束缚科学发展的做法和规定，革除一切影响科学发展的体制、机制的弊端。

改革开放给党的建设注入了巨大活力，强化了党的领导核心作用。改革开放使党的面貌发生了历史性的变化，已经从受到外部封锁和在计划经济条件下领导国家建设的党，成为在改革开放和发展社会主义市场经济条件下领导国家建设的党。在改革开放的伟大实践中，我们党锻炼得更加成熟和坚强，更加富有朝气和活力，更加具有社会影响力和凝聚力，一定会在实现中华民族伟大复兴的历史使命中发挥更加坚强的领导核心作用。

改革开放解放了人民的思想，激发了人民的热情，增强了人民的主体地位。中华民族伟大复兴是全民族的事业，要实现这个历史使命必须要形成强大的民族凝聚力。改革开放以来我们之所以能够取得举世瞩目的巨大成就，最为宝贵的经验就是比较好地调动了人民群众的积极性、主动性和创造性。在未来的经济社会发展中，只要我们继续保持尊重人民首创精神同加强和改善党的领导相结合，实现人民主体和中国共产党领导核心的良性互动，就一定能为实现中华民族的伟大复兴提供生命之源和动力之泉。

第四，改革开放开辟了中国特色社会主义道路，为实现中华民族复兴找到了独特发展途径。

一个国家要实现经济社会又好又快发展，必须找到一条既适合自己国情、又符合时代要求的发展道路。十一届三中全会以来，我们党通过科学把握执政规律、社会主义建设规律和人类社会发展规律，把马克思主义与中国国情和时代特征相结合，紧紧抓住摆脱贫困、加快实现现代化、巩固和发展社会主义、实现民族复兴这一历史主题，不断解放思想，推进改革开放，逐步引导全国人民走上了一条中国特色社会主义道路。

这条中国特色社会主义道路是在改革开放历史实践中不断形成和确立的。党的十二大首次提出了“建设有中国特色的社会主义”的科学命题；党的十三大系统论述了社会主义初级阶段理论，全面阐发了党的“一个中心、两个基本点”的基本路线；党的十四大确立了邓小平建设有中国特色社会主义理论在全党的指导地位，明确提出了我国经济体制改革的目标是建立社会主义市场经济体制；党的十五大以邓小平理论为指导，制定了我国跨世纪发展战略，把建设有中国特色社会主义事业全面推向21世纪；党的十六大明确提出了全面建设小康社会的奋斗目标，要求全党进一步开创中国特色社会主义事业新局面；党的十七大进一步提出了中国特色社会主义道路和中国特色社会主义理论体系，在新的历史起点上为实现中华民族伟大复兴制定了行动纲领。

第五，改革开放发展了中国特色社会主义理论体系，为实现中华民族复兴提供了行动指南。

我国在改革开放实践中找到的中国特色社会主义道路，是一条进一步实现国家富强、民族复兴、社会和谐的幸福之路。但要想在这样一条正确的发展道路上坚定不移地走下去，必须要有科学的理论作为行动指南。改革开放的30多年里中国共产党不断进行理论探索和创新，形成了中国特色社会主义理论体系，正是这个正确的理论体系成为了指导当代中国现代化建设具体实践的科学指南，为中华民族的伟大复兴积淀了强大的思想基础和精神支持。

实践充分表明，改革开放是在和平与发展成为时代主题条件下发展中国的必由之路，是社会主义在当代中国焕发生机活力的强大动力。

二、改革开放对人们价值观念的影响

江泽民同志在中央思想政治工作会议上的讲话中，提出了“关于如何认识我国社会主义改革实践过程对人们思想的影响”[①] 的问题。党的十一届三中全会以来，我国实行改革开放，发展社会主义市场经济，推进两个根本性转变，进一步解放和发展我国社会主义社会的生产力。这场深刻的社会革命，必然会引起人们精神世界的深刻变化。“改革促进了生产力的发展，引起了经济生活、社会生活、工作方式和精神状态的一系列深刻变革。”[②]

（一）利益格局变动与价值观念多样化

改革是对生产力的解放，是对经济体制的根本变革，而不是对原有经济体制细枝末节的修补。它涉及到经济活动的各个层面，并影响到上层建筑各个领域的变革，必然涉及人民利益格局和观念领域的调整，“涉及面很广，涉及一大批人的切身利益”。[③] 社会改革引发社会转型的关键在于改变了社会利益结构，“改革的实质就是改变社会利益关系”，[④] 改革越深化，各种利益关系的矛盾就越突出。

1. 利益与价值观

价值观念和利益是密切联系的。不同的利益主体有不同的价值观念。“如果说，文化的核心是价值观，那么，价值观的核心就是利益。”[⑤] 在马克思看来，“人们奋斗所争取的一切，都同他们的利益有关。”[⑥]“把人与社会连接起来的唯一纽带是天然必然性，是需要和私人

① 《江泽民文选》第3卷，北京：人民出版社2006年版，第81页。
② 《邓小平文选》第3卷，北京：人民出版社1993年版，第142页。
③ 《邓小平文选》第2卷，北京：人民出版社1994年版，第152页。
④ 兰久富：《社会转型时期的价值观念》，北京：北京师范大学出版社1999年版，第31页。
⑤ 葛洪泽：《重建精神家园》，芜湖：安徽师范大学出版社2011年版，第32页。
⑥ 《马克思恩格斯全集》第1卷，北京：人民出版社1956年版，第82页。

利益”。[1] 恩格斯也曾明言：“每一既定社会的经济关系表现为利益。”[2]马克思恩格斯多次使用“利益”或“物质利益”，虽然他们没有给利益专门下过定义，但从文本中可以总结出他们对利益的界定。

第一，利益是指人类赖以生存和发展的生活条件，特别是物质生活条件。利益是从人的生存发展需要与客观世界的联系中产生的。马克思恩格斯在《德意志意识形态》中说：“我们首先应当确定一切人类生存的第一个前提，也就是一切历史的第一个前提，这个前提是：人们为了能够‘创造历史’，必须能够生活。但是为了生活，首先就需要吃喝住穿以及其他一些东西。因此第一个历史活动就是生产满足这些需要的资料，即生产物质生活本身。”[3] 吃、穿、住就是人们生存和发展不可分割的物质利益，所以，利益就是指满足人们生存和发展需要的生活条件，尤其是物质生活条件。在此，马克思恩格斯揭示了利益的一般性含义，即利益以生产力为根本，利益就是由生产力创造的物质生活资料，从而揭示了利益的真实源泉。

第二，利益本质上是一定的社会经济关系。利益的基本内容是物质生活条件，但利益本质上是一种社会关系，它不仅反映主体需求与客体满足之间的关系，而且反映了人们之间利益交换的经济关系。利益的本质是一定的社会经济关系的体现，具有社会特征。马克思认为，经济利益关系的主体是人，“不过这里涉及的人，只是经济范畴的人格化，是一定的阶级关系和利益的承担者”[4]。这就是说，经济范畴不过是人与人之间的经济利益关系的理论抽象，一切经济关系都是经济利益关系的表现。恩格斯说：“每一既定社会的经济关系首先表现为利益。”[5] 利益首先是物质利益，物质利益是在一定的经济关系中，通过经济活动对其成果的占有，从而满足人们物质生活方面的需要。人们之间的政治关系、文化关系表现人们的政治利益、文化利益。而各种利益关系在人的需要中的地位和作用并不是等同的，其中最基本的是经济关系即物质利益关系，这是其他社会关系从而也是其他利益关系

① 《马克思恩格斯全集》第1卷，北京：人民出版社1956年版，第439页。
② 《马克思恩格斯选集》第3卷，北京：人民出版社1995年版，第209页。
③ 《马克思恩格斯选集》第1卷，北京：人民出版社1995年版，第78－79页。
④ 《马克思恩格斯选集》第2卷，北京：人民出版社1995年版，第101页。
⑤ 《马克思恩格斯选集》第3卷，北京：人民出版社1995年版，第209页。

的基础。马克思抓住利益的社会本质，立足于人与人之间的经济关系来看待利益，真正超越了资产阶级理性主义、人本主义对利益的片面理解，为利益问题的研究确定了客观对象。

根据上面的分析，我们可以把马克思对利益范畴的理解界定为：利益是一定的客观需要对象在满足主体需要时，在需要主体之间进行分配时，所形成的一定性质的社会关系的形式。

2. 利益关系的变化与价值观念的多样化

利益关系是一切社会关系产生、发展和变化的根源，一定的社会关系就是一定利益关系的体现，而一定的利益关系是由一定的生产关系、经济关系所决定的。一定的经济关系决定一定的利益关系，一定的利益关系又决定一定的社会政治、文化等更为广泛的社会关系。① 一切社会关系的核心是利益关系，改革开放的实质就是社会利益关系的调整。改革开放以来，我国利益关系格局已发生了深刻的变化，呈现出利益主体多元化、利益来源多样化、利益差别扩大化、利益关系复杂化、利益诉求全面化的现状，从而在不同程度上影响着我国的价值观，形成价值观念的多样化。

其一，利益主体多元化与价值观念多样化。

市场经济的蓬勃发展唤醒了价值主体的地位，激发了人们的利益意识，原有的单一所有制、平均主义的分配方式逐渐发生了变化。多种所有制并存、共同发展的新模式使人们不再满足于计划经济时期的平均化，而积极地投入到改革开放的社会实践中去。利益主体也由原来的国家和集体分化为具体的个人，社会上出现了多种多样的利益群体，新的社会阶层不断涌现出来，形成了不依附于国家的相对独立的社会力量（如乡镇企业、私营企业等）。多元的利益主体主要来源于以下三种途径：一是独立的个人利益主体，在计划经济体制下，个人利益的追求被冠以个人主义和利己主义的行为而变得遮遮掩掩，更谈不上个人利益主体身份的确认。随着经济、政治体制的改革，个人的相对独立的利益诉求得到承认，成为相对独立的利益主体。二是非公有制经济利益主体的产生。在鼓励、支持和引导非公有制经济的发展中，大量的独立生产经营者、各类不同经济形式的联合体大量涌现，构成

---

① 王伟光：《利益论》，北京：人民出版社 2001 年版，第 135 页。

一些新的利益群体，广泛分布在中国经济和社会生活的各个领域、各个行业，这是利益主体演变中最明显的变化。三是某些利益主体畸变而成的隐性的利益群体。上述两种利益主体的产生，是一种正常分化的公开利益主体，还有一种是由某些利益主体畸变而成的非正常分化的隐蔽的利益主体。他们凭借特殊的地位，他们钻体制和法制不健全的空子而谋取了大量利益，构成了一个特殊的获利群体。①

利益主体的多元化是社会主义初级阶段基本经济制度作用下的产物，是发展社会主义市场经济的必然结果。改革开放以来，以公有制为主体，多种经济成分并存的经济所有制形式是利益主体的多元化的根源，从而导致了不同利益主体的价值观呈现多元发展的态势。

其二，利益来源多样化与价值观念多样化。

改革开放以前，主体的利益来源比较单一，主要是以工资的形式存在的劳动收入。随着经济体制改革的不断深化，尤其是在社会主义市场经济体制建立中实施“鼓励、支持和引导非公有制经济发展”的方针以来，利益来源日益多样化。利益来源不仅有劳动收入，还有通过储蓄存款、股票、债券、私人借款获得的利息和红利等财产收入，通过经营私人资产所获得的利润等经营收入，通过出租不动产等获得的租金收入，部分国家干部、知识分子、国家职工等凭借其优势身份所获得的部分货币和实物收入等身份收入。“值得一提的是，在经济体制改革推进的进程中，由于体制改革的渐进性而滋生的一些人利用手中掌握的权力而‘设租’所获得‘寻租’收入也构成了利益的来源之一。”②

市场经济体制打破了原有社会重视资历、户籍、家庭背景等身份关系的封闭式社会结构，而逐渐向重视知识、能力等契约关系的开放式利益结构转变。人们的利益来源不再是传统社会单一的男耕女织，或计划经济时代的政府包办，而是源于社会主体自由的价值选择。每个人都有权利按照内心的真实诉求，通过合法途径来谋求诸如经济、政治、文化等自身利益，从而致使价值观念多样化。

---

① 参见洪远朋、陈波：《改革开放三十年来我国社会利益关系的十大变化》，《马克思主义研究》，2008 年第 9 期。

② 洪远朋、陈波：《改革开放三十年来我国社会利益关系的十大变化》，《马克思主义研究》，2008 年第 9 期。

其三，利益诉求全面化与价值观念多样化

利益是具体的、历史的，不同的主体有不同的利益诉求，同一主体在不同时期所追求的利益也是不断变化的，而且正如马克思所说“人以其需要的无限性和广泛性区别于其他一切动物”。①主体所追求的利益不是单一的，而是多种利益的综合，主要包括经济利益、政治利益和文化利益。经济利益是社会的基础利益，政治利益是社会的核心利益，文化利益则是社会最高形态的利益。人们追求的首要利益是物质利益，但随着社会的进步和人类文明的发展，在追求物质利益的基础上，人们对非物质利益的追求将会愈来愈迫切。利益诉求的全面化是必然的。

改革开放前，在计划经济体制下，配置资源是由国家权力垄断进行的，国家利益至高无上，个人正当利益常常被忽视、被抹杀，片面强调个人利益要无条件地服从国家整体利益，而忽视了个人利益是国家整体利益实现的保障。由于在传统体制中经济活动没有真正独立的地位和意义，就无法产生独立的经济观念和意识，也就没有真正意义上的利益追求。社会主义市场经济体制的确立，打破了平均主义，唤醒了劳动者长期被压抑的主体意识，激发了他们追求经济利益的积极性和创造力。

与此同时，随着人民群众经济利益的不断满足，其对政治利益与文化利益的渴望与日俱增。随着我国物质生产的发展和人民经济生活水平的提高，人的精神世界不断地丰富，非物质需求愈来愈强烈。人们要求得到社会和他人的尊重，要求在精神上不断得到充实提高，要求在心理上得到慰藉和满足，要求不断发展和实现自身的价值……在社会物质文明和精神文明的不断发展中，随着物质利益得到愈来愈大的满足，人们对政治利益和文化利益的追求也就愈来愈凸现出来。党的十七大报告中第一次明确提出了文化权益，报告指出，在推动社会主义文化大发展、大繁荣中，要“使人民基本文化权益得到更好保障”，“让人民共享文化发展成果”。十七大报告同时也强调：要“保证人民赋予的权力始终用来为人民谋利。”②这里所说的利益，不仅是经

① 《马克思恩格斯全集》第49卷，北京：人民出版社1982年版，第130页。

② 胡锦涛：《高举中国特色社会主义伟大旗帜　为夺取全面建设小康社会新胜利而奋斗——在中国共产党第十七次全国代表大会上的报告》，北京：人民出版社2007年版，第33、37、32页。

济利益，更主要的是政治利益，是人民当家做主的权力和利益，这是政治利益的首要的方面。在不断增进人民群众经济利益的同时，努力增进人民群众的政治利益与文化利益。改革开放三十多年来，人们对经济利益、政治利益、文化利益诉求的全面化，反映在价值观上就会表现出多样化。

（二）全球化时代价值观的冲突

现今全球化已经成为一种客观进程，是新世纪世界发展的一个必然趋势，每个国家和民族都不可避免地被卷入到这一进程中。“全球化”的最初涵义是指经济的全球化。在马克思看来，大工业“首次开创了世界历史，因为它使每个文明国家以及这些国家中每一个需要的满足都依赖于整个世界”，[①] 在资本主义条件下，不断扩大产品销路的需要，驱使资产阶级奔走于地球各地。“资产阶级，由于开拓了世界市场，使一切国家的生产和消费都成为世界性的了”。[②] 这种世界性的生产和消费，在新的历史条件下发展为全球化的浪潮，从而加剧了各国经济之间的彼此相互影响、相互依赖和相互制约。

全球化给我国改革开放带来了更多的引进、利用外资，学习先进的管理经验，拓展海外市场的机遇，同时全球化也给改革开放带来了一系列的挑战。在全球化的进程中，不同民族，国家之间的文化交流日益频繁，各种异质文化与价值之间的冲突也日益尖锐。人们围绕经济全球化问题展开的争论则反映了不同的价值取向，不同的全球化话语背后呈现出不同的利益诉求，“全球化把我们推进激烈的价值冲突中”，[③] 其突出表现为：

1. 意识形态的冲突

意识形态具有强大的社会凝聚功能，是政权合法性的文化基础。马克思指出，“如果从观念上来考察，那么一定的意识形态的解体足以使整个时代覆灭。”[④] 美国学者爱德华·S·赫尔曼明确指出“全球化就

---

① 《马克思恩格斯选集》第1卷，北京：人民出版社1995年版，第114页。

② 《马克思恩格斯选集》第1卷，北京：人民出版社1995年版，第275－276页。

③ ［德］马蒂亚斯·霍尔茨：《未来宣言：我们如何为二十一世纪做准备》，王滨滨译，昆明：云南人民出版社2001年版，第181页。

④ 《马克思恩格斯全集》第46卷（下），北京：人民出版社1979年版，第35页。

是一种意识形态，它的作用是通过它使其看上去非常有益和不可阻挡来减少这个过程的阻力。作为一种意识形态，全球化不仅含有自由和国际主义的意义，并且它还有助于实现自由贸易的利益，创造相对优越的环境和实现劳动力的分工。”但是，应该看到，对于打着民主幌子进行的非民主的过程，是与全球化的利益和成本分配相一致的。“全球化不断地削弱民主，部分是由于意外因素的作用，但更是因为控制劳动力成本和相应缩减福利政策要求的商业界少数人对国家进行严格控制，从而使其失去满足多数人要求的能力。在全球化反民主的进攻中各种有意无意的因素在这个进攻过程的各个方面都随处可见。”① 借助全球性传媒、文化产品交流等载体，西方社会思潮与西方的民主、自由、人权观等意识形态在中国蔓延，使我国传统的义利观、是非观、荣辱观等遭遇空前挑战，意识形态安全面临威胁。意识形态领域的斗争虽没有弥漫的“硝烟”，但同样“惊心动魄”。

关于意识形态的冲突，随着东欧剧变与苏联解体以及经济全球化的深入发展，学者们站在各自的立场上，提出了相应的理论，其中比较突出的是“趋同论”和“意识形态终结论”，那么究竟如何看待全球化与资本主义的命运？有学者认为社会主义是在反对资本主义的过程中产生的，因此，不深刻地理解资本主义就不能正确地认识社会主义，虽然全球化表明资本主义进入到了一个新的阶段，但资本主义仍然无法克服诸如贫富两极分化、剥削、压迫，政治、经济、社会与性别的不平等，生态环境的恶化等社会弊端。因此，马克思对资本主义的批判在当代仍然具有合理性，社会主义也因此仍然具有生命力。在我们看来，当今世界包括发达资本主义国家一切具有进步意义的发展变化，都有利于社会主义的成长和共产主义的实现。经济全球化既是生产力发展的结果，又为生产力的更大发展开辟了广阔的前景，必将为社会主义在世界范围取代资本主义准备日益成熟的社会历史条件。“在发达国家，科学技术和生产力的每一次飞跃，都在为社会进步创造更为充分的物质基础；社会化大生产组织方式的日益发展与完善，将为扬弃资本主义私有制准备日益完备的条件；工人阶级生活状况、劳动条件、

① ［美］爱德华·S·赫尔曼《全球化的威胁》，薛晓源编译，《马克思主义与现实》1999 年第 5 期。

社会地位的改善和科学文化素质的提高，将使工人阶级成为更加理性和逐步觉悟的社会力量，从而最终作出符合社会发展规律的历史性抉择”。①

2. 现代性价值选择的冲突

全球化的进程中，西方率先完成了从传统社会向现代社会的转型，实现了现代化，发展中国家循着发达国家的脚印走上了现代化之路，二者之间似乎找到了在现代性价值方面的一致，然而随着时间的推移，前者发现自己所信奉的现代化理论走进了一条“死胡同”，过去现代化理论所提供的统一性被打碎了，发展的价值重新陷入混乱之中，以前的现代化选择之路逐渐陷入了困境。其一，价值目标的偏离。由于现代化理论产生的特殊历史原因，其有明显的意识形态偏见，研究者总是从西方的社会模式和价值观出发，把以美国为代表的发达国家的发展模式作为普遍的社会发展模式去衡量后发展的国家。根据这种理论，不发达国家应以一种有计划、加速度的方式重现西方发达社会的发展。然而实践表明，这种“唯我独尊”的理论严重影响了它的科学性和普适性。其二，现实指导方法的贫乏。随着实践的进一步发展，现代化理论日益显示出在解决现实问题方面所提供的指导手段的贫乏，越来越难以应对这一理论自身所实际带来的诸多社会问题。发达国家的内部出现了一系列由现代化带来的问题，最为严重的是工业化造成的环境污染、资源短缺和生态破坏等。在一味追求经济增长的现代化模式中，各国尤其是发达国家无限制地开采自然资源，无节制地向自然界排放各种有害物质。据联合国有关机构统计，“世界上绝大部分有毒污染是发达国家造成的，20 多个发达国家生产了占世界 95% 的有毒垃圾”。②

中国对现代性的追求与西方社会之间存在着巨大的时间差。当西方人开始全面地反省并批判现代性的时候，中国对现代化和现代性的追求还刚刚起步。当西方学者把现代性所蕴含的负面价值展现在中国的面前时，中国人何去何从？是干脆放弃对现代性的追求，安于传统

---

① 李宝善：《经济全球化与资本主义的历史命运》，《人民日报》，2001 年 3 月 20 日。

② ［津］雅西·汤顿：《全球化与南方：剥削的逻辑》，冯伟编译，《国外理论动态》，1998 年第 7 期。

社会，还是在今后的一个较长的时间里，仍然坚持追求现代性的基本立场。“在东西方历史发展大错位的背景下，当代中国必须从自己的实际国情出发，坚持追求现代性的基本立场，但同时又从现代主义、后现代主义等思潮对现代性的批判和反思中吸取有价值的因素，从而对现代性进行修正和改写。”①

3. 多样文化价值观念的冲突

在经济全球化进程中，科学技术的发展和资本的全球性流动为文化的广泛而迅速的传播提供了载体、工具和渠道，世界文化发展呈现出复杂的局面：文化的交流、融合势不可挡；文化的竞争、冲突日益尖锐；文化与经济、政治的相互交融日益深刻；文化在综合国力竞争中的地位日益突出。“冷战后世界的根本冲突将不是以意识形态为主或以经济为主，人类的重大分野和冲突的主要根源将是文化的或文明的。”② 全球化的背景下，文化竞争与冲突不仅表现为不同地域文化、不同民族的文化之间，而且还表现为同一地域文化、同一民族文化内部。

全球化进程加速了文化间的交流，使得世界文化的量在减少。有关资料显示，“作为文化依托和传播工具的语言，古代有几万种，目前只剩下五千余种。世界上每年消失的语言达 25 种之多。”③ 也就是说，全球化使文化的同质化趋势在加强。然而放眼当今世界的文化现实时，我们发现人类文化的现实仍是文化的多样性发展，而且这种文化多样性发展势头仍很强劲，学界对当今世界文化的竞争与冲突的基本趋势争论颇多，主要表现为两种截然对立的观点。

一种观点是“文化趋同论”，其认为随着经济全球化，世界文化走向一体化乃不可避免。因为经济基础决定上层建筑，经济的走向决定着文化的走向。而且强势文化会越来越强，它左右世界文化交流方向的能力会越来越大，强势文化被世界承认和接受的可能性越来越高，其结果必然是世界文化最终统一在这种强势文化之下，从而实现世界

---

① 俞吾金：《坚持现代性：历史大错位中的价值选择》，《北京论坛（2004）文明的和谐与共同繁荣：“哲学对话与文化交流”哲学分论坛论文或摘要集》，2004 年 8 月 23 日。

② ［美］塞缪尔·亨廷顿：《文明的冲突与世界秩序的重建》，周琪等译，北京：新华出版社 2002 年版，第 19 页。

③ 赵有田等：《综合国力竞争与文化冲突》，长春：长春出版社 2004 年版，第 109 页。

文化的同一性，出现一个全球统一的文化。现在某些国家的“西化”事实也在为这种“大同文化”的趋势提供着可能性的证据。

另一种观点与“文化趋同论”不同，认为全球化只是经济意义上的，文化全球化从任何意义上都不可能存在。未来世界的文化不可能是同一的，而仍然会是多样的。目前的非强势文化如果不是全部，但至少是有一部分会随着其所在国家综合国力的不断加强，随着它们通过世界文化交流，向其他先进文化学习并对学习的内容消化吸收而会变得越来越强，并最终取得强势文化的地位，因此，世界文化的未来仍然是不同文化并存的多样性的世界。

在我们看来，经济全球化没有也不可能造成全球文化的“同质化”，事实上，某些文化观念上的差异乃至冲突不仅没有被消除，反而比以往更加明显和突出，尤其是在反映民族特点的文化观念上。首先，文化的多样性是由人类自身实践的多样性所决定的。人类是由多个民族、种族组成的。不同的民族、种族拥有了不同的民族精神、民族性格、民族思维方式、价值观念和不同的语言、文字、宗教、生活习惯等等，因而也就有了不同的文化。文化穿越时间和空间表现为多样形式。这种多样性体现了构成人类的群体和社会的身份的独特性和多元性。“作为交流、变革和创新的源泉，文化多样性对人类之必要犹如生物多样性对自然界一样。在这种意义上，文化多样性是人类的共同遗产，为了现代人和后代的利益应该给予承认和确认。”① 其次，文化的多样性并不是指不同文化漫无目标地随意发展，尤其是在全球化把世界联系成一个整体之后，当文化之间的交流变得愈益频繁时，文化整合的意义便更加凸显出来。在文化交流上，整合主要是指在差异性中寻求普遍性，在多样性中实现统一性。文化整合是一种双向或多向的运动，文化整合的基础是把人类社会作为一个整体，其目的是解决人类所面临的共同挑战，其结果会使由不同文化构成的人类社会具有更多的相同理念。不过，这决不意味着不同文化在逐渐地改变其固有的特性而融合进按照逻辑推理必然要出现的单一世界文化之中。

文化的多样性不仅是人类历史发展的重要组成部分，也是人类文

① 联合国教科文组织编：《世界文化报告（1998）：文化、创新与市场》，北京：北京大学出版社2000年版，第2页。

明不断走向进步的主要推动力之一。从唯物辩证法的眼光看，这些多元性、特殊性的具体形态以及多样性的具体成分和结构，随着时间的推移会不断地变化。越具有民族性特点的文化，往往越具有文化的价值和生命力，也就越能走向世界。民族隔阂的消除，不仅不会削弱文化的民族性，反而会大大地加强全人类文化的“差异性”，使人类的思想文化和精神生活更加丰富多彩。

在全球化的时代背景下，社会主义的核心价值观必然面临着新旧价值观、中外价值观的挑战。如何从建设我国先进文化的角度应对全球化时代的价值冲突，建构与全球化时代相适应的价值观是时代给我们提出的一个重大课题。

（三）改革开放对人们思想观念影响的复杂性

社会主义改革是社会主义制度的自我完善和发展，改革实践是一项全新的事业，也是一个长期复杂的过程。它不是枝节的修补，而是在坚持社会主义制度基础上广泛而深刻的变革。这场革命理所当然地在亿万群众的思想中产生了巨大的影响，改革开放的实践过程既促进了人们思想观念的更新，也出现了某些混乱、消极、负面的影响。

1. 改革开放促进人民思想的解放、观念的更新

其一，改革开放增强了人们的主体意识和积极进取的精神。我国原来实行的高度集中的计划经济体制，在历史上曾发挥过积极作用，但随着社会的发展，原有的“一大二公”的生产关系，不但不能促进生产力的发展，反而阻碍生产力的发展。在原来的体制下，不少企业出现了干多干少一个样，甚至干和不干一个样的情况，出工不出力，劳动生产率低；国家直接下达指令性计划，对生产过多的行政干预，不仅不利于生产力的发展，而且压制了干部群众的积极性和创造性。而在市场经济条件下，强调的是单位、个人的自主权，以人为本成为时代的最强音。尊重人、尊重人性、尊重人的自由发展，推动人的权利、人的价值的不断提升及有效实现。市场的开放繁荣和经营自主权的扩大，也增强了人们的独立自主思想，逐渐改变了过去那种依赖政府、单位帮扶发展的思路。改革开放使人们普遍认识到，市场竞争是严峻的甚至是残酷的，要想求得生存和发展，必须依靠自身的奋斗和拼搏。

其二，改革开放增强了人们的竞争意识和民主法制意识。随着社会主义市场经济的发展，不同利益主体的形成，使得社会竞争空前激烈，人们的工作态度和成果不仅同公共利益而且同个人切身利益紧密相连，干多干少，干好干坏的结果大不一样，这就促使人们逐渐树立起竞争意识。市场经济的发展，激烈的竞争和生存的需要，要求人们按照市场经济规律办事，在竞争中优胜劣汰，改变了在传统的计划经济体制下不重视效益、不讲求效率的现象，逐步形成了视效率为生命的时效意识。发展市场经济使社会成员共同参与社会生活，在经济活动中日益成为平等的主体，从而大大推进了社会主义民主政治建设。市场经济还要求一切经济活动和政府的经济职能都必须纳入法制的轨道，依法办事，这使人们的法律意识不断增强。最为重要的是，随着改革实践的深化，解决中国一切问题的关键靠发展，发展是硬道理的意识，已在人们的头脑中确立起来。这些意识都是现代社会成员所必须具备的素质和品格。

2. 改革开放过程对人们思想观念的消极影响

改革开放是推动我国社会主义事业充满活力、生机勃勃地向前发展的强大动力，同时，这一过程也带来了风险，产生了某些消极的影响。对此，中国共产党在改革开放初期就估计到了。邓小平同志一再告诫全党同志说："开放政策是有风险的，会带来一些资本主义的腐朽东西。"① "改革开放必然会有西方的许多坏的影响进来，对此，我们从来没有估计不足。"② 江泽民同志也多次指出："我们实行改革开放把大门打开了，国外一些好的东西进来了，但也会带进来一些消极腐朽的东西，影响以至毒害人们特别是青少年。""我们搞社会主义市场经济，当然要讲效益，讲盈利，重视个人利益，但要防止拜金主义思想的滋长。"③

其一，市场经济自身的缺陷给人们价值观带来的消极影响。实行改革开放，建立社会主义市场经济，极大地促进了生产力的发展，改善了人民的生活水平，丰富了人民的物质生活。它的积极作用是显然

① 《邓小平文选》第3卷，北京：人民出版社1993年版，第139页。
② 《邓小平文选》第3卷，北京：人民出版社1993年版，第306页。
③ 《十四大以来重要文献选编》上册，北京：人民出版社1996年版，第129页。

的，但其自身的自发性、盲目性、分散性、趋利性等弱点或缺陷也是不容忽视的。市场经济讲究等价交换、利润最大化原则，这在人们思想意识当中很容易把生产经营活动中奉行的等价交换原则引入政治、社会和文化生活，从而诱发自由主义、拜金主义、享乐主义、利己主义等消极思想，导致金钱至上、权钱交易、损人利己等现象。市场经济承认追求个人利益的合理性，但也使一部分人由此滋长了个人利益至上，在一切活动中唯利是图，把是否有利于个人利益作为衡量问题的唯一价值尺度。江泽民同志曾尖锐地指出："搞社会主义市场经济，有利于人们开阔眼界、活跃思想、增长才干、开拓创新。同时也应清醒地看到，市场经济中出现和存在的东西，并不都是积极的，健康的，合理的，对于错误的、丑恶的东西必须予以抵制、批评和纠正，不能漠然视之，更不能任其泛滥，让它们去腐蚀人们的思想和灵魂。"①

其二，实行对外开放给人们带来思想的冲击。实行对外开放，有利于人们开阔眼界，增加见识，活跃思想，但国外资产阶级的腐朽思想文化，各种错误思潮也会乘机而入，使一些人盲目崇拜西方，否定党的领导和社会主义。同时，我国社会长期存在的封建主义思想残余包括封建迷信和愚昧落后的思想观念，在新的历史条件下也会沉渣泛起。对此，我们一定要高度警惕。正如邓小平同志所言，"实行开放政策必然会带来一些坏的东西，影响我们的人民。要说有风险，这是最大的风险。我们用法律和教育这两个手段来解决这个问题。只要不放松，认真抓，就会有办法。"② 江泽民同志也指出："改革开放，发展社会主义市场经济，对人们思想道德方面的积极影响是主要的，但对消极影响也不容忽视。改革开放越深入，物质文明越发展，越要抓好精神文明建设。"③

3. 正确认识改革实践过程对人们思想观念的影响

在进行改革的过程中，人们思想活跃，各种观念大量涌入，正确思想与错误思想相互交织，进步观念与落后观念相互影响。一方面，

---

① 中共中央文献研究室编：《十四大以来重要文献选编》（上），北京：人民出版社 1996 年版，第 128－129 页。

② 《邓小平文选》第 3 卷，北京：人民出版社 1993 年版，第 156 页。

③ 江泽民：《充分认识历史责任　全面加强军队建设——江泽民在解放军代表团发表重要讲话》，《人民日报》1994 年 3 月 15 日。

人们的竞争、效率、民主法制意识和开拓创新精神在增强；另一方面，人们思想活动的独立性、选择性、多变性、差异性也在明显地增加；“市场经济活动存在的弱点及其带来的消极影响，反映到人们的思想意识和人与人关系上来，容易诱发自由主义、分散主义和拜金主义、享乐主义、利己主义”；[①] 国外资产阶级腐朽思想文化乘机而入，我国长期存在的封建迷信和愚昧落后思想观念也会沉渣泛起。对于这个局面，我们究竟应该怎样看待和估量？在此，我们仅从方法论的视域来讨论。

首先，以历史唯物主义的态度直面现实。历史唯物主义认为，社会存在决定社会意识，社会意识对社会存在具有反作用。我国进行的社会主义改革实践，是一场极其深刻的社会变革，必然会带来人们思想的活跃，正确思想与错误思想的相互交织，进步观念与落后观念的相互影响，是不以人的意志为转移的。首先我们要承认这些消极现象的存在，正确估计它们在整个思想领域的地位。社会进步的总过程中包含着某些方面、某些阶段、某种意义的退步，是历史上常有的现象。何况我们还处在社会主义初级阶段，改革实践不能不是一个很长的历史过程，不可能在很短的时间里消除消极思想产生和存在的土壤，因而这些消极现象的存在也就不足为怪。“不承认消极现象的存在，或者硬把消极现象美化为‘新’观念、‘新’意识，是错误的；夸大这些消极现象，进而归咎于改革实践甚至认为改革不如不改革、走新路不如走老路，也是错误的”。[②]

其次，历史地、具体地分析消极影响。“在当代中国，以马克思主义为指导的正确的进步的思想观念是整个社会思想的主流，这是毫无疑义的。”[③] 思想领域的消极现象虽然具有相当的普遍性，但当前毕竟是支流，而且由于它们不符合社会发展的规律和人民群众的根本利益，本质上是不合理的东西，因而也就没有强大生命力和发展前途。对思想领域的消极因素，我们决不能因为它们现在还处于支流地位就熟视无睹、放任自流。有人认为，只要生产力发展了，这些消极因素就会自然而然地消失。这种判断是错误的，因为思想领域的这些消极因素

---

① 《江泽民文选》第3卷，北京：人民出版社2006年版，第81页。
② 陶德麟：《怎样看待和对待改革实践过程对人们思想的影响》，《求是》，2001年第11期。
③ 《江泽民文选》第3卷，北京：人民出版社2006年版，第82页。

已经严重阻碍了改革开放和社会主义现代化建设的顺利进行。“如果我们一方面听任其继续蔓延，一方面又希望生产力持续高速发展，这本身就是幻想。”① 还有人认为，这些消极现象已经无法遏止，一切措施都将徒劳无功，这也是没有根据的。如果误认为它们已经是我国思想领域的主流，这种错误估计可能导致否定改革实践的巨大成就，是非常有害的。

因此，在估量改革开放进程对人们的思想影响时，我们既要看到“主流”，又要正视“支流”，对待“主流”不能盲目乐观，而对支流听之任之，对待“支流”不能盲目夸大因而悲观失望。中国共产党领导下的社会主义建设事业是符合社会发展的客观规律和最广大人民根本利益的，一切与这一事业相违背的思想归根到底都经不起实践的检验和时间的考验。

三、改革开放以来价值观念变迁的主要内容与特征

我国社会价值观的深刻变化发轫于二十世纪七十年代末八十年代初，真理标准问题大讨论确立了实践原则，解放了人们的思想，为价值观的变革创造了思想条件。“潘晓问题”的大讨论引发了人们对“人生的意义究竟是什么?”的思考。关于人道主义和异化问题的大讨论，冲破了思想的束缚，促进了主体意识的觉醒，“主体觉醒”成了“八十年代中国社会思潮的主流”②。在这一时期社会价值观念的变化刚刚开始，虽是局部的，但这种变化已经影响着人们的社会生活，引起了人们思维习惯和行为方式的变化，进而导致中国社会价值观的重大变革。社会价值观的变化也引起了党中央的高度重视。党的十二届六中全会通过的《中共中央关于社会主义精神文明建设指导方针的决议》中明确提出要“形成有利于社会主义现代化建设和全面改革的舆论力量、价值观念、文化条件和社会环境，有力地抵制资本主义和封建主义的腐朽思想，防止种种迷失方向的危险”。③ 党的十三大又一次强调，“要

---

① 陶德麟：《怎样看待和对待改革实践过程对人们思想的影响》，《求是》，2001 年第 11 期。

② 赵修义、朱贻庭：《权利、利益和权力》，《毛泽东邓小平理论研究》，2004 年第 5 期。

③ 中共中央文献研究室编：《十二大以来重要文献选编》（下），北京：人民出版社 1988 年版，第 1175 页。

努力形成有利于现代化建设和改革开放的理论指导、舆论力量、价值观念、文化条件和社会环境”。[①] 九十年代之后，我国的改革开放进入了新的历史阶段，开始了以建立社会主义市场经济体制为目标的经济体制改革，中国的社会变革开始呈现出全方位展开的基本态势，从而引发了社会价值观全面、深刻、复杂的变化。

（一）改革开放以来价值观嬗变的主要内容

历史唯物主义告诉我们，社会存在决定社会意识，因此社会生活的多样化决定社会意识的多样化，社会存在的多样化，决定着社会价值观念的多样化。人们的社会生活涉及经济、政治、道德等诸多领域，在每个领域都存在着与其相对应的价值观。下面我们就从政治、经济、伦理三方面大致剖析改革开放以来价值观变革的主流。

1. 经济价值观变革的主流

经济价值观是指人们对所从事的经济活动中的经济制度、经济意识、经济关系及经济行为等一系列经济现象的价值判断和评价，即人们对经济价值及创造经济价值的过程的认识和评价。改革开放以来，人们价值观念发生了深刻变革，产生了质的飞跃，这一质变首先是从经济领域发端的，经济价值观变革是其他一切价值观变革的源头、根据和主要动力。经济价值观的变革主要表现在以下几个方面：

其一，从生产力方面看生产力标准与可持续发展的价值观念确立。

生产力标准的价值理念。所谓生产力标准是指：把是否有利于解放和发展生产力作为判断我们路线、方针、政策正确与否的根本标准，作为判断我们工作是非得失的根本标准，作为判断社会制度是否优越和进步的根本标准。改革开放以前，“以阶级斗争为纲”的观念长期占主导地位，特别是“文化大革命”中，完全忽视发展生产力，以阶级斗争取代物质生产，“例如‘大跃进’人民公社就没有按照社会经济发展的规律办事”，[②] 这种以政治运动的方式搞经济建设的实践模式，一方面，过分夸大生产力中劳动者的主观因素，另一方面，过分夸大生

① 中共中央文献研究室编：《十三大以来重要文献选编》（上），北京：人民出版社 1991 年版，第 14 页。

② 《邓小平文选》第 3 卷，北京：人民出版社 1993 年版，第 116 页。

产关系对生产力的反作用，完全违背了社会主义的发展规律。改革开放以后，以经济建设为中心的转移和市场经济的发展，使人们对于生产力有了新的认识，引起了人们经济价值观的重大转变。1992 年，邓小平在视察南方的讲话中指出，“改革开放迈不开步子，不敢闯，说来说去就是怕资本主义的东西多了。走了资本主义道路，要害是姓‘资’还是姓‘社’的问题。判断的标准，应该主要看是否有利于发展社会主义社会的生产力，是否有利于增强社会主义国家的综合国力，是否有利于提高人民的生活水平。”[①] 这就是生产力标准理论的完整而经典的表述，亦即“三个有利于”。生产力标准确立的最直接而现实的根据在于，它是解决我国社会主义初级阶段主要矛盾的客观要求。在社会主义初级阶段，存在着经济，政治、文化和社会生活等各种矛盾，然而，这些矛盾的解决最终取决于人民日益增长的物质文化需要与落后的社会生产力之间矛盾的解决。因此，生产力标准作为经济价值观念变革主流的重要意义在于，“把颠倒的社会存在与社会意识的关系再颠倒过来，清算了从上层建筑领域寻找判断是非善恶标准的历史唯心主义，恢复了唯物史观的权威”。[②]

可持续发展的价值理念。改革开放前，我国原先的工业化道路基本沿袭的是追求单纯的经济增长的道路。改革开放之初，我国就面临着发展模式的严峻挑战。一方面，随着世界人口的不断膨胀、资源的日益短缺和环境的日趋恶化，“先污染、再治理”之路已无可能，可持续发展这一新的发展观已经越来越被现代的人们所认识和接受；另一方面，可持续发展既包括经济的可持续发展，也包括生态的可持续发展，其目标是要在保持国民经济持续、快速、健康发展的同时，合理配置和使用资源，提高人口素质，提高生活质量，实现人的全面发展，推动社会全面进步，这对于经济薄弱、生存压力大的发展中国家，无疑是重大的挑战。从传统发展模式转向可持续发展，也是我国社会发展的一次重大战略转变，它要解决的是中国如何发展、以什么方式发展的问题。江泽民同志强调指出：“在现代化建设中，必须把实现可持续发展作为一个重大战略。要把控制人口、节约资源、保护环境放到

① 《邓小平文选》第 3 卷，北京：人民出版社 1993 年版，第 372 页。

② 侯惠勤：《冲突与整合》，北京：中国人民大学出版社 2004 年版，第 61 页。

重要位置，使人口增长与社会生产力的发展相适应，使经济建设与资源、环境相协调，实现良性循环。”① 可持续发展虽然主要是指经济方面的发展，但同时还包括其他社会生活领域的全面发展，注重的是社会系统的健康运作。可持续经济发展是生态代价和社会成本最低的经济发展，可持续发展旨在依靠科技进步，实现经济效益最佳、生态效益最好、社会效益最优的有机统一。

其二，从生产关系方面看竞争中求发展和效率优先兼顾公平的价值观念确立。

竞争中求发展的价值观念。中国传统的自然经济模式铸就了“和为贵，尚无争”的观念。改革开放前的计划经济时代，经济活动主要是由政府机构统一部署，平均主义的“大锅饭”抹杀了劳动者的天赋和主观能动性，压抑了人的竞争本性和创造活力，束缚了人的全面自由发展。事实证明，竞争原则被忽视乃至遭到否定是形成吃“大锅饭”的重要原因。改革开放以来，由市场经济所彰显的竞争意识作为市场经济正常运行的必要动力机制，已经渗透到社会生活的各个角落。它激发了各种社会成员的积极性，使人们能够通过充分发挥自身天分和付出相应劳动来达到谋取合法权益的目的，成为社会生活正常运行的必要动力机制。竞争有助于资源的有效配置，竞争促进效率的提高，竞争能够激发潜能，促进人的全面发展。

效率优先兼顾公平的价值观念。改革开放初期，邓小平针对过去“一大二公”的平均主义分配方式对效率造成的危害，提出了“让一部分人先富起来”的著名论断，使一部分人通过诚实劳动先富起来，起着榜样示范作用，最终实现共同富裕。这时在公平与效率的关系上，“冲突论”处于主导地位。改革开放步入二十世纪九十年代以后，人们之间收入差距迅速扩大，社会问题增多，有可能造成对经济效率持续增长和社会稳定的破坏，国家及时调整了效率与公平关系，提出了“效率优先，兼顾公平”的基本原则。从经济的角度、从经济理论的角度讲，所谓效率不仅仅是指生产效率，更重要的是指社会的经济效率，核心是资源配置效率，而资源要达到有效配置必须有良好的制度和机

① 中共中央文献研究室编：《十四大以来重要文献选编》（中），北京：人民出版社 1997 年版，第 1463 页。

制，特别是在市场经济条件下，在社会主义初级阶段生产力不发达的情况下，必须遵循效率优先。“效率优先，兼顾公平”的原则打破垄断实行机会均等，在追求效率的同时兼顾分配结果的公平，给市场竞争中的弱者基本生存的关怀，开始倡导建立社会保障机制。“效率优先，兼顾公平”也是按劳分配原则的具体贯彻，十六大报告提出，初次分配注重效率，再分配注重公平。只有贯彻“效率优先，兼顾公平”的原则，才能充分调动人的积极性，从而促进生产力的发展。

2. 政治价值观嬗变的主流

政治价值观一般指的是社会成员对政治世界的看法，“包括社会成员看待、评价某种政治系统及其政治活动的标准，以及由此形成的政治主体的价值观念和行为模式的选择标准。在某种政治文化影响下，社会成员在总体上都存在一种基本一致的政治价值观念，它直接影响着政治行为主体的政治信念、信仰和态度”。[①] 关于政治价值观的嬗变，中国在对内社会转型、对外全球化的历史进程中，政治社会化的步伐也逐步加快，民族意识逐渐复苏，人们的参政意识与参政行为都在一定程度上得到觉醒和提高。同时，政府在公民心目中的地位发生转变，开始由权力型、管制型政府向服务型政府过渡。

改革开放以来，中国共产党多次在全国代表大会上强调积极稳妥推进政治体制改革，发展广泛、充分、健全的人民民主。坚持党的领导、人民当家作主、依法治国有机统一，以调动人民积极性为目标，扩大社会主义民主，加快建设社会主义法治国家，发展社会主义政治文明。注重改进党的领导方式和执政方式，保证党领导人民有效治理国家；注重健全民主制度，“发展基层民主，保障人民享有更多更切实的民主权利”；[②] 注重发挥法治在国家治理和社会管理中的重要作用，“加快行政管理体制改革，建设服务型政府”。[③] 由上可见，改革开放以来，我国主导的政治价值观发生了巨大的积极变革，主要表现在：一是凸现政治对经济的服务功能；二是民主与法治观念在增强；三是人

① 王惠岩：《政治学原理》，北京：高等教育出版社，1999 年版，第 240 页。

② 胡锦涛：《高举中国特色社会主义伟大旗帜　为夺取全面建设小康社会新胜利而奋斗——在中国共产党第十七次全国代表大会上的报告》，北京：人民出版社 2007 年版，第 30 页。

③ 胡锦涛：《高举中国特色社会主义伟大旗帜，为夺取全面建设小康社会新胜利而奋斗——在中国共产党第十七次全国代表大会上的报告》，北京：人民出版社 2007 年版，第 34 页。

民权利本位观的确立。

在中国传统社会中，官本位思想盛行，这种价值取向表现为：公共权力的运行以“官”的利益和意志为最根本的出发点和落脚点，严格的上下层级制度，以是否为官、官职大小为标尺来衡量人们社会地位和人生价值。在此基础上形成了敬官、畏官的社会心理。权力本位存在的前提是政治的泛化，即国家与社会、政治与经济的一体化。在此环境中，国家的政治功能无限膨胀、无限覆盖，而社会自主空间极度狭窄，社会经济功能极度弱小。在这种政治是一切，一切是政治的社会中，权力当然成为最活跃、最有价值的生存工具，由此便产生了权力本位的政治文化现象。同时在这样的环境中，也遏制了社会的生机，更遏制了民主的生长。

十一届三中全会以来，中国共产党总结历史经验，果断地否定了“以阶级斗争为纲”，适时把工作重心转向“以经济建设为中心”，特别是社会主义市场经济体制的建立使中国的政治价值观发生了巨大的变化。市场经济使各种新思想、新观念在中国大地生长、传播，荡涤着旧的封闭、保守和狭隘的传统观念。一方面，人民权利本位的显现，社会大众呼唤着新型的社会主义民主政治的出现。市场经济使人的生产能力和活动能力冲破狭窄的范围和孤立的地点向深度和广度扩展，使人们获得了经济自由权；市场经济培养了无数独立的经济主体，增强了人们的独立、自主和平等意识，也促进了公民的政治参与意识；市场经济猛烈冲击着“官本位”思想，使人们转向“重知识”、“重技术”等多样选择；市场经济破除了小生产者的平均主义思想，使人们勇于竞争；市场经济打开了人们的视野，使中国人由封闭、保守转向开放与进取。

另一方面，政府通过两次职能的转变，凸显了政治为经济服务的价值观念。基于对社会主义本质的思考，党充分认识到社会主义改造完成后，人民日益增长的物质文化需要同落后的社会生产之间的矛盾上升为主要矛盾。相应地，国家的政治职能退居次要地位，经济职能和组织公共社会生活的职能则上升为主要职能。为解决主要矛盾，我国政府必须集中精力发展生产，提高人民的生活水平。因此政府主要职能的一大转变是为经济保驾护航，解决了政府职能的方向定位。第二大转变是经济活动的主体由政府转向企业，政府由实际经营的主体向依法监督、宏观调控、公共服务等方面的转变，解决了政府职能的功能定位问题。此外，市场经济是有序性经济，是规范性经济，是法治经济，它限定了政府的职能和权力，“依法治国”的明确提出标志着党的执政理念更加成熟。依法治国是我国国家权力运行方式的创新，是我党执政方式的重大变革，即是以人民权力为本位，依法行政，执政为民，加强民主监督，加强权力约束，这些都是政治价值观变革的突出表现。

3. 伦理价值观变迁的主流

改革开放30年来，中国的伦理道德观和中国的政治经济一样，也发生巨大变革、转型，这种转型既是对旧有的道德体系的重新审视，也是对新的道德体系的建构，在去旧创新的过程中，特别是在旧有的道德观念已遭质疑和冲击而新的道德观念尚未完全形成的过程中，不可避免地会出现伦理价值观念繁杂纷呈、道德评判多元化的现象，从而使国人陷入道德迷惘之中。但是，不可否认的是，这种伦理价值观念的变革也给中国民众的道德生活和道德意识带来崭新的变化。其变迁的主流表现为：

一是逐渐形成了义利统一的社会主义义利观，人生价值观上个人价值与社会价值有了合理定位。改革开放前，中国伦理思想的主流是道义论的，其特点是强调“重义轻利”和“先义后利”。自二十世纪八十年代中期起，在发展社会主义市场经济过程中，突出并强化了利益主体的自我意识，个人之利不仅被“正名”且得到了空前的张扬。作为传统伦理的核心内容的“重义轻利”价值观受到了前所未有的冲击，产生了重利轻义的价值观。这种重利轻义的价值观过于强调个人利益，而漠视对他人和社会的责任与奉献，易造成人际关系的物化，带来社会道德败坏。在这种境况下，1996年《中共中央关于加强社会主义精神文明建设若干重要问题的决议》中首次提出社会主义义利观概念。2001年颁发的《公民道德建设实施纲要》对“重义轻利”的传统义利观进行了具有时代内涵的改造，形成了系统的社会主义义利观。《纲要》基于社会主义社会个人利益与社会集体利益矛盾的非对抗性和社会主义市场经济的特殊性，坚持“尊重个人合法权益与承担社会责任相统一”。[①] 要保障公民依法享有政治、经济、文化、社会生活等各方面的民主权利，鼓励人们通过诚实劳动和合法经营获取正当物质利益。引导每个公民自觉履行宪法和法律规定的各项义务，积极承担自己应尽的社会责任。“把权利与义务结合起来，树立把国家和人民利益放在首位而又充分尊重公民个人合法利益的社会主义义利观”。[②] 新的义利观可简称为“义利统一”或“义利兼顾”。社会主义义利观中的“义”，就是以人民的整体利益为基础的社会主义道德规范。

二是对公共生活层面的伦理理论有了较全面的概括。在改革开放之初，由于西方资产阶级腐朽思想的影响，封建落后思想在某种程度的死灰复燃，由于对商品经济负面影响的认识不足，出现了物质文明和精神文明建设“一手比较硬、一手比较软”的现象，出现了一定程度的道德滑坡。面对社会经济成分、组织形式、就业方式、利益关系和分配方式多样化的趋势，面对全面建设小康社会，人民群众的精神文化需求不断增长，面对世界范围各种思想文化的相互激荡，道德建设有许多新情况、新问题和新矛盾需要研究解决。

党的十一届三中全会特别是十四大以来，随着改革开放和现代化建设事业的深入发展，社会主义精神文明建设呈现出积极健康向上的良好态势，公民道德建设迈出了新的步伐。“爱国主义、集体主义、社会主义思想日益深入人心，为人民服务精神不断发扬光大，崇尚先进、学习先进蔚然成风，追求科学、文明、健康生活方式已成为人民群众的自觉行动，社会道德风尚发生了可喜变化，中华民族的传统美德与体现时代要求的新的道德观念相融合，成为我国公民道德建设发展的主流。”[③] 但是，我国公民道德建设方面仍然存在着不少问题。社会的一些领域和一些地方道德失范，是非、善恶、美丑界限混淆，拜金主义、享乐主义、极端个人主义有所滋长，见利忘义、损公肥私行为时有发生，不讲信用、欺骗欺诈成为社会公害，以权谋私、腐化堕落现

① 中共中央文献研究室编：《十五大以来重要文献选编》（下），北京：人民出版社 2003 年版，第 1982 页。

② 中共中央文献研究室编：《十五大以来重要文献选编》（下），北京：人民出版社 2003 年版，第 1983 页。

③ 中共中央文献研究室编：《十五大以来重要文献选编》（下），北京：人民出版社 2003 年版，第 1982 页。

象严重存在。

中共中央2001年颁发的《公民道德建设实施纲要》是建国以来以党中央名义批准下发的第一个专门针对公民道德建设而制定的重要文件，也是以后在很长一段历史时期里指导道德建设发展的纲领性文件。比较系统地回答了当前道德建设领域中需要解决的重大理论和实践问题，反映了广大人民群众对建立社会主义新型人际关系的强烈愿望，既体现了中华民族传统美德、中国革命传统美德，又体现了新时代的道德精神。

此外，在道德规范和道德实践领域中，价值观念主要有以下积极的变化：一是以人为本、为人民服务价值核心得到广泛认同；二是集体主义价值导向得到弘扬；三是公民基本道德规范得到落实。

（二）改革开放以来价值观念变迁的总体特征

改革开放以来我国社会价值观的变迁在时空上呈现出阶段性的特征。以经济体制的转变为主线，改革开放以来中国社会的价值取向可划分为两个阶段：一是七十年代末从政治斗争时代向经济建设时代的转变；二是九十年代初从计划经济体制向市场经济体制的转变。社会主义市场经济体制的建立和发展，使中国社会价值观的建构由“破”的阶段进入“立”的阶段。[①] 以集体主义价值观的发展脉络为主线，改革开放以来中国社会价值观的嬗变可分为两个阶段：一是七十年代末到八十年代末，从单一的集体主义价值观走向价值观多元化，集中表现为个人利益与集体利益之间的冲突；二是从九十年代开始，基于各种价值观的不断冲突与相互融合，形成了与社会主义市场经济相适应的新型集体主义价值观。[②]

总体来说，改革开放以来中国社会价值观的嬗变表现在价值主客体、价值目标、价值选择、价值标准、价值实现等各个方面。有学者认为主要表现为以下几点：一是价值观念主体意识唤醒，整个社会从单一主体化价值观走向多元主体相统一的价值观念；二是社会价值体

① 李皓：《当代中国社会价值观念的嬗变》，《东岳论丛》，1997年第4期。

② 冯军：《价值观念在经济全球化背景下的趋同与多元化发展辨析》，《理论参考》，2007年第3期。

系重心的转移，从高度政治化、道德化走向以经济为基础的社会化、多面化；三是价值行为方式的转变，从权力化的目标模式走向实力化的目标模式；四是社会价值体系运作机制的转变，从静态调节为主走向动态调节为主。①

价值作为哲学范畴，表示的是客体对于主体所具有的意义，是现实的人同满足其某种需要的客体的属性之间的一种关系。而价值观念则是反映某类客观事物对于人和人类的意义。“价值观念是一定社会群体中的人们所共同具有的对于好与坏、正确与错误、符合与违背人们愿望的观念，使人们基于生存、享受和发展的需要对于什么是好，或者不好的根本看法。”② 价值观念的构成要素又包括价值目标、价值取向、价值标准等等。因而，价值观念的多元化在一定意义上就是指由于其具体构成要素的多样化而导致的多种价值观念的存在。

人类文明从纵向来说具有累积性和传统性，从而表现为发展的连续性和创新性，从横向来说则表现为相互作用、相互影响和相互交叉，从而表现出多样性和交融性，正是这种横向和纵向的结合表现了人类文明发展同一性和特殊性的辩证统一。③ 自二十世纪九十年代以来，随着冷战的基本结束，世界更加趋向政治多极化、经济主体化和文化多样化，世界多样性的现实以及我国多年来的改革开放实践，使得处在社会转型期的中国社会的许多方面已从过去的单一性趋向多样化。世界的多样性、社会的多样化表现在文化价值观念上则激荡起多样的价值追求，表现出多样的价值评价标准，形成不同的社会心态或行为，文化价值观念越来越具有流动性、层次性和丰富性，具言之：

其一，主体意识的觉醒，价值主体的多元化。

在价值观念中，主体意识或主体观念是核心。在自然经济社会形态中，价值观中的主体意识是整体意识。在计划经济体制下，这种情况没有根本改变。国家这个集体是最高的主体，也是唯一的主体。所谓“集体的事再小也是大事，个人的事再大也是小事”之类的宣传口

① 李德顺：《谈谈当前的价值观念变革》，《前线》，1993 年第 8 期。

② 袁贵仁：《价值观的理论与实践：价值观若干问题思考》，北京：北京师范大学出版社 2006 年版第 130 页

③ 陈章龙：《论主导价值观》，南京：江苏人民出版社 2006 年版，第 33 页。

号，就反映了主体意识中个体意识的淡化。市场经济建立起通过财富的物化关系来表现人的价值的平等关系，以经济活动的价值主体的多层次、多样化、多元化为前提。与此相应的是价值观中个体主体意识的生成。作为生产和经营者的个人，集体只有成为自己活动的真正主体时，才能充分调动人们生产经营的积极性，才会有竞争、有效率，有市场资源的合理配置，从而才会有市场经济本身。

改革开放后，多种所有制形式的并存，实际上确认了不同所有制主体，包括国家所有制主体、集体所有制主体和个体所有制主体等多元化的主体性存在，强化了其主体地位与主体意识。社会主义市场经济具有市场经济的一般特点，但又具有它的特殊性，即公有制占主导地位。这就决定了价值观中的主体意识逐渐从抽象的群体意识向现实的个体意识转移，同时它又趋向于与“真实的集体”① 相联系。

其二，物质与精神并重，价值追求目标的多样化。

价值目标是特定主体在特定条件下所追求和期望实现的价值理想。② 在社会转型的过程中，价值主体已经从过去的一元转变为现在的多元。与改革开放以前相比，人们也逐渐将自身的价值目标与国家、集体的价值目标区分开来。由过去单纯推崇“精神价值”向“精神价值”与“物质价值”并重的目标转化。人们不再以政治为唯一的目标，而是将政治与经济、文化乃至个人的日常生活等彼此参照起来，看作是一个相互区别又相互联系的多维整体，不可或缺。不同的利益主体会从自身的需要和利益等出发来对其价值目标进行定位。由于需要、利益以及所处主客观条件的多元化，从而也就使得当前价值主体的价值目标呈现出多元化的发展趋势。

其三，传统与现代结合，价值取向的多面化。

价值取向是指一定主体基于自己的价值观在面对或处理各种矛盾、冲突、关系时所持的基本价值立场、价值态度以及所表现出来的基本价值倾向。价值取向具有实践品格，它的突出作用是决定、支配主体

---

① 《马克思恩格斯全集》第3卷，北京：人民出版社1960年版，第84页。

② 郑国玺：《社会主义市场经济条件下的价值观建设》，成都：四川人民出版社1995年版，第14页。

的价值选择，因而对主体自身、主体间关系、其它主体均有重大的影响。[①] 改革开放以前，在计划经济体制下，在同质单一的社会结构里，全国人民整齐划一地只有一种价值选择，一个价值取向。这种整齐划一的价值取向无疑违背了人们对各自丰富多彩的社会生活追求的本性。而市场经济是一种多元经济，这种经济必然带来利益差别，由于每个利益主体的行为又是自主、自由、开放的，在此基础上形成的价值取向也就必然呈现出多元化的趋势。过去那种“君子喻于义，小人喻于利”的传统观念发生变化，人们不再耻于言利。

改革开放以来，随着主体意识的觉醒和价值重心的转移，各层次主体的利益与需要普遍而多层次地凸现出来，使人们的价值取向日益多样化，生活显现出它的丰富多彩本性。每个人可以从不同的角度去观察和对待自己的生活，可以有不同的理解和选择，人们的价值取向随自己的意愿、需要、信念与选择日益呈现出多向化、多维化、多层次立体化的面貌。当前，人们针对诸如义与利、个人与集体、公平与效率、守旧与创新、和谐与竞争、利己与利他等都具有不同的价值选择上的倾向性。在现代社会中，自立自强意识、社会公正意识、效率观念、竞争观念等，不断为人们所认同与推崇。过去的平均主义观念、轻商耻利观念等，则不断受到强烈冲击，逐渐为人们所抛弃。但诸如恪守诚信、仁爱友善、谦敬礼让等中华民族优良的道德价值观将在现代社会中不断发扬光大。

其四，社会与个人兼顾，价值评价标准的多维化。

改革开放后涌现的不同的社会评价机制，意味着个人成功标准的分化和多样化。如果说在改革开放以前，参军、入团、成为劳模、标兵和先进典型是成功的标志，那么，在当今社会，个人发家致富，做青春偶像、影视明星、文化体育明星，加入甚至引导时尚消费潮流，成为知识和技术精英，当然还有仕途发达等等，都可成为个人的成功标志。特别值得注意的是，个人价值的实现有一种从过去注重组织评价转向现在重视自我评价、媒体评价的趋势，其背后的实质则是从以往注重精神内涵转向更加注重物质效果，从注重社会评价发展到社会与个人评价兼顾。当前人们对成功标准理解的多样化，其原因在于人

① 参见百度百科，http：//baike. baidu. com/view/1151623. htm

们对价值评价标准的多样化，进而导致价值观念的多样化。

社会与个人是辩证统一的，任何个人都是生活在一定社会之中，人的本质“在其现实性上，是一切社会关系的总和”，[①]“人的本质是人的真正的共同体”。[②] 任何个人价值观的形成，都要受到社会的核心价值观的制约，社会的核心价值观则引领着不同的社会主体和社会成员的价值取向与价值评判。

价值主体意识、价值追求目标、价值取向和实现手段的多样化，必然形成多元价值观。新形成的多元价值观与已经陈旧但依然存在的价值观交织在一起，使价值观的多元化呈现出复杂的情况。价值观体现着价值取向，这就决定了不同价值观之间的冲突是不可避免的。价值观的冲突不仅反映在不同的个人和群体之间，而且反映在同一个人或同一群体内部。价值观的多元化及其冲突正是社会转型在观念上的反映，并体现着社会转型的深刻内容。

有的学者甚至把九十年代以来的中国化景观称为“众神狂欢”，即既有主导意识形态的文化价值观念，又有精英文化和大众文化。原有的主导价值观念受到了怀疑，“整合社会思想的中心价值观念也不再有支配性，偶像失去了光环，权威失去了威严，在市场经济中解放了的‘众神’迎来了狂欢的时代”。[③] 文化价值观念的多样化又对社会的多样化产生了广泛而深刻的影响。同时，我国社会转型时期价值取向的差异和多样以至矛盾，不仅直接影响到人们经济改革的承受力和适应度，而且也影响到人们对政治改革和政治发展的认同参与，从而影响到社会的和谐与稳定。

改革开放30年来，我国社会中同时存在着多种复合的社会价值观念的因素，面临着一系列的矛盾和冲突，呈现出一幅“激荡的价值观念世界”图景，形成新旧交替、多元并存的现状。在我们看来，价值观多元化是正常的、积极的，因为它能激发价值主体的创造力，使社会发展内容更加丰富。相反，价值观的单一化则使其失去发展的动力。

---

① 《马克思恩格斯选集》第1卷，北京：人民出版社1995年版，第56页。

② 《马克思恩格斯全集》第3卷，北京：人民出版社2002年版，第394页。

③ 孟繁华：《众神狂欢—当代中国的文化冲突问题》，北京：今日中国出版社1997年版，第13页。

但是价值观的多元化如果不加以科学引导和适当控制的话，有引发整个社会价值体系混乱的危险性，社会的稳定和发展需要核心价值观的引领。

第二章 改革开放进程中的社会主义核心价值体系建设

改革开放以来，中国取得了举世瞩目的发展成就，综合国力不断增强，在国际舞台上的地位日益提高，国际影响与日俱增，已经成为维护世界和平和发展的一支重要力量。但从总体上看，文化实力和国际影响力与经济发展、国际地位还不相称，“缺少一种已然成熟的定型的完备的精神形态，一种足以掌握并协调日益巨大的物质力量并使之获得自由表现的精神形态。”① 具体来说，当代中国在精神建设领域主要面临两个方面的困境：一方面，随着经济体制的深刻变革、社会结构的深刻变动、利益格局的深刻调整，当代中国的社会生活和社会思潮日趋多样化，各种价值观念、价值体系之间的差异性以及由此产生的冲突明显增强，并且在一定程度上侵蚀着马克思主义的指导地位；另一方面，伴随着中国全方位的开放，各种非马克思主义和反马克思主义的思潮纷至沓来，西方敌对势力也凭借自身的文化“软实力”加紧对中国实行文化和意识形态方面的渗透，企图干扰甚至阻碍中国特色社会主义道路。更为严重的是，在西方文化霸权主义的影响下，国内有些人开始怀疑中国特色社会主义道路的正确性，甚至主张中国未来要走全面融入“现代文明”的全盘西化之路。面对这种困境和挑战，中国共产党十六届六中全会果断地作出了建设社会主义核心价值体系的决定。社会主义核心价值体系的提出，进一步丰富和发展了中国特色社会主义理论体系，既有利于引领多元化的社会思潮、最大限度地形成思想共识，又有利于认清西方普世价值论的实质，坚定不移地走中国特色社会主义道路。

---

① 吴晓明：《当代中国的精神建设及其思想资源》，《中国社会科学》2012 年第 5 期。

一、中国特色社会主义理论的有机组成部分

中国共产党十六届六中全会通过的《中共中央关于构建社会主义和谐社会若干重大问题的决定》，第一次明确提出了“建设社会主义核心价值体系”这个重大命题，指出“社会主义核心价值体系是建设和谐文化的根本”。中国共产党第十七次全国代表大会进一步强调，“社会主义核心价值体系是社会主义意识形态的本质体现。”社会主义核心价值体系是马克思主义中国化的最新理论成果，是中国特色社会主义理论体系的有机组成部分。“中国特色社会主义理论体系与社会主义核心价值体系，是总体和分体、全局和局部的关系。中国特色社会主义理论体系是总体、全局，社会主义核心价值体系是分体和局部。”① 具体来说，这种关系主要体现在两个方面：

首先，社会主义核心价值体系是马克思主义中国化的最新理论成果，进一步丰富和发展了中国特色社会主义理论体系的内涵。中国共产党的十七大报告指出：“改革开放以来我们取得一切成绩和进步的根本原因，归结起来就是：开辟了中国特色社会主义道路，形成了中国特色社会主义理论体系。高举中国特色社会主义伟大旗帜，最根本的就是要坚持这条道路和这个理论体系。”作为中国特色社会主义道路的理论反映，“中国特色社会主义理论体系，就是包括邓小平理论、‘三个代表’重要思想以及科学发展观等重大战略在内的科学理论体系。”其中，邓小平理论回答了“什么是社会主义、怎样建设社会主义”的问题，“三个代表”重要思想回答了“建设什么党、怎样建设党”的问题，科学发展观回答了“实现什么样的发展、怎样发展”的问题。与之相应，在构建社会主义和谐社会大背景下提出的社会主义核心价值体系则回答了“建设什么类型的文化、如何建设”的问题。作为中国特色社会主义理论体系的一个有机组成部分，社会主义核心价值体系是兴国之魂，是社会主义先进文化的精髓，决定着中国特色社会主义的发展方向。只有以社会核心价值体系为引领，才能真正实现中华民

① 杨芳、梅荣政：《论中国特色社会主义理论体系与社会主义核心价值体系的内在关系》，《思想理论教育导刊》2011 年第 10 期。

族伟大的文化自觉和文化复兴。

其次，中国特色社会主义理论体系是社会主义核心价值体系的灵魂和理论核心。马克思主义指导思想，是社会主义核心价值体系的第一要义，是社会主义核心价值体系的灵魂，决定着社会主义核心价值体系的性质和方向。建设社会主义核心价值体系，最根本的就是坚持马克思主义的指导地位，坚持中国特色社会主义理论体系。正如胡锦涛同志在中国共产党十六届六中全会的讲话中所指出的："我们说要建设社会主义核心价值体系，马克思主义指导地位是最根本的。要坚持不懈地用马克思主义中国化的最新成果武装全党、教育人民，使之真正深入头脑、扎根人心，转化为广大干部群众的自觉行动"。他在2008年1月全国宣传思想工作会议上进一步强调："必须在中国特色社会主义理论体系指引下，把建设社会主义核心价值体系作为长期的战略任务和现实的紧迫工作切实抓紧抓好。"

中国特色社会主义理论体系在社会主义核心价值体系中的"灵魂"地位，也体现在社会主义核心价值体系的基本内容之中。有学者指出，"把中国特色社会主义作为共同理想，实质上点明了它在这四句话中的主导地位。……作为当代中国的实践主题和理论主题，中国特色社会主义必然是价值体系的核心。"① 社会主义核心价值体系的其余三项内容都是中国特色社会主义这个核心的题中应有之义。中国特色社会主义赋予爱国主义以新的时代内涵，在当代中国，爱国也就意味着爱"党领导的社会主义的新中国"，同时，以改革创新为核心的时代精神也正是在中国特色社会主义伟大实践中形成的。以"八荣八耻"为主要内容的荣辱观是中国特色社会主义所倡导的道德人格，是中国特色社会主义文化建设的重要方面。同样，中国特色社会主义伟大实践也决定了马克思主义的指导地位。为什么呢？因为"马克思主义的另一个名词是共产主义"②，"在当代中国，坚持中国特色社会主义道路，就是真正坚持社会主义；坚持中国特色社会主义理论体系，就是真正坚持马克思主义。"③ 因此，坚持马克思主义指导思想，实际上就意味着

① 李景源：《核心价值体系与中国发展道路》，《马克思主义研究》2010年第5期。

② 《邓小平文选》第3卷，北京：人民出版社1993年版，第137页。

③ 胡锦涛在纪念中国共产党十一届三中全会召开30周年大会上的讲话（2008年12月18日）。

要在建设社会主义核心价值体系的过程中始终遵循中国特色社会主义理论体系的指导。离开了中国特色社会主义理论体系的指导，核心价值体系建设就会迷失方向。

二、社会思潮的多元化与社会主义核心价值体系建设

以十一届三中全会为标志，当代中国进入改革开放的历史新时期。这个时期既是中国经济快速增长和综合国力日益增强的时期，也是各种社会思潮发育、发展最为活跃的时期。随着改革开放的不断深化，当代中国的社会思潮呈现出了异彩纷呈、相互激荡和急剧变迁的多元化发展趋势。社会思潮的多元化，是社会阶层多元化和不同阶层利益的多元化在观念上的反映，体现了当代中国知识分子对改革开放过程中出现的前所未有的各种新矛盾、新问题和新困境的反思。由于反思的视角和立场不同，不同的知识分子对这些新矛盾、新问题和新困境的理论解释、思想判断与价值定位就会不同，因而也会得出不同的解决途径。这样一来，就形成了彼此对峙并展开论争的不同社会思潮流派。

当代中国社会思潮的多元化，“是改革开放的环境所赐，也是中国走向正常社会的标志”。① 不同社会思潮之间的竞争、交汇与思想碰撞，有利于避免社会的同质化，有利于思想发展、文化繁荣与社会进步。但是，不可否认的是，社会思潮的多元化也带来了一些错误的、腐朽的思想倾向。这些思想倾向的存在、传播对社会思想主流、社会思潮主旋律构成了严峻的挑战，有时甚至会干扰社会肌体的和谐运行和正常发展。因此，面对社会思潮的多元化，我们一定要保持清醒的头脑，提高对社会思潮的批判认识能力。只有这样，我们才能真正坚持以社会主义核心价值体系引领社会思潮，尊重差异，包容多样，最大限度地形成社会思想共识，为构建社会主义和谐社会和实现中华民族的伟大复兴提供强大的精神支柱和动力。

---

① 萧功秦：《困境之礁上的思想水花——当代中国六大社会思潮析论》，《社会科学论坛》2010年第8期。

（一）当代中国社会思潮的多元化及其历史效应

多元化是现代社会的显著特征，正如美国著名社会理论大师亚历山大所言："对于确定现代社会生活的实际特征、它所面临的紧迫威胁，以及它的现实前景而言，分化概念比当代的任何其他概念都更为贴切。"① 现代社会的分化不仅意味着不同社会阶层的分化和不同阶层利益的分化，而且也意味着深层价值领域的分化。现代社会价值分化的一个突出标志就是"超感性世界的腐烂"和"崩塌"。② 在现代文明产生之前，古希腊哲学传统和基督教教会的启示一以贯之地坚守着超感性世界与感性世界的二元界分，并主张超感性世界对感性世界的支配和统治。但是，随着现代文明的兴起，"'一些现代性的酸'已经使过去各种宗教式的笃信溶解了"。③ 在现代自然科学方法和工业化的影响下，"超感性世界，即观念、上帝、道德法则、理性权威、进步、最大多数人的幸福、文化、文明等，必然丧失其构造力量并且成为虚无。"④ 伴随着超感性世界的腐烂和崩塌，现代社会也就进入一个价值分化的相对主义时代，"我们所生活的世界……是一个我们要在同样终极、同样自称为绝对的价值之间作出选择的世界。其中一些价值的实现，不可避免地要牺牲另一些价值……因此，在不同的绝对要求之间作出选择的必要性，是人类状况中一个无可逃避的特征。"⑤

改革开放以来，当代中国正处在一个各种社会思潮相互交汇、相互激荡的历史时期。伴随着改革开放的不断深入和社会主义市场经济体制的逐步确立和完善，社会经济成分、组织形式、就业方式、分配方式和利益关系等日趋多样化，人们的思想意识空前活跃，价值观念和社会思潮也呈现出多元化的发展趋势。有学者指出，⑥ 改革开放30

① ［美］亚历山大：《分化理论：问题及其前景》，《国外社会学》1992年第1期。

② ［德］海德格尔：《林中路》，孙周兴译，上海：译文出版社2004年版，第235页。

③ L. J. 宾克莱：《理想的冲突——西方社会中变化着的价值观念》，马元德等译，北京：商务印书馆1983年版，第6页。

④ ［德］海德格尔：《林中路》，孙周兴译，上海：译文出版社2004年版，第235页。

⑤ Belin, *Four Essays on Liberty*, OxfordUniversityPress, London, 1969, PP168－169。转引自王虎学：《多元价值的价值重建——论社会主义核心价值体系的历史生成与自觉建构》，《北京师范大学学报》2011年第5期。

⑥ 邹诗鹏：《三十年来中国社会文化思潮的走向及其历史效应》，《马克思主义与现实》2009年第1期。

多年来，中国经历了两次大的思想解放运动。第一次是十一届三中全会及“真理标准大讨论”，冲破了“以阶级斗争为纲”和“两个凡是”的思想桎梏，形成了改革开放的历史性决策，启动了当代中国社会前所未有的变革，人们的思想观念也从过去的“左”的束缚中解放出来，并开始发生全面的转变。第二次大的思想解放运动发生在1992年以后，邓小平的南方讲话以及“三个有利于”的观点，在很大程度上破除了有关“计划”与“市场”以及“姓资”与“姓社”的谜结，而随后全面展开的市场经济进程更是前所未有地促使国人的思想观念发生全方位的转变。据此，改革开放以来当代中国社会思潮的发展也可以分为两个大的阶段：

第一个阶段是八十年代的激进的新启蒙思潮。这种思潮是伴随着中国思想界对“文革”的十年浩劫及其人道主义灾难的反思而出现的。作为这种反思，新启蒙思潮主要包含三个方面的价值目标：一是人道主义的兴起；二是自由民主诉求；三是科学主义精神。由于这些价值诉求，尤其是人道主义诉求和自由民主诉求本身就包含着对中国现行政治体制的批判和怨怼，因此，这场初看起来是偏重于文化的思想启蒙运动，最终演变为以西化为主旨的激进主义政治思潮。这种激进主义的政治思潮在八十年代引发了新权威主义的反抗。新权威主义与自由民主派之间的激烈论战，直到“89风波”过后才平息下来。

第二阶段是九十年代以来的社会思潮的分化和多样化。经过1989年至1992年间的调整、酝酿，以1992年邓小平南方讲话为标志，随着中国开始由计划经济社会形态全面转向市场经济社会形态，当代中国的社会思潮也呈现了分化和多样化的趋势。九十年代以前，当代中国的社会思潮差不多是激进的自由主义思潮一家独大，但是，在邓小平南方讲话之后，自由主义思潮及其变种只是多样化的社会思潮中的一种。九十年代以来，当代中国出现了“实用主义与功利主义”、“文化保守主义与民族主义”、“新自由主义”、“新左派”、“后现代主义”等不同的社会思潮。这些社会思潮“你方唱罢我登场，各领风骚三五年”，总的趋向是世俗化、功利主义以及技术实用主义的普遍盛行，随之新保守主义登场，接下来是新自由主义与新左派的出笼与相互攻讦，民族主义与后现代主义则作为一种姿态贯穿于整个过程。

反思当代中国社会思潮的发展，我们可以得出两个结论：

第一，当代中国社会思潮的分化和多元化是改革开放不断深化的必然趋势。马克思曾经说过，“人们奋斗所争取的一切，都同他们的利益有关。”[①]“把人与社会连接起来的唯一纽带是天然必然性，是需要和私人利益”。[②] 恩格斯也曾言明：“每一既定社会的经济关系表现为利益。”[③] 因此，随着经济体制的深刻变革、社会结构的深刻变动、利益格局的深刻调整，人们的思想观念必然会发生深刻变化。而思想观念深刻变化的直接结果就是价值观念与社会思潮的分化和多元化。自二十世纪九十年代以来，经过不同社会思潮之间的相互竞争、交汇和碰撞，“自由主义西化派”、“文化保守主义”与“马克思主义”一起构成了当代中国鼎足而立的三大思潮。

第二，社会思潮既是不同社会阶层和不同阶层利益在观念上的反映，也是知识分子基于一定的视角和立场对社会困境和矛盾进行反思的产物。就此而言，社会思潮的多样化具有积极意义，不同社会思潮之间的交流和交锋，不仅有利于思想的发展，而且有利于社会的进步。例如，八十年代的新启蒙思潮所强调的“个体意识的觉醒”就为九十年代市场经济的全面发展做好了观念上的准备；其所强调的科学主义精神不仅为九十年代以来盛行的技术实用主义以及实证主义进一步巩固和强化，而且已经内化为国家的路线方针；其所强调的民主与法治精神也已成为中国共产党在政治制度设计上的自觉追求。但是，由于受到自身所代表的社会阶层利益及其立场的限制，这些多元化的社会思潮在改革开放不断深化的过程中也日益耗尽了自身的资源，并显现出自身的限度。例如，“自由主义西化派”（包括八十年代的激进的新启蒙思潮和九十年代的新自由主义思潮）急切地反映了中国近代以来的现代化要求，但它完全没有意识到中国的现代化任务是在不同于西方的独特文化传统的基地上展开的，因而也不可能走全盘西化之路。与之相对，当代中国的文化保守主义则是对西化派的民族文化虚无主义的反拨，它凸显并极力阐扬中华民族文化的独特性和主体性，但是，对西方文明和马克思主义的拒斥，体现了文化保守主义褊狭的文化心

① 《马克思恩格斯全集》第1卷，北京：人民出版社1956年版，第82页。
② 《马克思恩格斯全集》第1卷，北京：人民出版社1956年版，第439页。
③ 《马克思恩格斯选集》第3卷，北京：人民出版社1995年版，第209页。

态。它有意无意地忽视了中国近代以来现代化的内在要求，忽视了中国现代化内在地就包含开放、向西方文明学习的要求。[①] 与“自由主义西化派”和“文化保守主义”不同，“新左派”具有鲜明的马克思主义特征，“是以‘文革’理论或西方左翼社会主义思想理论为基础，以平等与公平为核心价值，把中国走向市场经济的转型过程中出现的社会分层化、社会失范与社会问题，理解为资本主义社会社会矛盾的体现，并以平等主义作为解决中国问题的基本选择的社会思潮。”[②] 就它关注社会公平正义、坚持中国现代化的社会主义性质而言，新左派无疑具有积极的意义。但是，当它认为中国问题的解决就是要拒绝资本主义、拒绝市场经济时，新左派实质上就包含着“开历史的倒车”、否定改革开放的错误倾向。总之，社会思潮多样化的历史效应既有积极的一面，又有消极的一面。

（二）充分发挥社会主义核心价值体系的引领作用

如上所述，当代中国社会思潮的多元化是改革开放不断深化的必然趋势。多元化社会思潮的历史效应既有积极的一面，又有消极的一面。因此，为了继续推进改革开放，坚定不移地走中国特色社会主义道路，我们就必须充分发挥社会主义核心价值体系的引领作用。“社会主义核心价值体系”是社会主义意识形态的本质体现，是中国特色社会主义理论体系的最新成果，反映了广大人民群众的共同利益需求和价值诉求，具有引领多元化社会思潮的基础。在社会思潮多元化的形势下，只有充分发挥社会主义核心价值体系的引领作用，才能尊重差异、包容多样、消除分歧、最大限度地形成社会思想共识，为构建社会主义和谐社会和实现中华民族的伟大复兴提供强大的精神支柱和精神动力。

首先，坚持从中国经济社会发展和人们的思想实际出发，正确认识社会思潮的多样性，提升对社会思潮的批判认识能力。任何价值观

---

① 关于文化保守主义的意义及其局限，参见李翔海：《当代文化保守主义思潮兴起的意义与问题》，《华东师范大学学报》2010 年第 5 期。

② 萧功秦：《困境之礁上的思想水花——当代中国六大社会思潮析论》，《社会科学论坛》2010 年第 8 期。

念和社会思潮都根植于社会实践，都是社会生活的反映。随着改革开放和社会主义市场经济的进一步发展，人们思想的独立性、选择性、多变性和差异性不断增强。特别是在以公有制经济为主体、多种所有制经济共同发展的条件下，必然会产生反映不同利益主体需求的不同价值观念和社会思潮。我们要正确面对这种趋势，自觉提升对社会思潮的批判认识能力，既要肯定社会思潮的积极作用，又要旗帜鲜明地批判多元化社会思潮的消极方面。

其次，坚持社会主义核心价值体系的开放性，不断提高社会主义核心价值体系的吸引力和感召力。社会主义核心价值体系只有随着实践的变化而不断丰富发展，才能始终保持生机和活力。一方面，要向历史与现实的不同文化敞开，吸纳人类创造的一切有益的思想文化成果；善于挖掘汲取中华民族的优秀人文精神和丰富的文化积淀，学习借鉴国外这方面的有益探索。另一方面，要关注新实践、新课题、新经验，进行新创造、新思考、新概括，不断汲取新的精神滋养，始终做到与时俱进。社会主义核心价值体系只有不断丰富和发展自己，增强自己的生命力，才能更好地掌握对现实生活的发言权，发挥对其他价值取向的统摄和引领作用。

再次，坚持社会主义核心价值体系的主导地位。社会主义核心价值体系作为社会主义意识形态的本质体现，具有其他价值体系不可替代的主导性和影响力，是中国共产党引领社会思潮的精神旗帜。社会思潮的差异性和多样化是一种客观存在，但尊重差异绝不是放任自流、任其发展；包容多样绝不是放弃主导。只有始终坚持用先进的思想引领社会、教育人民，才能充分挖掘和鼓励不同阶层、群体中所蕴含的积极向上的思想精神，才能有效引导、带动较低层次的价值观念向较高层次转化，才能既不断增强社会主义核心价值体系的主导地位，又在总体上保持不同利益群体和社会成员的协调与合作，使社会健康有序和谐地向前发展。

最后，做好“转化”工作，运用简明扼要的语言、生动活泼的形式，使社会主义核心价值体系转化为人民群众的自觉追求。任何一个社会的核心价值体系只有同人们的利益融汇一体，才能在实践中彰显力量。因此，在社会主义核心价值体系的建设中，必须使广大人民群众切身体验到社会主义核心价值体系的这一根本属性，把学习和践行社会主义核心价值体系同自身的完善发展和幸福生活追求联系起来，惟有如此，才能增强社会主义核心价值体系的亲和力、凝聚力和战斗力。

总之，在推进中国特色社会主义现代化建设的历史征程中，我们必须牢固确立社会主义核心价值体系在推动当代中国发展和进步中的主导地位，切实增强社会主义主流意识形态对各种社会思潮的引导作用，在尊重差异、包容多样的前提下，最大限度地形成社会思想共识，不断发展社会主义和谐文化，进一步形成全社会共同的理想信念和道德规范，打牢全党全国各族人民团结奋斗的共同思想基础。

三、与西方普世价值的抗争

近些年来，在社会主义核心价值体系研究的过程中，围绕“一般意义上的普世价值是否存在”、“现代西方文明是否具有普世性”、“普世价值与中国道路”等问题，学界从政治和哲学两个层面展开了激烈的思想交锋。反思这些讨论，我们不仅可以了解国内普世价值讨论的发展脉络，而且能够把握普世价值的实质，坚定不移地走中国特色社会主义道路。

（一）普世主义的西方渊源[①]

今天学界关于“普世价值”的讨论源于西方的普世主义，特别是基督教普世主义，并与随着现代西方－资本主义文明而发展起来的现代普世主义相衔接。普世主义是在亚历山大大帝统治的希腊化时期出现的一个思想理念，原本是一个不带有任何宗教含义的词语。普世主义这个词的希腊文词根“oikoumene”，最初是指“家务管理”，后扩大为“凡是人所居住的地方”，进而引申为希腊罗马文明影响下的“整个世界”。在希腊化时期，希腊文明由爱琴海地区传播到印度河流域，“使希腊化世界拥有了一个共同的文化主体”。于是，希腊文明“战胜了地域、语言和种族之间的差异”，[②] 具有了“普世”的意蕴。与此同

① 关于普世主义的西方渊源，参见陈建明：《基督教普世主义及其矛盾》，《世界宗教研究》2004 年第 2 期；杨涯人、邹效维：《“普世价值”考辨》，《哲学研究》2011 年第 2 期。

② ［美］马文·佩里：《西方文明史》上卷，胡万里等译，北京：商务印书馆 1993 年版，第 136－138 页。

时，斯多葛学派也从自然法的角度对普世主义的思想理念作出了明确的表述。其主要含义是：世界是一个整体，在这个整体中的一切都受普遍理性即“逻各斯”的支配，因而“只有一种法律、一种权利，即天赋的法律、天赋的人权”；① 只要是亚历山大大帝战剑所指之处，以自然理性为特色的希腊文明传播到了的地方，就不再有“野蛮人”，而是人人平等的这个世界之公民。

古罗马时期沿袭了古希腊的普世主义思想，并赋予其否定与肯定两种意义：在否定方面，它意指各种民族宗教和文化的崩溃；在肯定方面，它意味着当时的罗马人已经意识到应当把人类世界作为一个整体看待，并已经形成了一定的世界历史意识：世界历史现在不仅是一种在先知的意义上将在历史中实现的目的，它已成为经验的实在。② 正是在这个方面，罗马帝国时期的普世主义具有了更进一步的意义，它不再像希腊化时期那样仅仅采取一种单向发散式的传播，而带有现代所谓的“全球与地方相关联”的涵义，也就是说，它表现出一种普遍与特殊、统一性与多样性相互影响的辩证关系。③ 在这种关系的作用下，大约在公元一世纪产生并流行于当时罗马帝国所属的巴勒斯坦和小亚细亚一带下层犹太人民中间的基督教，逐渐在整个罗马帝国范围内传布开来，最终在公元四世纪成为罗马帝国的国教，而后又发展成为一种世界性的宗教。

基督教的普世主义直接秉承了罗马普世主义的思想文化资源，同样包含着肯定和否定两个方面：其肯定方面是接纳了古罗马的普世观念，把基督教作为一种世界性宗教普及；其否定方面则是通过基督教的传播，抑制其他宗教的发展。在教会论的层面，基督教的普世主义主张教会的建立将不受文化、种族和社会阶层差异的限制，而且各地方教会共同组成普世合一的教会；同时，在救赎论的层面，它意味着人人都能得到拯救，理由在于基督救恩是为全人类设立的，对所有人

---

① 参见［美］梯利：《西方哲学史》（增补修订版），葛力译，北京：商务印书馆 1995 年版，第 113 页。

② ［美］蒂利希：《基督教思想史》，尹大贻译，香港：香港汉语基督教文化研究所 2000 年版，第 42 页。

③ 参见［英］罗伯逊：《为全球化定位：全球化作为中心概念》，载梁展编选：《全球化话语》，上海：三联书店 2002 年版，第 8 页。

都同样有效。这些都使基督教超越了狭隘的民族范围，成为“第一个可行的世界宗教”。[①] 此后，随着罗马世界的衰落和崩溃，“野蛮的”日耳曼人入侵了欧洲，并为欧洲重新注入了活力。日耳曼人的入侵“把古代文明、古代哲学、政治和法律一扫而光”。[②] 唯一的例外是基督教，“日耳曼各民族的使命不是别的，乃是要做基督教原则的使者”。[③] 从此以后，基督教原则构成了日耳曼世界各民族在漫长的中世纪中实现一种文明化生活的观念基础，并通过其历史性的调整（宗教改革）为现代西方—资本主义文明的实际起源准备好了精神—文化前提。确切地说，肇始于宗教改革的基督教世俗化以及从中生长出来的以“原子个人”为内核的新教伦理，正好在精神—文化的层面应和并强化了“十八世纪以来就作了准备、而在十八世纪大踏步走向成熟的‘市民社会’”的实际需要，“在这个自由竞争的社会里，单个的人表现为摆脱了自然联系等等，而在过去的历史时代，自然联系等等使他成为一定的狭隘人群的附属物。这种十八世纪的个人，一方面是封建社会形式解体的产物，另一方面是十六世纪以来新兴生产力的产物”。[④] 伴随着现代西方—资本主义文明的兴起、发展和扩张，一种以“民主、自由、法制、人权”为核心价值理念的现代普世主义思潮也开始形成并泛滥开来。如果说发端于希腊化时期的普世主义思想理念主要局限于西方-欧洲的话，那么随着现代西方-资本主义文明日益获得一种“世界历史意义”，这种理念就不再限于欧洲，而在全世界的范围内扩展开来。

（二）全球化视域中的“普世伦理”问题

国内普世价值的讨论发端于二十世纪九十年代初的“全球化视域中的普世伦理问题”。由于“普世伦理”（Universal Ethics）概念是在全球化的背景下提出并引发学界广泛关注的，因此，有论者指出，普世伦理问题的提出实际上意味着把一个基本的事实判断设为前提，“这一

---

① 《马克思恩格斯全集》第19卷，北京：人民出版社1963年版，第334页。

② 《马克思恩格斯全集》第7卷，北京：人民出版社1959年版，第400页。

③ ［德］黑格尔：《历史哲学》，王造时译，上海：上海书店出版社2006年版，第321页。

④ 《马克思恩格斯选集》第2卷，北京：人民出版社1995年版，第1-2页。

基本的事实判断是：现代社会和现代人已经陷入了一场深刻的道德危机；这一危机既是整个人类现代性危机的集中反映，也极大地预制着人类未来的生活前景。"[①] 立足于这一基本的事实判断，结合全球化时代的世界多极化和文化多元化的发展趋势，学界主要探讨了两个方面的问题：

首先，学界研究了"在全球化的语境中是否存在建立普世伦理的现实基础问题"。关于这个问题，大多数学者都作出了肯定的回答，认为全球化的趋势、世界市场的形成、全球性问题的凸显不仅提出了建立普世伦理的迫切要求，而且也为通过各种价值观的争论、对话建立一种"和而不同"的普世伦理提供了相应的客观生活基础和利益基础。由于当今人类实际上已经存在着一定的"共同生活"和"共同利益"，并且这种"共同生活"和"共同利益"的基础正在发展，因此，今天提出建立解决人类共同问题的普世伦理不仅是必要的，而且是可行的。当今人类要建立的普世伦理，不是从抽象的人性推演出的无条件的"绝对命令"，而是建立在人类的"共同生活"形成的相互依存关系和"共同利益"上的有限责任伦理。[②]

其次，学界着重探讨了"在全球化的语境下如何建构普世伦理的问题"。有学者认为，面对现代性的危机，要建立一种具有合法性的普世伦理，就必须超越康德式的普遍理性主义伦理及其论证方式。作为西方现代性社会价值取向和现代性道德的经典表达，康德式的普遍理性主义伦理所依据的历史经验只是现行的现代西方文明，其基本的价值标准体系也只是西方深厚的自由主义传统。因此，当它将这一原本具有地域性和文化特殊性的伦理价值标准普世化为人类唯一普遍有效的价值标准时，这种普世主义的道德启蒙就不可避免地隐含着西方文化霸权主义扩张的危险。在方法论上，这种危险构成了"现代理性主义普世伦理的根本困境"。"它基本上遵循的是一条由先验理性的普遍预设开始，到实践理性的可普遍化结论的道德推理的伦理学构造理路"，因而从一开始它就"不惜化约或撇开人类道德生活的历史文化情

① 万俊人：《普世伦理及其方法问题》，《哲学研究》1998 年第 10 期。

② 参见郭广银、赵华：《"普遍伦理"何以可能》，《江苏社会科学》1999 年第 4 期；高扬先：《关于建立普遍伦理的思考》，《求索》1998 年第 5 期。

境和传统美德资源，使现代性道德成了一套抽象空洞的规范系统”。在康德之后，罗尔斯和哈贝马斯等人试图回应并解决这种困境，但最终都“没有跨出西方价值中心主义或西方现代性的地平线”。正因为这样，在他们那里，普世伦理的可能性与合法性问题始终是一个没能得到解决的疑问。因此，为了解决这个疑问，建立一种具有合法性的普世伦理，就必须超出康德式的自上而下的普遍实践理性的求证方式，而采取一种“自下而上的公共理性或普遍合理性的证明方式”。[①]

这种超出西方现代性的努力得到了另一位学者的呼应。这位学者认为，在“合理意义上的普遍伦理如何形成”的问题上，中外思想家总体上都是以“外推式”（推己及人）的方式来说明伦理道德以及道德原则和道德规范的普遍性。但是，这种“外推式”的思路有着双重缺陷：首先，在理论上，除了使道德完全主观化的倾向之外，它还未经批判地把“人己同一论”设为前提，舍弃了个体多样性和特殊性，因而，得出的只是一种非历史的抽象的普遍价值。其次，在实践上，“外推”出来的伦理道德，在现实生活中必然是“弱势”的。因为强有力的现实历史进程从来不会静候道德思想家们的睿智，以便向他们学习什么是应当的。因此，寻求建构普世伦理的根基，不能只在头脑的意向中去寻求答案，而应该到现实中去寻找生活本身提供的条件和要求。具体到当下的全球化语境，目前形成、维护和扩大人类普遍价值的根本途径是：“在具体地维护全球共同利益的前提下，尊重多元文化和生活方式的自主发展，保持彼此间的宽容、理解、合作与交流，在发现和发展现实条件的基础上，采取‘内生’而不是‘外推’的方式，通过增加实际的共同点来促进‘人类共主体形态’的形成。”[②]

总之，国内学界在这一阶段讨论的主题是“全球化视域中的普世伦理问题”，并努力在当代世界多极化和文化多元化的条件下建立一种合法的、可能的“普世伦理”。尽管这种努力遭到了一些批评，[③] 但由于它本身包含超出西方中心主义的积极尝试，这种批评以及由此引发

---

① 参见万俊人：《普世伦理及其方法问题》，《哲学研究》1998 年第 10 期。

② 参见李德顺：《普遍价值及其客观基础》，《中国社会科学》1998 年第 6 期。

③ 关于这方面的批判意见，参见赵敦华：《也谈“全球伦理”，兼论宗教比较的方法论》，《哲学研究》1997 年第 12 期；景崇：《中西伦理对话》，《国外社会科学》1999 年第 1 期。

的争论都没有超出学术的范围。随着讨论的深入，一些人已不再满足于伦理学领域，而是进一步在政治、经济、文化等领域中寻求“普世价值”，并试图为“普世价值”提供哲学上的论证。在这方面，我们必须提到两篇文章：一篇是《中国社会科学》1998 年第 6 期上的《普遍价值及其客观基础》一文，李德顺教授从哲学价值论的角度提出并讨论了关于是否存在普遍价值的一些前提性问题；另一篇是《学术月刊》2002 年第 5 期上的《论普世价值如何可能》一文，程广云和韩璞庚在文中从本体论、认识论、语言逻辑学、实践论四个角度论述了“普世价值如何可能”的问题。这些文章表明，学界的相关讨论已经逐渐超出伦理学的范围而发展为关于“普世价值”的讨论，从而为近些年来国内关于“普世价值的讨论和批判”积累了必要的理论资源和思想前提。

（三）普世价值与中国道路

普世价值在近些年来持续发酵并引起激烈的讨论和批判，其导火索直接源于汶川大地震之后《南方周末》于2008 年5 月22 日刊发的一篇文章——《汶川震痛，痛出一个新中国》。文章认为，中国只有全面融入具有“普世价值”的“现代文明”，才能抓住“转型的契机”，煮开中国现代化这锅百年老汤，才能在迈向现代国家的征程中与世界一起走向人权、法治、民主的康庄大道。由于文章未加批判地把现代文明（确切地说，现代西方—欧洲的资本主义文明）等同于普世价值，并将其与中国未来发展的道路和方向联系在一起，因此刚一问世便引起了强烈的质疑和批判。由此形成的争论，集中于是否承认世界上有“普世价值”，以及以人权、自由、民主等作为核心理念的现代西方文明是否具有普世性。面对这个关系到中国未来前途和命运的重大问题，国内理论界在政治与哲学两个层面上展开了一场迄今尚未平息的激烈交锋。

1. 政治层面的争论

与上一阶段关于“全球化视域中的普世伦理问题”讨论相比，这次关于“普世价值”的讨论从一开始就超出学术范围而在政治层面上展开，其讨论的核心是“普世价值”与“中国道路”。具体来说，这包含着两个问题：一是以“启蒙价值”（个人权利、自由、民主、法治）

为源头的现代文明秩序和制度安排是否具有“普世价值”；二是中国未来发展是走向全面融入现代文明的全盘西化之路，还是坚持中国特色社会主义道路。围绕这两个关键的问题，学界在政治层面进行了激烈的辩论。

赞同“普世价值”的学者认为，以“启蒙价值”为源头的现代社会价值和制度安排具有普世性，中国的改革开放和未来发展必须秉承普世价值，并自觉接受普世价值的指导。其论证要点有二：第一，欧洲启蒙运动所倡导的自由、理性、个人权利等核心价值观和以此为基础建立的市场经济、民主政体和民族国家等一整套制度，亦即现代文明秩序，是现代性的核心和基础，具有普世性。当代西方社会呈现的病态，反映了现代性社会本身的问题和危机，也是全人类在现代性进程中所面临的共同课题。但这些问题和危机尚不能构成现代文明秩序的瓦解，更不应由此而完全抛弃启蒙运动所倡导的价值观。第二，中国自晚清开始的现代性转向（Modernity Turn），由于种种主观和客观原因（前者包括强大的封建传统思想和集权的制度、执政者为维系统治的利益驱动，后者包括西方列强对中国的侵略、扼制），未能经历一次较为彻底的思想启蒙运动。自由和理性作为核心的价值观，在中国从来就没有真正建立起来。改革开放以来，中国虽然在经济现代化方面取得了巨大的成就，但并未真正完成从传统社会向现代社会的转型，也未建成一个以“启蒙价值”为源头的现代文明秩序和政治制度。因此，未来中国的发展必须反对“中国模式论”，“回归普世价值”，建构一个以“启蒙价值”为核心价值理念的政治制度。①

针对上述论证逻辑和“全盘西化”的政治主张，国内学界一些学者以马克思主义为指导思想对其展开了尖锐的批判：

首先，揭示隐藏在“普世价值”讨论背后的政治动机。学者们指出，探讨普世价值问题，有必要从意识形态角度来看普世价值，要想弄清楚什么是新自由主义，最好的方法是要看到它是意识形态全球化的一个组成部分。而当前一些人所推崇的普世价值，正是“以‘所谓

① 参见邵建：《拒绝普世价值，如同自拒人类》，《现代快报》2008 年 7 月 1 日；秦晓：《“中国现代性方案”求解》，《财经》杂志 2007 年第 21 期；《当代中国问题研究：使命、宗旨和方法论》，《科学决策》2008 年第 5 期。

人类文明中一切美好的东西就是普世价值’为幌子，以学术自由的名义行使思想专制，将‘自由’主义化，严格限制在资本主义的意识形态中，并获得一种至上性和主导性的姿态。”① “有些人张扬普世价值，名曰谈‘学术’，实际上是做政治文章，其政治目的，是公开主张中国实行资本主义主义制度”。② 这一讨论的核心就是要“通过‘普世价值’干预我国的民主政治建设，以期终结共产党领导的国家权力结构……因而其在本质上是当代西方话语霸权及其价值渗透方式的表达。”③

其次，结合“普世价值”兴起的特定背景和政治诉求，明确关于“普世价值”的本质界定和论争边界。有学者指出，作为当代西方话语霸权及其价值渗透方式的理论表达，“普世价值”包含两个方面的本质规定和政治倾向：一是从理论上看，“普世价值”以消解共产主义理想、确立资本主义不可超越为前提，其立脚点是资本主义的核心价值及其制度架构是历史的终点，人类在这方面将不可能再有真正的进步和突破。二是从实践上看，“普世价值”力图把中国的改革开放引致“回归西方文明”的方向，把中国的政治体制改革引致西方“民主化”的陷阱。因此，我们批判“普世价值”，主要针对的是那种以“普世价值”消解和取代“中国道路”以及从中生长出来的“社会主义核心价值体系”的全盘西方化的政治倾向和主张。④

最后，运用马克思主义的立场、方法和原则对普世价值的本质规定和政治倾向进行“釜底抽薪式的批判”。归结起来，这种批判主要包括三个要点：（1）“普世价值”本质上是资产阶级实行思想统治和价值渗透的有效方式和“彻底的形式”；现代文明的普世化实质上是西方资本主义文明对外扩张、实现世界霸权的过程。⑤ 正如美国学者亨廷顿在《文明的冲突与世界秩序的重建》中说的：“普世文明的概念是西方文明的独特产物。19 世纪，‘白人的责任’的思想有助于为西方扩大对非西方社会的政治经济统治作辩护。20 世纪末，普世文明的概念有助于

---

① 钟平：《普世价值背后的动机》，《中国社会科学院报》2009 年 1 月 13 日。
② 李崇富：《关于“普世价值”的几点看法》，《马克思主义研究》2008 年第 9 期。
③ 侯惠勤：《“普世价值”的理论误区和实践危害》，《马克思主义研究》2008 年第 9 期。
④ 侯惠勤：《“普世价值”的理论误区和实践危害》，《马克思主义研究》2008 年第 9 期。
⑤ 侯惠勤：《“普世价值”的理论误区和实践危害》，《马克思主义研究》2008 年第 9 期。

为西方对其他社会的文化统治和那些社会模仿西方的实践和体制的需要作辩护。普世主义是西方对付非西方社会的意识形态。"[①]（2）在现实生活中，抽象的自由、民主等等是不存在的，而只存在与一定的社会关系和经济基础相适应的具体的自由和民主。鼓吹"普世价值"的人之所以有意或无意地宣称"现代西方文明"是一种普世文明，其实质是要用资本主义改造中国特色社会主义，用西方的宪政制度歪曲和攻击无产阶级专政，用自由、民主、人权等资产阶级的核心价值取代以马克思主义为指导的社会主义核心价值体系。[②]（3）面对"普世价值"的迷雾，我们要保持清醒的头脑，拒绝把现代文明那一套所谓"普世"的"民主"、"自由"、"人权"强加给我们的图谋，坚持走保障人民当家做主的中国特色社会主义政治发展道路，坚持马克思主义在意识形态领域中的指导地位。就此而言，中国未来在精神—文化建设方面的关键任务就是："坚持马克思主义的指导地位，加强社会主义核心价值体系建设，首要的是构建社会主义的核心话语体系"。[③]只有这样，我们才能在与各种错误思潮的斗争中抢占道德制高点，真正引领社会思潮。

总之，在政治层面上，"普世价值"之争实质就是道路之争。在这个层面上，我们必须坚定不移地走中国特色社会主义道路，反对"秉承普世价值，开创中国道路"的全盘西化论调。因为这种论调不仅在理论上完全取消了中国道路、中国价值的实质内容和意义，而且在实践上试图让中国登上一辆正在"迅速奔向毁灭"的现代资本主义文明机车。

2. 哲学层面的争论

正如德国的共产主义者曾经把英法两国的现实的共产主义运动转变为"关于真正的社会、关于实现人的本质的无谓思辨"一样，[④]面对争论双方在政治层面展开的"激烈争吵"，学界出现了一种"跳出某种意识形态偏见"、"上升到哲学（抽象）的高度"、"科学地理解普世价

① ［美］塞缪尔·亨廷顿：《文明的冲突与世界秩序的重建》，周琪等译，北京：新华出版社1998年版，第55－56页。

② 周新城：《关于"普世价值"的随想》，《马克思主义研究》2008年第9期。

③ 侯惠勤：《"普世价值"的理论误区和实践危害》，《马克思主义研究》2008年第9期。

④ 《马克思恩格斯选集》第1卷，北京：人民出版社1995年版，第298－301页。

值的意义”的倾向。[①] 持这种倾向的论者认为，普世价值论是西方学者和政客惯用的政治伎俩和政治策略，其实质是把现代西方文明冒充为普世价值，并以此为名来对外输出、兜售自由、民主、平等、人权等西方价值观念。对此我们理应坚决反对，但是“我们不应该因为反对西方普世价值论而走向否认普世价值本身”。[②] 从这一立场出发，论者站在哲学（抽象）的高度上讨论了一般普世价值的意义，并结合全球化的当代语境解释了当代普世价值与社会主义核心价值体系的关系：

第一，从哲学层面看，普世价值一般或人类普遍价值是存在的，其客观根据在于：人类生存发展中实际的、实践意义上的客观关系中存在着共同的基础、特点和取向，可以依据以人的存在之普遍性为基础的主体间的共同性和普遍性来解释共同价值和普遍价值。在此意义上，“普世价值并不是外在于我们生活的异己之物，它无非是人类长期生存发展中从自发到自觉地共同追求着的一切有益的、美好的前景的名称。”[③]

第二，从具体层面看，普世价值也是现实存在的。在全球化的当代语境中，“真正的普世价值决不是某些西方学者所说的早已存在于各种宗教或文化传统中的某些共同的价值原则或道德戒律，而是当代全球化中人类共同生活条件形成的产物。”[④] 全球化的当代发展促使现代世界日益变成一个“风险共担的全球性社会”。在这个全球性社会中，当今人类面临着包括环境污染、生态危机、恐怖活动、毒品走私等在内的一系列威胁整个人类社会生存和发展的全球性问题。就此而言，承认普世价值的现实存在，是解决全球性问题并在此基础上自觉维护人类共同利益的基本前提。

第三，承认当代普世价值的现实存在与中国加强社会主义核心价值体系建设并不冲突。改革开放以来，当代中国积极参与全球化的发展，并日益成为当代全球性社会的一个重要的、不可分割的有机组成

---

① 李德顺：《社会主义核心价值与当代普世价值》，《学术探索》2011年第10期。

② 汪信砚：《普世价值·价值认同·价值共识——当前我国价值论研究中三个重要概念辨析》，《学术研究》2009年第11期。

③ 李德顺：《怎样看“普世价值”》，《哲学研究》2011年第2期。

④ 汪信砚：《普世价值·价值认同·价值共识——当前我国价值论研究中三个重要概念辨析》，《学术研究》2009年第11期。

部分。在当代全球性社会中，自觉维护人类共同利益，为中国特色社会主义建设创造健康与和平的全球性外部条件，是实现中华民族伟大复兴的基本前提。因此，“只有承认、尊重作为人类共同利益现实表现形式的普世价值，作为中华民族共同利益反映的社会主义核心价值体系的建设才能达致预期的目标”，[①] 才不会因过分强调自身的个性而“忽视甚至抹杀了中华民族对人类共同文明的权利、责任和贡献，走向‘自我另类化、边缘化’”。[②]

客观地说，与政治层面的西方普世价值论相比，哲学层面的普世价值论无疑具有更加“美好的愿景”，它不仅自觉地批判抵制西方普世主义的话语霸权，而且希望通过与西方发达资本主义国家的平等对话保持中国在当代普世价值问题上的话语权。不过，这种美好的愿景并没有免除学界对它的质疑。

首先，从概念看，“普世价值并非科学概念，因为它容易制造抽象共相的理论幻觉，普世价值由于它的抽象的普世性而成为没有内涵的抽象共相；构成抽象普世价值内涵的用语不是一个具体概念，而只是一个词语、一个空洞的概念。”[③] 还有学者指出，从价值赖以生成的现实基础来看，至少是在当今社会不存在普世价值，因为倘若存在普遍价值，那么它的现实基础就是存在一个普遍的利益共同体，而在前共产主义时代，这个人类共同体是不存在的。因而，在共产主义时代实现之前，“并不存在一个虚幻的普遍性领域”。[④] 就此而言，用来论证普世价值存在的“人的存在之普遍性”、“共同实践”、“共同利益”这些所谓的客观基础或条件，实际上只是将一切阶级、一切民族、一切国家的本质差异先行蒸发掉之后留下的一些稀薄的、没有内容的共相。

其次，针对“当代的普世价值是全球化在价值层面的反映和体现”这种较为普遍的说法，学界认为也需要具体分析。有学者指出，第一，如所周知，全球化的核心是经济全球化，其形成的原初动因是资本向全球的扩张。在此过程中，尽管有先进技术和管理方式乃至文明向全

---

① 汪信砚：《普世价值·价值认同·价值共识——当前我国价值论研究中三个重要概念辨析》，《学术研究》2009 年第 11 期。

② 李德顺：《社会主义核心价值与当代普世价值》，《学术探索》2011 年第 10 期。

③ 陈先达：《论普世价值与价值共识》，《哲学研究》2009 年第 4 期。

④ 侯惠勤：《“普世价值”的理论误区和实践危害》，《马克思主义研究》2008 年第 9 期。

世界的传播，但这一切在很大程度上都服从于资本的逐利和扩张逻辑。第二，全球化和现代性的深入发展，使全人类面临一系列共同问题。这些问题与每个民族的命运息息相关，需要全人类的共同努力才能解决。但是，经济全球化并不意味着世界一体化，更不意味着利益一体化。当今世界并没有以全世界所有国家为同一主体的普世价值。① 由于对这两点缺乏深入的认识，上述说法仍旧遮蔽了全球化与现代资本主义文明之间的本质联系，未能识别“与全球化中西方资本主义强势地位的扩张相联系的特殊的政治意图”。② 因此，为了彻底剥开“普世价值”的美丽外衣，我们需要进一步考察“普世价值”的实质。

（四）普世价值的实质

反思上述这些讨论，我们发现，国内学界讨论普世价值问题主要有两种方式：一种是知识论的方式，其特征是“在每个时代中寻找某种范畴”，并试图“从观念出发来解释实践”；另一种是生存论③的方式，其特征是“站在现实历史的基础上……从物质实践出发来解释观念的形成”。④ 在当前的讨论中，前一种方式更为盛行。其要点是：人之为人总是分有着“共同的人性”，在实际生活中也会面临着“共同的利益”和“共同的问题”，因此，从这些“共同的人性”、“共同的利益”、“共同的问题”出发，我们就可以概括或推论出具有普遍适用性的道德规范或普世价值。这种讨论方式诚然“不错”，但是它也具有一般知识论所具有的一切缺点。

例如，马克思曾在《〈政治经济学批判〉导言》中指出，“生产的一切时代有某些共同标志，共同规定”，“只要它真正把这些共同点提出来，定下来，免得我们重复”，生产一般就是一个合理的抽象。问题在于：“所谓一切生产的一般条件，不过是这些抽象要素，用这些要素不可能理解任何一个现实的历史的生产阶段”。⑤ 同样，就普世价值来

① 参见杨涯人、邹效维：《“普世价值”考辨》，《哲学研究》2011 年第 2 期。

② 陈先达：《论普世价值与价值共识》，《哲学研究》2009 年第 4 期。

③ 关于“知识论路向”与“生存论路向”在哲学的根本性质方面的区分，以及马克思哲学的生存论性质，参见吴晓明：《试论马克思哲学的存在论基础》，《学术月刊》2001 年第 9 期。

④ 《马克思恩格斯选集》第 1 卷，北京：人民出版社 1995 年版，第 92 页。

⑤ 《马克思恩格斯选集》第 2 卷，北京：人民出版社 1995 年版，第 3 – 6 页。

论，我们也可以在一般的意义上承认，文明的一切时代所共有的、被思维当作一般规定而确定下来的“普世价值”是存在的，但是，用这些抽象的、稀薄的、消除了一切历史差别的普世价值一般，我们既不可能理解任何一个现实的历史的文明，也不可能理解当代中国正在展开的历史性实践以及从这一实践中生长出来的精神文化建设（社会主义核心价值体系建设）的内在要求。因此，为了把握普世价值之争的实质，尤其是“普世价值与中国道路”之争，我们就不能满足于在知识论的层次上抽象地谈论普世价值一般，而必须从中国当下发展的现实境况出发阐明“中国特色社会主义道路”这一历史性实践的内在必然性。这个层次的讨论包括两个问题：一是现代文明的本质是什么，它是否具有普适性？二是中国未来的发展道路是走全面融入“现代文明”的全盘西化之路，还是坚持走中国特色社会主义道路？

关于现代文明的本质，如果我们不拘执于对现代文明的纯粹形式的、无内容的、空洞的谈论，而从赋予现代文明实体性内容的“人们的现实生活过程”去思考，就会发现：现代文明及其普遍化过程总是与资本主义保持着密切联系。詹姆逊明确宣称：“现代性唯一令人满意的语义学意义在于它与资本主义的联系”。[①] 具体来说，这一论题包含着四个要点：

第一，现代文明在本质上是现代西方－欧洲的资本主义文明，它是在西方－欧洲独特的物质生活条件（封建社会形式解体与资本主义生产方式的发展）和精神－文化前提（基督教教化及其世俗化）中产生并发展起来的。现代资本文明兴起和发展的过程实际上是历史转变成真正的“世界历史”过程：由于开拓了世界市场，它使一切国家的物质生产和精神生产都成为世界性的了。[②] 用海德格尔的话说，这就是“世界的欧洲化”[③] 的过程。着眼于这种发源于现代西方的文明样式所获得全球性的统治地位，我们必须追问：“这种统治地位来自何处？它从哪里取得其阴森可怕的权力？在其中统治者是什么？”[④] 倘若深思到

---

① ［美］詹姆逊：《单一的现代性》，王逢振、王丽亚译，北京：中国人民大学出版社 2009 年版，第 11 页。

② 参见《马克思恩格斯选集》第 1 卷，北京：人民出版社 1995 年版，第 276 页。

③ ［德］海德格尔：《同一与差异》，孙周兴等译，北京：商务印书馆 2011 年版，第 148 页。

④ ［德］海德格尔：《同一与差异》，孙周兴等译，北京：商务印书馆 2011 年版，第 148－149 页。

问题的这一向度，我们就会得出第二个要点：

现代资本主义文明之所以获得这种全球性统治地位，其权力和力量不是来自于“民主、自由、法制、人权”这些具有所谓“普世价值”的价值理念，而是“以一种独一无二的方式在欧洲－西方历史范围内通过现代数学自然科学的展开而得以完成”的“现代技术”的“摆置权力”，“摆置权力必须被经验为普遍地把可能存在和实际存在的一切当作可计算的东西和变成有所确保的持存物而带向显露的东西，——而且仅仅作为这种东西……这种摆置之权力的无可避免和不可阻挡迫使它把自己的统治地位扩散到整个地球……作为这种摆置之权力的后果，地方－种族性地成长起来的民族文化（暂时或者永远地?）消失了，代之以一种世界文明的订造和扩展。”① 在马克思看来，现代技术之所以能在现代资本主义文明的扩展中获得如此重要的地位，从根本上说是因为它适应了资本增值以及由此产生的进步强制的内在需要。“生产的不断变革”，机器的广泛采用以及生产技术的不断更新，既是“资产阶级时代不同于过去一切时代的地方”，也是“一个规律，这个规律一次又一次地把资产阶级的生产抛出原先的轨道，并且因为资本已经加强了劳动的生产力而迫使它继续加强劳动的生产力；这个规律不让资本有片刻的停息，老是在它耳边催促说：前进！前进!”② 一言以蔽之，“世界的欧洲化”过程是现代资本主义生产方式以及与它相适应的现代技术的不可避免和不可阻挡的后果。

第三，现代文明实质上是一种暴力性的文明。由于现代资本主义生产方式本身所固有的强制性和进攻性，现代资本主义文明在世界历史中所赢获的统治地位及其“普遍化”过程，实质上是资本主义以其无情的逻辑“迫使一切民族——如果它们不想灭亡的话——采用资产阶级的生产方式”的过程，是“它按照自己的面貌为自己创造出一个世界的过程”，是“使农村从属于城市”、“使东方从属于西方”的过程。③ 如果说普世主义的思想理念从一开始就与亚历山大大帝的东征和

---

① ［德］海德格尔：《同一与差异》，孙周兴等译，北京：商务印书馆2011年版，第149－150页。

② 《马克思恩格斯选集》第1卷，北京：人民出版社1995年版，第275页，第358页。

③ 《马克思恩格斯选集》第1卷，北京：人民出版社1995年版，第275页，第276页。

罗马帝国的疯狂对外扩张联系在一起的话，那么现代普世主义更是将这种西方文化霸权主义发挥到了极致。在这个方面，沃勒斯坦对现代普世主义的演进及其实质的分析无疑是切中要害的，他提醒我们：迄今为止的所有现代普世主义都是欧洲的普世主义，无论是早期的“文明对野蛮的干预”、中间的“东方主义与现代化理论”还是现今涂上价值中立色彩的科学普世主义，实质上都无非是“权力的说辞”，“承担着帝国主义、殖民主义的意识形态功能”。正是在这个意义上，沃勒斯坦尖锐地批判了“现代化理论”，认为这一“现代化”理论范式遮蔽了“现代世界”的资本主义性质，严重模糊了其中实际存在着的冲突和斗争——“我们并非生活在一个现代化的世界，而是在一个资本主义的世界。”①

第四，正像每一种文明都是历史地生成并且也历史地繁荣和衰老一样，现代资本主义文明在历史地赢获它的普遍性即“世界历史意义”的同时，也随着它的历史发展日益显露出自身的历史限度。一方面，现代文明依靠资本和与它相适应的现代科学技术的力量不可避免地推动着历史向真正的世界历史的转变，推动着“世界的欧洲化”；但另一方面，“通过世界的欧洲化，欧洲的某种不可遏制地扩展到全球的东西到了尽头”。② 用马克思的话说，现代资本主义生产方式以及它所包含的资本与劳动的对立必然会产生共产主义这种“消灭现存状况的现实的运动”。③

根据对现代文明的这种基本判断，关于“普世价值与中国道路”之争的实质，我们能得出两点结论：

第一，普世主义的概念是西方文明的独特概念，从一开始它就带有强烈的西方文化霸权主义色彩，这种文化霸权主义伴随着现代资本主义文明的扩展而达到它的极致。就此而言，西方政客之所以喜欢挥舞“普世价值”这块红布，其根源并不在于我们对普世价值的激烈批

① 《沃勒斯坦精粹》，黄光耀、洪霞译，南京：南京大学出版社2003年版，第137页。在这本书的第四部分第22节，作者以“资本主义意识形态的紧张：普世主义对种族主义和性别歧视”为题专门分析了现代普世主义的演进及其实质。关于这种分析的扼要介绍，参见李北方：《辨析普世主义》，《南风窗》2012年第8期。

② ［德］海德格尔：《同一与差异》，孙周兴等译，北京：商务印书馆2011年版，第148页。

③ 《马克思恩格斯选集》第1卷，北京：人民出版社1995年版，第87页。

判，而在于现代资本主义文明的本性。换句话说，只要现代资本主义文明仍在当今的世界历史中占统治地位，让它放弃这块红布，并和你进行有关当代普世价值的平等对话，这是一种过于天真的想法。

第二，现代资本主义文明在其历史展开过程中已经显露出自身的历史限度。对于这一点，现代普世主义和西方普世价值论要么视而不见，要么仅仅将其视为与现代文明的核心价值理念没有实质联系的外部偶然事件，其实质和目的就在于遮蔽现代文明的资本主义性质，模糊其中实际存在着的冲突和斗争。认清普世主义的实质，我们更应理直气壮地坚持中国特色社会主义道路，“我们对中国特色社会主义和科学发展观的探索，不只是中国自己的事情，其中也包含着对人类发展新道路的探索，具有世界性的意义。因此，一些人在讨论‘普遍价值’时，只是把‘西方性看作是普遍的，而把‘中国道路’看作是特殊的，甚至称为‘是以特殊性取代和消解普遍性’，这是完全错误的。”①

① 杨涯人、邹效维：《“普世价值”考辨》，《哲学研究》2011年第2期。

第三章　社会主义核心价值体系是改革开放的保障

一个国家、一个民族在长期的实践过程中，必然会形成自己的核心价值体系，这是社会系统得以运转、社会秩序得以维持的基本精神依托。新中国成立以来，特别是改革开放以来，中华民族在社会主义建设和改革开放的历史征程中，形成了包括马克思主义指导思想、中国特色社会主义共同理想、以爱国主义为核心的民族精神和以改革创新为核心的时代精神、社会主义荣辱观等为主要内容的社会主义核心价值体系。

社会主义核心价值体系是社会主义制度和改革开放在价值层面的本质规定，是全国各族人民团结奋斗的共同理想基础，是实现科学发展、社会和谐的推动力量，是中国社会主义制度的内在精神之魂和文化软实力的核心内容，是指引改革开放的理论旗帜、时代主题、精神支柱和道德基石。

一、改革开放的理论旗帜

胡锦涛在中国共产党十七大报告中指出，改革开放“是发展中国特色社会主义的强大动力”，“是决定当代中国命运的关键抉择，是发展中国特色社会主义、实现中华民族伟大复兴的必由之路”，是“新时期最鲜明的特点”。[①] 30 多年来，“中国共产党人和中国人民以一往无前的进取精神和波澜壮阔的创新实践，谱写了中华民族自强不息、顽强奋进新的壮丽史诗，中国人民的面貌、社会主义中国的面貌、中国共产党的面貌发生了历史性变化”。[②]

---

① 《十七大以来重要文献选编》（上），北京：中央文献出版社 2009 年版，第 1、8、7 页。

② 《十七大以来重要文献选编》（上），北京：中央文献出版社 2009 年版，第 5 页。

改革开放空前地激发了中国社会的活力，并在短时间里取得了举世瞩目的成就。但是，我们又必须同时看到，30多年来，随着中国改革的逐步深化和开放的日益扩大，中国的改革发展已处于关键时期，呈现出许多新的阶段性特征，社会思想观念和价值取向复杂多样，主流的与非主流的同时并存，先进的与落后的相互交织，呈现出多元化、多样性和多变性的特点。社会思潮越是纷繁复杂，越需要主旋律，越需要用一元化的指导思想引领多样化的社会意识，牢牢掌握中国意识形态领域的主导权、主动权、话语权，最大限度地凝聚社会思想共识。

建设社会主义核心价值体系，需要在多元多样中立主导，在交流交融中谋共识，在变化变动中一以贯之。其目的是既肯定主流又正视支流，最终有利于形成既有国家统一意志又有个人心情舒畅、既包容多样又有力抵制各种错误思潮和腐朽思想、既坚守基本的社会思想道德又向着更高目标前进的生动局面。建设社会主义核心价值体系的提出，从思想上精神上向世人展现了社会主义中国的鲜明旗帜。

（一）马克思主义是改革开放的理论旗帜

为什么要坚持以马克思主义为改革开放的旗帜？理由是因为马克思主义是合规律性与合目的性相统一的理论。它揭示了世界发展的本质和规律，揭示了人类社会发展的本质和规律，特别是揭示了资本主义与社会主义的发展规律，是科学的世界观和方法论，是我们认识世界和改造世界的强大思想武器。就是因为马克思主义已经为100多年来世界历史发展进程，尤其是为中国革命、建设和改革的实践反复证明了的科学真理。中国共产党人在马克思主义的指导下，不仅赢得了新民主主义革命的胜利，建立了新的人民共和国，而且赢得了社会主义改造的胜利，确立了社会主义制度，建立了独立的、比较完整的工业体系和国民经济体系。改革开放以来，我们所取得的一切成就也都是在马克思主义的指导下实现的。

2012年4月27日，胡锦涛在会见出席中央实施马克思主义理论研究和建设工程工作会议的全体代表时指出，思想理论建设是党的建设的根本。一个马克思主义政党，只有坚持以科学的理论为指导，才能制定正确的路线方针政策，才能凝聚全党全国人民为崇高的理想和目标而奋斗。中国共产党要带领全国各族人民抓住重要战略机遇期，全面建设小康社会，把改革开放和现代化建设继续推向前进，就必须始终高扬马克思主义理论的伟大旗帜。

首先，坚持马克思主义的理论旗帜是历史的选择、人民的选择。从鸦片战争开始，中国便一步步地沦为半封建半殖民地社会，陷入了空前严重的政治和文化危机。为救民族于水火，近代以来，中国的先进分子试验了各种救国救民的思想和方案，但是，这些思想和方案都没有能够承载起中国人富强、复兴的梦想。它们无一例外地失败了。历史证明，依靠封建统治阶级内部的改良以及旧式的农民战争和资产阶级革命都不能彻底解决中国革命所面临的问题。中国革命要取得胜利，必须寻求新的社会力量和新的思想武器。

新文化运动大大推动了人们思想的解放。第一次世界大战的恶果又使国人对西方式文明和道路产生了怀疑。俄国十月革命的胜利给予国人新的启迪，为马克思主义在中国的传播提供了良好的社会基础和思想条件。经过五四运动的洗礼后，以马克思主义为指导思想的中国共产党诞生了。在马克思主义的指导下，中国共产党带领全国人民推翻了“三座大山”，建立了人民民主专政的社会主义国家。马克思主义被以宪法的形式作为中国的指导思想确定下来，并继续指导着中国对社会主义事业的探索。中国近代史的发展进程以无可争辩的事实证明，我们在革命和建设中坚持马克思主义不是偶然的，更不是人为的。马克思主义是中国历史和中国人民的庄严选择。

其次，坚持马克思主义的理论旗帜是改革开放的前提和保障。马克思主义是关于人类社会发展最先进的学说。它关于东方社会主义国家发展生产力的理论是中国改革开放的理论前提。中国的改革开放必须以马克思主义为理论旗帜。邓小平在改革开放过程中曾多次强调：“坚持马克思主义对中国十分重要……对马克思主义的信仰，是中国革命胜利的一种精神动力。”① 江泽民也指出：“马克思主义是严密而完整的科学的思想体系，始终是我们党、工人阶级和劳动群众认识世界、改造世界的行动指南。”② 这充分说明，在中国共产党领导下，坚持马克思主义的指导思想，是中国进行改革开放的根本前提。中国改革开

① 《邓小平文选》第3卷，北京：人民出版社1993年版，第63页。

② 《十三大以来重要文件选编》，北京：人民出版社1991年版，第1143页。

放事业之所以能取得举世瞩目的成就，其根本原因也就在于我们始终坚持了马克思主义，把马克思主义基本原理同中国的改革实际结合起来。

马克思主义不仅是改革开放的前提，更是改革开放的保障。第一，马克思主义是认识人类社会历史发展规律的最先进的科学，只有坚持马克思主义，中国的改革开放才有正确的理论指导。第二，不管是改革还是开放，都必须在坚持社会主义制度的前提下进行。邓小平一再强调，“在改革中坚持社会主义方向，这是一个很重要的问题……我们现在讲的对内搞活经济、对外开放是在坚持社会主义原则下开展的。”① 只有坚持马克思主义，改革开放才能不犯方向性的错误。第三，在改革开放过程中，我们将不可避免地遇到各种错综复杂的矛盾和困难，马克思主义世界观和方法论对于我们解决实际中遇到的问题具有重要的指导意义。

最后，坚持马克思主义的理论旗帜是确保指导思想一元化的需要。当前，中国正处于大变革大发展的时代，国际国内形势都发生了深刻的变化，意识形态领域的斗争日益尖锐复杂，呈现出多元化的趋势。在意识形态多元化的背景下，社会思潮纷繁变幻，马克思主义的主流意识形态地位不可避免地受到了挑战，如民主社会主义、新自由主义、民族虚无主义和极端个人主义等各种非马克思主义和反马克思主义的思潮，对中国改革开放和现代化建设的歪曲和否定就是明证。

改革开放是一项前无古人的伟大事业，摆在它面前的机遇前所未有，挑战也前所未有。随着社会主义市场经济建设的发展，中国所有制形式和分配形式出现了多样化的趋势，由此带来社会经济成分、利益关系、人们的社会思想和价值观念等的日益多样化。一些别有用心的人妄图借机搞指导思想的多元化，根本否定马克思主义在意识形态领域的指导地位。但是，所有制形式和分配形式的多样化并不意味着指导思想的必然多元化。因为，在中国社会主义市场经济发展过程中，虽然出现了经济成分的多样化，但并没有改变公有制的主体地位；虽然出现了利益的多样化，但全体人民的根本利益总还是一致的；虽然人们的社会思想和价值观念出现了多样化，但不等于这个社会占支配

① 《邓小平文选》第3卷，北京：人民出版社1993年版，第138页。

地位的思想就要多元化。恰恰相反，越是出现这种情况，越要有一个主心骨，越要用一元来引领多样，否则，就可能出现思想混乱，最终导致苏联、东欧那样的社会动荡和社会主义的“改向”。

需要指出的是，社会思潮的多样化不仅不排斥意识形态领域的有序化，而且还要以有序化为前提。任何一个社会，如果弱化，甚至拒斥统一的价值导向，其社会发展必然陷入混乱和停滞。因此，在中国改革开放的历史进程中，不断巩固马克思主义在意识形态领域的指导地位，强化马克思主义在意识形态中的主心骨作用，是中国共产党团结和凝聚全党全国各族人民，有效应对改革开放中出现的各种风险和挑战，始终沿着正确方向发展的根本保证。

（二）马克思主义指导思想是社会主义核心价值体系的灵魂

以什么样的思想理论为指导，是社会主义核心价值体系的首要的根本问题。马克思主义作为中国共产党立党立国的根本指导思想，决定着社会主义核心价值体系的性质和方向，是社会主义核心价值体系的灵魂和理论基石。它解决的是举什么旗的问题，居于社会主义核心价值体系的统领地位。树立中国特色社会主义共同理想、培育和弘扬爱国主义的民族精神和改革创新的时代精神、树立和践行社会主义荣辱观，最根本的就是必须始终坚持马克思主义的指导。

首先，马克思主义是中国共产党立党立国的根本指导思想。马克思、恩格斯把昭示一个政党奋斗目标和行动纲领的理论称为“旗帜”。中国共产党自诞生之日起，就以马克思主义为自己的“旗帜”。在这面“旗帜”的指引下，中国共产党坚持把马克思主义基本原理同中国实际相结合，不仅取得了革命、建设和改革的一个又一个胜利，而且创造性地发展了马克思主义，形成了中国化的马克思主义理论成果——毛泽东思想和中国特色社会主义理论体系。

马克思主义虽然是诞生于十九世纪欧洲的具有鲜明西方特色的思想理论，但是它没有停留于十九世纪，也没有局限于欧洲。作为一个开放的理论体系，马克思主义跨越了时空的界限，普遍地揭示了人类历史发展的客观规律，为人类的进步和社会发展指明了正确方向。中国共产党人之所以始终坚持以马克思主义为指导，其根本原因就在于马克思主义产生于工人运动中，是指导工人阶级实现自身解放，并借以解放其他劳苦大众的强大思想武器。历史上从来没有一种理论像马克思主义那样，真正反映和代表工人阶级和劳苦大众的根本利益。

近代以来，面对外国列强入侵所造成的空前深重的民族危机和社会危机，中国的先进分子进行了“不屈不挠、再接再厉的英勇斗争”，[①]从林则徐、魏源到孙中山，从三元里抗英、虎门销烟到义和团运动、辛亥革命，从“师夷长技以制夷”到“三民主义”，无数志士仁人苦苦探寻着救国救民的真理。各种主义和学说都出场了，但最终都破灭了；各种组织和政党都登台了，但最终都退出了。正如毛泽东后来所说的那样，中国人学西方学了很多，可是到头来还是总被“老师”打。这种状况一直到中国人民找到马克思主义这一科学理论之前，都没有能够从根本上解决。中国的前途和命运的真正改变是在中国的先进分子选择马克思主义并以之作为变革中国社会的思想武器之后。

90多年来，中国共产党坚持把马克思主义基本原理同中国革命、建设和改革的实际相结合，不断推进马克思主义中国化，并以中国化的马克思主义指导中国革命、建设和改革从一个胜利走向另一个新的胜利。在新民主主义革命时期，中国共产党经过28年艰苦卓绝的斗争，推翻了帝国主义、封建主义和官僚资本主义的反动统治，实现了民族独立和人民解放，建立了人民当家作主的新中国。在社会主义革命和建设时期，中国共产党创造性地发展了马克思主义社会主义改造理论，确立了社会主义基本制度，在一穷二白的基础上建立起独立的比较完整的工业体系和国民经济体系，使古老的中国以崭新的姿态屹立在世界东方。

在改革开放历史新时期，中国共产党开创了中国特色社会主义道路，坚持以经济建设为中心，坚持四项基本原则，坚持改革开放，建立和完善社会主义制度，建设社会主义市场经济、社会主义民主政治、社会主义先进文化、社会主义和谐社会，极大地提高了中国的综合国力和人民生活水平，为全面建设小康社会、实现中华民族伟大复兴开辟了广阔的前景。可以说，如果没有马克思主义的指导，这一切都是不可能的，也是不可想象的。

二十世纪八十年代末九十年代初，东欧剧变、苏联解体，世界社

---

① 《毛泽东选集》第2卷，北京：人民出版社1991年版，第632页。

会主义运动遭受严重挫折。一些别有用心的人马上宣称“马克思主义已经死亡”、“社会主义已经失败了”。这不仅不符合事实，也遭到了包括西方学者在内的有识之士的反对。哈贝马斯曾就此指出，东欧剧变和苏联的变化，并不意味着马克思主义的失败。马克思主义不仅没有过时，而且“在21世纪，社会主义仍然有着广阔的前景”。德里达也说：“不能没有马克思，没有马克思，没有对马克思的记忆，没有马克思的遗产，也就没有将来”。[①] 所谓“马克思主义死亡”的断言，是一种“自相矛盾、破绽百出、违反理性的共识”，对于这种断言“必须予以抵制”。1998年，当马克思和恩格斯的《共产党宣言》发表150周年之际，全世界的人们仍然在马克思学说那里寻找思想武器，以期能应对诸多的当代社会问题和全球性问题，出现了一股“回归马克思”的热潮。法国《人道报》在报道1998年巴黎“第二届国际马克思大会”时有一段生动的描述：“今年，从纽约到东京，从圣保罗到耶路撒冷，从新德里到伦敦，到处都奏起了《共产党宣言》的乐章……《宣言》对二十一世纪仍将发生重要影响。”“马克思主义没有死，马克思仍然活着。”弗里德里克·詹姆逊在《论现实存在的马克思主义》一文中说：“庆贺马克思主义死亡，正像庆贺资本主义取得最终胜利一样是不能自圆其说的。因为马克思主义是关于资本主义的唯一的科学；其认识论方面的使命在于它具有描述资本主义历史起源的无限能力。”[②] 无论是哈贝马斯、德里达还是詹姆逊，都表现出了一个清醒的学者应有的科学态度。

世纪之交，在全球“千年思想家”、“最伟大的哲学家”等评选活动中，马克思以高票位居榜首。2008年以来，面对全球范围内的金融危机，许多人重新捧起了马克思的经典著作《资本论》，试图从中找到资本主义金融危机产生的根源。人们再次承认，马克思主义所揭示的资本主义的矛盾和经济社会发展规律依然正确。对此，英国《泰晤士报》2008年11月20日报道说，金融危机使西方人突然重视马克思的

---

① ［法］雅克·德里达：《马克思的幽灵》，何一译，北京：中国人民大学出版社1999年版，第21页。

② ［美］弗里德里克·詹姆逊：《论现实存在的马克思主义》，俞可平译，载于俞可平主编《全球化时代的“马克思主义”》，北京：中央编译出版社1998年版，第85页。

《资本论》了。在德国，随着最近损失惨重的商业人士努力寻找造成这场金融危机的根源，德文版的《资本论》开始热销。一名出版社经理说："马克思再一次成为了时髦。我们又有了对这场金融危机感到恼火的新一代读者，他们认识到新自由主义最终证明是一个虚假的梦。"德国马克思故居展览馆馆长比特里克斯则说："我记不清听到人们这样讲了多少次：'这个人是对的'。"①

马克思主义诞生以来的历史和现实都为我们勾勒出了一幅再清晰不过的画面，在经历160多年的历史沧桑后，马克思主义依然是一棵常青的理论之树，虽历经风雨，却愈益葱郁。正如邓小平在南方谈话中所指出的："一些国家出现严重曲折，社会主义好像被削弱了，但人民经受锻炼，从中吸取教训，将促使社会主义向着更加健康的方向发展。因此，不要惊慌失措，不要认为马克思主义就消失了，没用了，失败了。哪有这回事？""世界上相信马克思主义的人会多起来的，因为马克思主义是科学。"②

其次，马克思主义指导思想决定着社会主义核心价值体系的性质和方向。坚持马克思主义的指导地位，就抓住了社会主义核心价值体系的灵魂，这主要是因为马克思主义能够为建设社会主义核心价值体系提供正确的立场、观点和方法，对社会主义核心价值体系发挥着思想基础和理论支撑作用。社会主义核心价值体系是植根于中华民族优秀传统文化和社会主义先进文化并吸收人类文明成果而发展起来的，是社会主义意识形态的本质体现，是社会主义先进文化的精髓，对先进文化的发展起着引领和主导作用。

推动社会主义文化大发展大繁荣，必须紧紧抓住社会主义核心价值体系这个根本。失去社会主义核心价值体系的引领和主导，文化大发展大繁荣就会失去根本，迷失方向。在文化建设中，只有抓住了社会主义核心价值体系这个根本，才能在全社会凝聚共同理想，增强凝聚力和向心力；才能在全社会树立和谐理念，培育和谐精神；才能在全社会营造和谐的舆论氛围，塑造和谐心态；才能形成良好的社会道

---

① 《欧洲争论资本主义的出路，马克思〈资本论〉再度畅销》，《环球时报》，2008年11月21日。

② 《邓小平文选》第3卷，北京：人民出版社1993年版，第383、384页。

德风尚，形成和谐的人际关系；才能在尊重差异中扩大社会认同，在包容多样中增进社会共识，有力抵制各种错误和腐朽思想文化的渗透，形成全民族奋发向上的精神力量和团结和睦的精神纽带。

在当代中国，只有坚持马克思主义指导地位，才能正确把握建设社会主义核心价值体系的历史条件、本质要求和客观规律，解决影响当代中国价值观念传承与变革的重大理论和现实问题，促进社会主义核心价值体系的发展。随着中国改革开放进程的不断深化，社会意识领域及人们的价值观念日益趋于多样化，各种文化相互激荡，人们思想活动的独立性、选择性、差异性和多变性日益增强。面对这种在思想文化领域里面出现的新情况新问题，只有毫不动摇地坚持马克思主义指导地位，建设社会主义核心价值体系，牢牢掌握意识形态领域中的主动权和话语权，才能有效抵御各种错误思潮的影响和侵蚀，在纷繁复杂的社会变化面前不迷失方向。

如果削弱甚至放弃马克思主义的指导，各种非马克思主义和反马克思主义的思潮就会泛滥，西方价值观念就会乘虚而入，对中国的主流意识形态造成严重冲击，中国优秀的民族文化传统就可能被消解，社会主义核心价值体系建设就会受到干扰和破坏。针对那种对于西方哲学、经济学、文学艺术和社会政治不加分析、鉴别和批判而盲目崇拜的现象，邓小平曾经严肃地指出："属于文化领域的东西，一定要用马克思主义对它们的思想内容和表现方法进行分析、鉴别和批判"。①"一定要彻底扭转这种不正常的局面，使马克思主义的和社会主义、共产主义的宣传，特别是在一切重大理论性、原则性问题上的正确观点，在思想界真正发挥主导作用。"②

马克思主义指导思想是贯穿社会主义核心价值体系的一条红线，居于统领地位。它解决的是"举什么旗"的问题，并内在地规定着社会主义核心价值体系的其它内容。中国特色社会主义共同理想作为社会主义核心价值体系的主题，解决的是走什么路、实现什么样目标的问题。它是现阶段中国各族人民在中国共产党的领导下，把马克思主义指导思想转化为对美好未来向往、认同和追求的集中表现，是以马

① 《邓小平文选》第3卷，北京：人民出版社1993年版，第44页。
② 《邓小平文选》第3卷，北京：人民出版社1993年版，第46页。

克思主义唯物史观为依据作出的符合中国国情的价值选择。

只有坚持以马克思主义为指导，才能把共同理想建立在科学的基础之上。以爱国主义为核心的民族精神和以改革创新为核心的时代精神是社会主义核心价值体系的精髓，解决的是应当具备什么样的精神状态和精神风貌的问题。它是以马克思主义的民族观和时代观为依据形成的价值理念。马克思主义对于民族文化的起源、实质以及各时代本质特征的分析和判断赋予了民族精神和时代精神的科学内涵，为弘扬和培育民族精神和时代精神提供了强有力的指导。社会主义荣辱观是社会主义核心价值体系的基础，解决的是人们的行为规范问题。它是马克思主义道德观同中国优秀传统道德观和社会主义思想道德建设实践相结合形成的价值准则，是马克思主义指导思想在思想道德领域的生动体现。建设社会主义核心价值体系，最根本的就是坚持马克思主义指导地位。

（三）只有改革开放才能发展马克思主义

"只有改革开放才能发展中国、发展社会主义、发展马克思主义。"这是胡锦涛在中国共产党十七大报告中提出的一个重要论断。深入理解这一重要论断，对于深化改革开放的历史地位和战略定位、改革开放与发展马克思主义的辩证关系的认识，准确把握马克思主义中国化最新成果——中国特色社会主义理论体系形成、发展的历史轨迹和内在规律，促进当代中国马克思主义的不断创新发展，具有重大的理论和实践意义。

首先，中国特色社会主义理论体系是在改革开放的历史进程中形成和发展的。30 多年来，改革开放的伟大实践，不仅使中国人民的面貌、社会主义中国的面貌、中国共产党的面貌发生了历史性变化，而且有力地推动了马克思主义中国化的历史进程，取得了马克思主义中国化的重大成果。改革开放是中国特色社会主义理论体系形成和发展的实践基础。

改革开放是中国特色社会主义理论体系的本源理论——邓小平理论形成的实践基础。1978 年的真理标准大讨论和十一届三中全会的召开，不仅使人们的思想得到了空前的解放，而且揭开了中国改革开放的大幕。作为中国改革开放的总设计师，邓小平始终站在改革开放的前列，领导中国共产党和人民既立足中国又面向世界、既总结历史又正视现实，紧紧围绕“什么是社会主义、怎样建设社会主义”这一首要的基本的问题，对改革开放进程中出现的新情况、新问题进行锲而不舍的理论探索，在社会主义发展道路、发展阶段、根本任务、发展动力、领导力量、依靠力量等重大课题上，提出了一系列新思想、新观点、新论断，形成了科学的理论体系。可以说，如果没有改革开放的伟大实践，就没有邓小平理论的形成和发展。邓小平理论是马克思主义基本原理与中国改革开放实践相结合的创新产物。

改革开放是形成“三个代表”重要思想的实践基础。随着改革开放和社会主义市场经济的不断深化和发展，中国社会主义建设所处的世情、国情和党情都在发生着深刻的变化。面临这些变化，如何更好地领导改革开放，如何有效应对各种挑战，成为中国共产党无法回避的重大理论和现实课题。以江泽民同志为主要代表的中国共产党人，在改革开放和建设中国特色社会主义的伟大实践中，审时度势，与时俱进，根据当代世界和中国的发展变化，提出了“三个代表”重要思想，进一步回答了什么是社会主义、怎样建设社会主义的问题，创造性地回答了建设什么样的党、怎样建设党的问题，形成了一系列紧密联系、相互贯通的重要思想理论。这标志着中国共产党对共产党执政规律、社会主义建设规律和人类社会发展规律的认识达到了新的高度。可以说，如果没有改革开放和建设中国特色社会主义的伟大探索、伟大实践，中国共产党对什么是社会主义、怎样建设社会主义的认识就不可能这么清楚，对建设什么样的党、怎样建设党的认识就不可能这么深刻，“三个代表”重要思想的形成就没有实践基础。

改革开放是科学发展观等重大战略思想形成的实践基础。进入二十一世纪，中国的改革开放进入攻坚阶段，一些深层次矛盾和问题日益凸显出来。如何进一步回答这些问题？科学发展观正是立足于社会主义初级阶段的基本国情，总结中国改革发展实践，借鉴国外发展的经验，适应中国新的改革发展要求而提出的。可以说，如果没有改革开放的伟大实践，没有在实践中的创新思维，我们对科学发展的思想、以人为本的理念、统筹兼顾的方法，就不会有发自内心的认同。科学发展观，在进一步回答了什么是社会主义、怎样建设社会主义，建设什么样的党、怎样建设党的基础上，创造性地回答了实现什么样的发展、怎样又好又快地发展的问题，并围绕这个问题提出了一系列新思想、新观点、新论断，形成了一个完整的科学体系，是发展改革开放和推进中国特色社会主义必须坚持和贯彻的重大战略思想。

邓小平理论、"三个代表"重要思想以及科学发展观等重大战略思想，既一脉相承，又与时俱进，共同构成中国特色社会主义理论体系。这个理论体系，是随着改革开放的发展而形成的，是随着对马克思主义中国化认识的深化而升华的，是马克思主义中国化的最新成果，是中国共产党最可宝贵的政治和精神财富，是全国各族人民团结奋斗的共同思想基础。

其次，在改革开放中发展马克思主义是马克思主义中国化的内在规律。改革开放是发展中国特色社会主义的强大动力，也是发展马克思主义的强大动力。马克思、恩格斯说过："一切划时代的体系的真正的内容都是由于产生这些体系的那个时期的需要而形成起来的。"[①] 时代发展的呼唤，社会变革的需求，从来都是理论创新发展的动力之源。改革开放是当代中国最深刻的革命性变革，必然要求马克思主义随着社会变革和时代进步而创新发展。改革开放之所以能够把马克思主义中国化推进到一个又一个新阶段，从根本上说，就在于改革开放提供了马克思所说的这样一个"时期的需要"。

中国共产党十七大报告作出了"改革开放是党在新的时代条件下带领人民进行的新的伟大革命"的科学判断。其根据主要在于：

第一，改革开放是解放和发展社会生产力新的伟大革命。它打破了阻碍社会生产力发展的桎梏，拓展了生产力发展的新空间，释放了生产力创造主体的能量，使生产力发展的源泉充分涌流，实现国家现代化，让中国人民富裕起来，振兴伟大的中华民族。

第二，改革开放是推动社会主义制度自我完善和发展的新的伟大革命。通过从高度集中的计划经济体制到充满活力的社会主义市场经济体制、从封闭半封闭到全方位开放的伟大历史转折，赋予社会主义新的生机与活力。

第三，改革开放是推动社会主义文化大发展大繁荣的伟大革命。通过社会主义核心价值体系建设，构建社会主义和谐文化，弘扬中华

① 《马克思恩格斯全集》第3卷，北京：人民出版社1960年版，第544页。

民族优秀传统文化，推动文化创新，提高国家文化软实力，为改革开放和社会主义事业提供坚强的政治保证、精神动力和文化支撑。

第四，改革开放是在引领当代中国发展进步中加强和改进党的建设新的伟大革命。通过提高党的执政能力和执政水平，保持和发展党的先进性和纯洁性，使党始终成为立党为公、执政为民，求真务实、改革创新的马克思主义执政党，始终成为改革开放和中国特色社会主义事业的坚强领导核心。

可见，改革开放是一场新的伟大革命。它是涉及国家经济、政治、文化和社会等各个领域各个方面的全面、系统、深刻的伟大变革，带有根本性、时代性、方向性和创新性。新时期最鲜明的特点是改革开放，最伟大的革命也是改革开放。只有改革开放才能发展马克思主义。在改革开放中发展马克思主义是马克思主义中国化的历史必然。

在改革开放中发展马克思主义，深刻揭示了马克思主义必须与本国国情相结合的内在规律。马克思主义的发展具有与本国国情相结合的特征，也是马克思主义发展的基本规律。马克思主义虽然阐述了共产党夺取政权和巩固政权、社会主义革命和建设、人类社会发展的一般原理，但并没有也不可能拿出适合不同国情国家的万能钥匙，各个国家也绝不可能在马克思主义经典著作中找到具体的答案。马克思主义与各国国情相结合，实质上是与本国“同中之异”的国情相结合。列宁主义的形成，就是马克思主义与当时俄国“帝国主义链条中最薄弱的一环”这一“同中之异”的国情相结合的结晶。毛泽东思想是马克思主义与中国绝大多数人口在农村这一“同中之异”的国情相结合的结晶。相反，世界社会主义运动中的教训及中国共产党历史上出现的“左”和右的错误，无不是以“异中之同”代替“同中之异”的结果。马克思主义只有与本国国情尤其是相异点即特殊性相结合，才能焕发出强大的生命力、创造力、感召力。相反，不但不能发展马克思主义，还会背离甚至戕害马克思主义。

在改革开放中发展马克思主义，就是把马克思主义基本原理与中国国情，尤其是与“同中之异”的国情相结合的实践过程，这就使马克思主义中国化发展有了最鲜明、最基本、最有效的途径和舞台。同时，也赋予了马克思主义与中国国情相结合的内在规律以新的时代特征和科学内涵。新时期中国共产党的理论贡献，不仅在于形成了中国特色社会主义理论体系，还在于找到了一条既具有时代特征又具有中国特色的马克思主义中国化的发展道路。这标志着中国共产党对在与中国国情相结合中发展马克思主义的认识达到了新的高度。

在改革开放中发展马克思主义，深刻揭示了马克思主义与人民群众共命运的内在规律。马克思主义的发展具有与人民群众共命运的特征。人民群众是建设中国特色社会主义的主体，也是马克思主义中国化的主体。没有人民群众的广泛参与和价值认同，马克思主义是难以发展的。改革开放是人民群众的共同事业，人民群众的主体地位和主体作用从来也没有像今天这样得到尊重和发挥，人民群众的主动性、积极性和创造性从来也没有像今天这样迸发。改革开放具有普惠性，代表了最广大人民群众的根本利益，符合党心民心。

改革开放具有全面发展性，人民群众的思想观念从来也没有像今天这样大解放，人民群众的思维方式、行为方式和生活方式从来也没有像今天这样发生深刻的转变，人民群众的知识、科技和文化素养从来也没有像今天这样发展和提升。在改革开放中发展马克思主义，不但具有坚实的创新实践基础，而且具有深厚的群众创新基础；不但有利于回答和解决群众在深化改革开放中遇到的新情况、新问题，而且适应了人民群众深化改革开放的新愿景、新期待；不但体现了马克思主义发展历程的群众史观，而且揭示了发展马克思主义必须坚持以人为本的内在规律。这标志着中国共产党对与人民群众共命运的马克思主义中国化发展认知提升到了一个新阶段。

最后，马克思主义中国化随着改革开放的深化而不断发展。与时俱进是马克思主义鲜明的本质特征，马克思主义中国化最新成果必将随着改革开放创新实践的发展而发展。当代中国共产党人的一项重要历史使命，就是要在改革开放新的伟大实践中能动地推进马克思主义中国化。

在改革开放中继续解放思想，进一步确立适应马克思主义发展的新的思想观念。解放思想是引导社会发展、催生新生事物的强大力量。新时期最突出的特点是与时俱进，与时俱进最厚重的成果是不断推进马克思主义中国化，而推进马克思主义中国化最直接的前提是观念更新和思想解放。从一定意义上讲，没有改革开放催生的思想解放，就没有马克思主义中国化的最新成果。当代中国马克思主义的与时俱进，是同中国经济社会发展的新的阶段性特征和当今世界新的时代特点紧密联系在一起的。它一方面使解放思想更具时代性、复杂性和艰巨性，另一方面也对继续解放思想提出了新的更高的要求。

继续解放思想，要求我们必须向深度拓展，在解放思想中长于理性思考，着力更新观念，坚持以新的视野认识新事物，以新的观念研究新情况，以新的理论回答新问题，揭示新规律总结新经验，以新的步伐跟上新时代。

实践永无止境，开拓创新永无止境。在解放思想基础上的开拓创新，是改革开放的唯一出路，也是发展马克思主义的关键所在。

当前，要大力推进改革开放中的理论创新，不断赋予当代中国马克思主义鲜明的实践特色、民族特色和时代特色，推动马克思主义大众化，建设社会主义核心价值体系，增强当代中国马克思主义的吸引力和凝聚力。要大力推进改革开放中的自主创新，坚持走中国特色自主创新道路，增强自主创新能力，加大对自主创新投入，加快建设国家创新体系，深化科技管理体制改革，创造鼓励创新的环境，注重培养创新人才，为建设创新型国家提供经费支持、制度保证、环境条件和人才支撑。要大力推进改革开放中的社会主义民主政治创新，发展基层民主，扩大公民有序政治参与，维护社会公平正义，保障公民合法权益，加快行政管理体制改革，完善制约和监督机制，推进社会主义民主政治制度化、规范化、程序化。要大力推进改革开放中的党的建设创新，以坚定理想信念为重点加强思想建设，以造就高素质党员、干部队伍为重点加强组织建设，以保持党同人民群众的血肉联系为重点加强作风建设，以完善惩治和预防腐败体系为重点加强反腐倡廉建设，使党始终站在时代前列带领人民不断开创改革开放事业发展的新局面。同时，要把开拓创新精神贯彻到改革开放、治国理政各个环节，完善社会主义市场经济体制，进行各方面体制改革创新，着力构建充满活力、富有效率、更加开放、有利于科学发展的体制机制，形成在开拓创新中推进改革开放、在改革开放中发展马克思主义的有机互动和良性循环。

在改革开放中坚持以人为本，进一步推动马克思主义发展新的内在动力。在改革开放中坚持以人为本，既是激发人民群众积极投身改革开放的内在要求，又是发掘人民群众推动马克思主义发展新的内在动力的历史必然。这就要坚持人民群众利益的根本性，把实现好、维护好、发展好广大人民的根本利益作为改革开放全部工作的出发点和落脚点，把人民群众的新要求、新企盼作为改革开放决策的基本依据，把人民群众满意不满意、答应不答应作为改革开放成效的检验标准。这就要尊重人民的主体地位，发挥人民的主体作用，保护人民的首创精神，支持人民的创新实践。这就要坚持人民群众改革成果的普惠性，切实做到发展为了人民、发展依靠人民、发展成果由人民共享。这就要坚持人民群众发展的全面性，不仅要提高人民群众创造物质财富的能力，而且要提升人民群众创造精神财富的水平，要提高人民群众的理论、知识、科技、法制、文化素养，使改革开放的过程成为人民群众全面发展的过程，从而以人的全面发展推动改革开放全面发展，推动当代中国马克思主义的发展。

二、改革开放的时代主题

根据马克思主义的时代学说，每个历史时代，都有自己的主要矛盾，都有需要解决的根本任务。这个主要矛盾和根本任务就是那个时代的主题。不同的时代有不同的时代主题。中国在 30 多年改革开放背景下，形成了独具特色的时代主题，即建设中国特色社会主义。中国特色社会主义的共同理想是改革开放的精神动力，改革开放是实现中国特色社会主义共同理想的根本途径。

（一）中国特色社会主义是我们的时代主题

中国特色社会主义是中国共产党在改革开放的历史进程中，把马克思主义基本原理同中国国情及阶段性特征结合起来，把党在社会主义初级阶段的目标、国家的发展、民族的复兴与人民的幸福结合起来而提出的符合最广大人民根本利益的共同理想，反映了全体中国人民的根本利益和共同愿望，是我们这个时代的主题。

首先，中国特色社会主义集中体现了现阶段最广大人民群众的根本利益。在中国共产党领导下走社会主义道路，是历史的选择和人民的选择。实现中华民族的伟大复兴是中国近现代历史的主题，也是全体中华儿女的共同愿望。1840 年以后，由于西方列强的入侵和封建统治阶级的腐朽，中国逐步沦为半殖民地半封建社会。救亡图存、振兴中华成为那个时代的最强音。为此，地主阶级、农民阶级和资产阶级等各种政治力量进行了艰辛的努力和探索，但是，从太平天国到洋务运动，从戊戌变法到辛亥革命，这些努力和探索无一不是以失败而告终。在屡遭失败的痛苦反思中，中国人民认识到，不触动封建根基的自强运动和改良主义，旧式的农民战争，资产阶级革命派领导的民主革命，以及照搬西方资本主义的种种方案，都不能完成救亡图存的民族使命和反帝反封建的历史任务，资本主义道路在中国走不通。在不断失败又重新奋起的过程中，中国人民最终选择了中国共产党领导的新民主主义革命道路。

中国共产党从诞生之日起，就自觉地肩负起实现中华民族伟大复兴的庄严使命，团结和带领全国各族人民完成民族独立和人民解放的历史任务，为实现中华民族伟大复兴创造了前提。新中国成立后，中国共产党领导全国各族人民创造性地完成了由新民主主义革命到社会主义革命的过渡，实现了中国历史上最伟大最深刻的社会变革，开始了在社会主义道路上实现中华民族伟大复兴的历史征程。

十一届三中全会以来，中国共产党带领全国各族人民在改革开放实践中找到了建设中国特色社会主义的正确道路。中国特色社会主义道路，就是在中国共产党领导下，立足基本国情，以经济建设为中心，坚持四项基本原则，坚持改革开放，解放和发展社会生产力，巩固和完善社会主义制度，建设社会主义市场经济、社会主义民主政治、社会主义先进文化、社会主义和谐社会，建设富强民主文明和谐的社会主义现代化国家。30 多年来，中国共产党人和中国人民坚定不移地沿着中国特色社会主义道路奋勇前进，以一往无前的进取精神和波澜壮阔的创新实践，谱写了中华民族自强不息、顽强奋进的新的壮丽史诗，中国社会主义经济建设、政治建设、文化建设、社会建设取得了举世瞩目的成就。

中国的发展，不仅使中国人民稳定地走上了富裕安康的广阔道路，而且为世界经济发展和人类文明进步作出了重大贡献。中国社会主义现代化建设的辉煌成就，充分显示了中国特色社会主义无可比拟的优越性和中国制度模式的强大生机活力，打破了资本主义国家长期以来宣扬的不照搬西方模式就难以强国富民的神话。事实雄辩地证明，只有社会主义才能救中国，只有中国特色社会主义才能发展中国、实现中华民族的伟大复兴。在当代中国，坚持中国特色社会主义道路，就是真正坚持社会主义。

中国共产党的领导、中国特色社会主义的道路，在历史的比较和人民的选择中，与中华民族的伟大复兴最为紧密地联系起来，构成全民族的共同理想。这一共同理想，以中国特色社会主义理论体系为指导思想，以中国共产党为领导力量，以中国特色社会主义道路为正确选择，以建设富强民主文明和谐的社会主义现代化国家、实现中华民族伟大复兴为目标，集中体现了中国工人、农民、知识分子和其他社会主义劳动者、社会主义事业建设者、拥护社会主义和祖国统一的爱国者的根本利益和共同愿望。这一共同理想，描绘了人们美好生活的蓝图，展现了祖国光辉灿烂的未来，展示了中华民族伟大复兴的前景，给全体中华儿女以巨大的激励和鼓舞。这一共同理想，具有令人信服的必然性、广泛性和包容性，具有强大的感召力、亲和力和凝聚力，是保证全体人民在政治上、思想上团结一致，共同创造美好未来的重要纽带。无论哪个社会阶层、哪个利益群体的人们，都应该也能够认同与自身利益密不可分的这一共同理想，并为之努力奋斗。

中国共产党的最高理想和最终目标是实现共产主义。我们现在的努力以及将来多少代的持续努力，都是朝着实现共产主义这个最终目标前进的。中国特色社会主义共同理想是共产主义最高理想在中国社会主义初级阶段的现实体现，是实现共产主义最高理想的必经阶段。没有最高理想的指引，就不会有共同理想的确立和坚持。没有共同理想的实现，最高理想就没有现实的基础。任何时候都不能把最高理想和共同理想割裂开来、对立起来。在实现中华民族伟大复兴的征程中，必须始终坚持远大理想与现实奋斗相统一，既要树立共产主义远大理想，坚定信念，以高尚的思想道德要求和鞭策自己，更要从社会主义初级阶段的实际出发，脚踏实地地为实现党在现阶段的基本纲领不懈努力。

其次，建设富强民主文明和谐的社会主义现代化国家是全国人民的奋斗目标。富强民主文明和谐，是对中国特色社会主义共同理想的高度概括，是中国社会主义经济建设、政治建设、文化建设和社会建设的奋斗目标。

富强是中华民族梦寐以求的美好夙愿。落后就要挨打，富强才能振兴，这是历史给我们的深刻启示。我们今天追求的富强，以综合国力的强大为基础，以全体人民的共同富裕为特征。贫穷不是社会主义，两极分化也不是社会主义。社会主义的根本任务是解放和发展社会生产力，不断改善人民生活。改革开放以来，中国共产党坚持以经济建设为中心，把发展作为党执政兴国的第一要务，聚精会神搞建设、一心一意谋发展，中华民族大踏步走上富强之路。到新中国成立一百年时，中国人均国内生产总值将达到中等发达国家水平，基本实现现代化，一个强大的中国将巍然屹立在世界东方。

人民民主是社会主义的生命，人民当家作主是社会主义民主政治的本质和核心。没有民主就没有社会主义，就没有社会主义现代化。民主不是资本主义的专利，社会主义应该也能够创造出比资本主义更高层次的民主。中国共产党历来以实现和发展人民民主为己任。新中国成立后，特别是改革开放以来，中国共产党为实现人民当家作主、建设社会主义法治国家进行了不懈努力，始终坚持中国特色社会主义政治发展道路，坚持党的领导、人民当家作主、依法治国有机统一，坚持和完善人民代表大会制度、中国共产党领导的多党合作和政治协商制度、民族区域自治制度以及基层群众自治制度，不断推进社会主义政治制度自我完善和发展。社会主义愈发展，民主也愈发展。在发展中国特色社会主义的历史进程中，中国共产党人和中国人民一定能够不断发展具有强大生命力的社会主义民主政治。

文明是社会进步的重要标志，也是中国特色社会主义的重要特征。中华民族曾经创造了辉煌灿烂的文明，为人类发展进步作出了巨大贡献。长期以来，中国共产党坚持社会主义先进文化前进方向，努力建设社会主义精神文明，不断满足人民群众日益增长的精神文化需求，丰富人们精神世界，增强人们精神力量。中国特色社会主义事业的全面推进必然催生社会主义文化建设新高潮，中华民族伟大复兴必然伴随中华文化繁荣兴盛。文化是文明的基础，文明是文化的升华。在当代中国人民的伟大奋斗中，必将迎来文化的大发展大繁荣，中华民族将在世人面前展现出更加文明进步的形象。

和谐是中国传统文化的基本理念，社会和谐是中国特色社会主义的本质属性，是国家富强、民族振兴、人民幸福的重要保证。实现社会和谐，建设美好社会，始终是人类孜孜以求的社会理想，也是包括中国共产党在内的马克思主义政党不懈追求的社会理想。我们要构建的社会主义和谐社会，是在中国特色社会主义道路上，中国共产党领导全体人民共同建设、共同享有的社会，是民主法治、公平正义、诚信友爱、充满活力、安定有序、人与自然和谐相处的社会。在全党全社会共同努力下，全体人民学有所教、劳有所得、病有所医、老有所养、住有所居的目标必将实现，一个全体人民各尽其能、各得其所而又和谐相处的生动局面必将形成。

经过全体人民努力奋斗，到2020年全面建设小康社会目标实现之时，中国这个历史悠久的文明古国和发展中的社会主义大国，将成为一个工业化基本实现、综合国力显著增强、国内市场总体规模位居世界前列的国家；成为一个人民富裕程度普遍提高、生活质量明显改善、生态环境良好的国家；成为一个人民享有更加充分民主权利、具有更高文明素质和精神追求的国家；成为一个各方面制度更加完善、社会更加充满活力而又安定团结的国家；成为一个对外更加开放、更加具有亲和力、为人类文明作出更大贡献的国家。在全面建设小康社会的基础上，再继续奋斗几十年，到本世纪中叶将基本实现现代化，中国将成为富强民主文明和谐的社会主义现代化国家，中国特色社会主义共同理想将一步一步变为现实。

最后，牢固树立中国特色社会主义共同理想。共同理想作为全体社会成员的共同价值追求和目标，是一个政党治国理政的旗帜，是一个民族奋力前行的向导。只有树立坚定的共同理想，才能凝聚社会各个方面的智慧和力量，动员整个国家、民族蕴藏的一切潜能，形成统一的步调和强大的战斗力。要引导广大干部群众自觉学习党的基本理论、基本路线、基本纲领和基本经验，了解中国近现代史特别是中国共产党领导全国各族人民争取民族独立、人民解放、国家富强和人民幸福的奋斗史、创业史、改革开放史，把握中国社会主义初级阶段的基本国情和发展的阶段性特征，增强抓住机遇、加快发展的紧迫感。要引导广大干部群众自觉认识：中国共产党始终代表中国先进生产力的发展要求，始终代表中国先进文化的前进方向，始终代表中国最广大人民的根本利益，只有中国共产党才能带领全国各族人民不断夺取中国特色社会主义事业的新胜利。中国特色社会主义既坚持科学社会主义的基本原则，又根据中国实际和时代特征赋予其鲜明的中国特色，是当代中国发展进步的旗帜，是全党全国各族人民团结奋斗的旗帜，只有走中国特色社会主义道路才能实现国家富强、人民幸福。改革开放是决定当代中国命运的关键抉择，是发展中国特色社会主义、实现中华民族伟大复兴的必由之路，只有改革开放才能发展中国、发展社会主义、发展马克思主义。

建设和发展中国特色社会主义是亿万人民的事业。只有广大人民群众积极投身到中国特色社会主义伟大事业中来，全民族的共同理想才能实现。要自觉地把个人理想融入中国特色社会主义共同理想之中，把个人奋斗融入实现社会主义现代化的共同奋斗之中，在实现国家富强、民族振兴、人民幸福和社会和谐的过程中，实现自己的人生理想。要树立正确的世界观、人生观和价值观，正确处理国家、集体和个人三者的关系，做到局部利益服从整体利益、个人利益服从国家利益。要适应时代的发展要求，脚踏实地，发奋学习，增长才干，不断增强为祖国和人民服务的本领。要有实现理想的坚定信念和百折不挠的进取精神，关键时刻不动摇，危难关头挺得住，始终能经受得住困难和挑战的考验，为实现中国特色社会主义共同理想不懈奋斗。

（二）中国特色社会主义共同理想是改革开放的精神动力

只有中国特色社会主义才能发展中国，这是改革开放以来中国历史发展得出的必然结论。中国特色社会主义共同理想是改革开放的精神动力。改革开放必须坚持中国特色社会主义共同理想，是中国改革开放历史实践得出的结论，也是前苏联、东欧等社会主义国家改革失败留给我们的深刻教训。

首先，坚持中国特色社会主义共同理想是改革开放的前提。党的十七大报告指出："改革开放是党在新的时代条件下带领人民进行的新的伟大革命，目的就是要解放和发展社会生产力，实现国家现代化，让中国人民富裕起来，振兴伟大的中华民族；就是要推动我国社会主义制度自我完善和发展，赋予社会主义新的生机活力，建设和发展中国特色社会主义；就是要在引领当代中国发展进步中加强和改进党的建设，保持和发展党的先进性，确保党始终走在时代前列。"这段话明确指出了中国改革开放的前提、性质和目的。改革开放的前提是坚持中国特色社会主义，因为“只有中国特色社会主义才能发展中国”。改革开放的性质是“推动我国社会主义制度自我完善和发展，赋予社会主义新的生机活力，建设和发展中国特色社会主义。”改革开放的目的是“要解放和发展社会生产力，实现国家现代化，让中国人民富裕起来，振兴伟大的中华民族。”中国的改革开放既不是改变制度、走资本主义道路，也不是生搬硬套、教条式地对待科学社会主义，而是在坚持社会主义基本制度前提下，发展中国，最终实现中华民族复兴。坚持社会主义方向，是中国进行改革开放必须坚持的基本前提，也是中国改革开放成功的重要经验。

早在改革开放之初，就有人借反思毛泽东晚年的错误为由，妄图否定社会主义道路，否定中国共产党的领导，把中国拉到资本主义道路上去。以邓小平为代表的中国共产党人以高超的政治艺术、卓越的领导才能和非凡的政治勇气，一方面提出改革开放是发展中国、强大中国的唯一出路，否则，只能是死路一条；另一方面又提出改革开放必须坚持四项基本原则不动摇，从而把改革开放和四项基本原则统一于中国特色社会主义建设的伟大实践之中。邓小平从历史发展的高度明确指出，建国以后，我们之所以能在旧中国的烂摊子上进行大规模的经济建设，使国民经济很快得到恢复，“靠的是马克思主义，是社会主义”。[①] 在谈到改革开放的时候，他多次强调：“我们总的原则是‘四个坚持’”，“在改革中坚持社会主义方向，这是一个很重要的问题。我们的现代化叫‘社会主义四个现代化’”[②]。改革虽然“在一定范围内也发生了某种程度的革命性变革”，[③] 但是改革的目的不是改变中国的社会主义性质，而是“要有利于巩固社会主义制度，有利于巩固党的领导，有利于在党的领导下和社会主义制度下发展生产力”。[④] 江泽民也指出，如果新中国建立以后不走社会主义道路，不坚持人民民主专政，就不可能维护国家的统一和民族的独立，不可能逐步实现人民共同富裕的愿望；如果今后不坚持社会主义，而是像有人主张的那样退

① 《邓小平文选》第3卷，北京：人民出版社1993年版，第62页。

② 《邓小平文选》第3卷，北京：人民出版社1993年版，第142页。

③ 《邓小平文选》第3卷，北京：人民出版社1993年版，第138页。

④ 《邓小平文选》第3卷，北京：人民出版社1993年版，第241页。

回去走资本主义道路，用劳动人民的血汗去重新培植和养肥一个资产阶级，在中国人口众多，社会生产力水平很低的情况下，只能使大多数人重新陷入极其贫困的状态。中国人民选择共产党的领导，选择社会主义道路，这是在长期艰苦卓绝的斗争中得到的共同认识，反映了历史发展的必然。

30多年来，正是因为我们始终坚持中国特色社会主义共同理想，全国各族人民才有了明确的奋斗目标，才产生了前所未有的凝聚力和向心力，中国的改革开放和现代化建设事业才取得了举世瞩目的成就，中国特色社会主义才在当今世界的深刻变动和当代中国的深刻变革中牢牢站住了、站稳了，并成为充满生机活力的社会主义。实践证明，坚持中国特色社会主义共同理想是我们进行改革开放的前提，改革开放必须在坚持社会主义方向的前提下进行。

其次，坚持中国特色社会主义共同理想也是汲取前苏联、东欧等社会主义国家改革失败教训的结果。前苏联、东欧等社会主义国家改革失败的原因极其复杂，但其中一个重要原因就在于他们严重偏离甚至放弃了科学社会主义基本原则，忽视了科学社会主义的基本方法论原则就是把社会主义置于现实基础之上。他们不顾经济文化落后的现实国情，用理想的社会主义目标剪裁现实的社会制度，最终导致在运用科学社会主义基本原则的过程中，出现了严重的教条化和割裂化倾向。他们没有解放思想、实事求是地把握、分析科学社会主义的基本原则以及苏联的基本国情，没有遵循马克思恩格斯曾一再强调的“我们的理论不是教条”而只是“行动的指南”的原则立场，没有把握马克思主义与时俱进的理论品格，而是教条式地对待科学社会主义，忽视了对科学社会主义理论原则的创新发展。

在前苏联，自斯大林以后，苏共党内对科学社会主义的认识存在着严重的教条主义倾向。他们妄图用教条的抽象的理论去裁剪活生生的现实，致使理论和现实严重脱节。他们不想改革，不敢改革，即使是迫于形势进行一些改革，也只是对马克思恩格斯所设想的社会主义制度进行一些修补。所以，即使是后来苏共党内破除了对斯大林的个人迷信，但由于把斯大林时期的错误仅仅归结为斯大林个人的思想和品德问题，就决定了他们不可能从理论高度重新探索出解决整个社会经济、政治、文化体制等方面存在问题的方法，结果导致人们的思想越来越保守，体制越来越僵化，生产力越来越受到束缚，人们的生活水平长期得不到改善，而脱离人民群众的特权阶层却在逐渐形成。这为后来搞资产阶级自由化的人借口批判教条主义进而彻底否定社会主义、否定马克思主义提供了口实。赫鲁晓夫在否定斯大林的时候，就否定了科学社会主义的一些基本原则，鼓吹“全民党”、“全民国家”理论，宣传抽象的人性论和超阶级的民主观，直接导致了民主社会主义思潮在苏共党内的蔓延。戈尔巴乔夫干脆祭起了“人道的、民主的社会主义”大旗。叶利钦领导的“民主纲领派”更是公开提出苏共放弃马列主义作为党的指导思想，放弃共产主义的奋斗目标，放弃民主集中制，要把苏共建设成社会党的思想主张，直接导致了苏联解体、苏共亡党的历史悲剧。

东欧社会主义国家的国情不同于苏联，本来应该探索适合自己国情的社会主义道路，但苏联却根据其全球战略把自己的模式强加给这些国家，结果导致这些国家国内矛盾不断激化，陷入重重危机。到二十世纪八十年代末，社会主义在这些国家走到了尽头。

由上可见，社会主义国家要实现发展，必须改革，但是，改革如果不坚持社会主义方向，又必然会走进死胡同。

最后，坚持中国特色社会主义共同理想必须树立正确的改革开放观。中国的改革开放从一开始就是在充满着争议声中展开的，围绕改革也形成了两种错误倾向：一种是“左”的，即教条式地对待社会主义，从根本上反对改革开放；一种是右的，即认为改革开放就要否定社会主义，借改革开放之名，行“改向”之实。这两种错误倾向像幽灵一样，始终纠缠着中国的改革开放，都妄图葬送改革开放，葬送社会主义。实行不实行改革开放，坚持什么样的改革开放方向，关系到中国社会主义事业的兴衰成败，关系到党和国家的长治久安，关系到中华民族的伟大复兴。因此，每每在历史的紧要关头，我们总能听到党和国家领导人关于改革开放与社会主义关系的振聋发聩的声音：“必须坚持改革开放这个方向，倒退是没有出路的”，同时，“中国只有坚持搞社会主义才有出路，搞资本主义没有出路”。[①] “不坚持社会主义，

① 《邓小平文选》第3卷，北京：人民出版社1993年版，第211－212页。

不改革开放……只能死路一条”。[1] 胡锦涛在党的十七大报告中也指出：“改革开放作为一场新的伟大革命，不可能一帆风顺，也不可能一蹴而就。最根本的是，改革开放符合党心民心、顺应时代潮流，方向和道路是完全正确的，成效和功绩不容否定，停顿和倒退没有出路”。[2]

当前，中国的经济社会正在发生广泛而深刻的变革，要抓住和用好重要战略机遇期，进一步解放思想，加快推进全面建设小康社会和社会主义现代化建设，完成时代赋予的崇高使命，就必须旗帜鲜明地反对错误的改革开放观，树立正确的改革开放观。

总之，在改革开放的伟大实践中，我们必须始终坚持科学社会主义基本原则，坚持中国特色社会主义共同理想。这一点在任何时候都决不能动摇。

（三）改革开放是实现共同理想的根本途径

“理想信念，是一个政党治国理政的旗帜，是一个民族奋力前行的向导”。[3] 一个民族、一个国家，如果没有共同的理想和信念，就等于没有精神支柱，就会失去凝聚力。当前阶段，中国特色社会主义就是我们的理想信念，是中国共产党治国理政的旗帜，是中华民族奋力前行的向导。我们必须牢牢立足于现阶段中国特色社会主义的共同理想，坚持在中国共产党的领导下，走中国特色社会主义道路，实现中华民族的伟大复兴。但是中国特色社会主义共同理想的实现又不是一蹴而就的，它必须在改革开放的大的历史背景下完成。

首先，中国特色社会主义共同理想形成于改革开放的崭新实践。中国共产党与中华民族血肉相连，是一个肩负着中华民族的历史责任、为中华民族的伟大复兴自觉奋斗的党。在历经艰险、完成“求得民族独立和人民解放”的历史任务以后，中国共产党又在社会主义条件下开始探索“实现国家繁荣富强和人民共同富裕”这一历史任务。为此，中国共产党把马克思主义基本原理同中国具体实际结合起来，经过长期曲折的艰辛探索，终于以党的十一届三中全会为标志，实现了马克

① 《邓小平文选》第3卷，北京：人民出版社1993年版，第370页。
② 《十七大以来重要文献选编》（上），北京：中央文献出版社2009年版，第8页。
③ 《十六大以来重要文献选编》（中），北京：中央文献出版社2006年版，第636页。

思主义中国化的第二次理论飞跃，创立了由邓小平理论、“三个代表”重要思想以及科学发展观等重大战略思想组成的中国特色社会主义理论体系。

这一崭新的理论体系的形成，既有理论根据、历史根据，又有现实根据。其现实根据就是改革开放和社会主义现代化建设的伟大实践。如果说科学社会主义基本原则是中国特色社会主义理论体系形成和发展的理论根据，那么，这一理论根据的意义就在于它为我们的理论创新指明了前进的正确方向；如果说中国和世界的社会主义历史提供的经验是中国特色社会主义理论体系形成和发展的历史根据，那么，这一历史根据的意义就在于它告诉我们在理论创新过程中哪些是不能做的、哪些是可以继续做下去的。但是，要解决中国的问题，找到符合中国实际的正确的发展道路，不断解放和发展社会生产力，最终实现共同富裕，还是要靠我们自己的实践，要靠我们自己的探索。

党的十一届三中全会以来，从农村改革到城市改革，从建立深圳、珠海、汕头和厦门等四个经济特区到全方位对外开放，从发展个体私营经济到国有企业改制，从计划经济到社会主义市场经济，这些都是中国人民的伟大创造。中国特色社会主义理论体系，正是在这些崭新实践提供的经验基础之上形成和发展起来的。中国特色社会主义理论体系最深层的根据，就是中国改革开放和社会主义现代化建设这一伟大实践。历史再一次说明：生动变化的实践是马克思主义保持蓬勃生机和活力的永恒源泉。

其次，改革开放为中国特色社会主义共同理想的实现提供物质保障。改革开放是一场新的伟大革命，其根本目的就是要打破陈旧体制机制的束缚，解放和发展社会生产力，实现国家现代化，让中国人民富裕起来，振兴伟大的中华民族。改革开放是决定当代中国命运的关键抉择，是发展中国特色社会主义、实现中华民族伟大复兴的必由之路。这场革命与以往革命相比较，有一个共同之处，即都是为了扫除发展社会生产力的障碍，为实现中国特色社会主义的共同理想提供物质保障。

正是通过变革传统的计划经济体制，逐步建立起充满活力的社会主义市场经济体制，中国社会的生产力以世界上少有的速度持续高位运行。从 1978 年到 2011 年，中国国内生产总值从 3624 亿元提高到超过47.2万亿元，跃居世界第二位；对外贸易总额从206亿美元提高到超过3.64万亿美元，跃居世界第二位；外汇储备从长期没有达到10亿美元提高到3.18万亿美元左右，跃居世界第一位。人民生活水平显著提高，人均GDP从226美元上升到5400多美元。交通、通信等基础设施日趋完善，产业发展水平大幅提高，许多主要工农业产品产量稳居世界前列，谷物、肉类、棉花、钢、煤、水泥、电视机等产量连续保持世界第一。教育、科技、文化、卫生等各项社会事业蓬勃发展。正是凭借改革开放，中国人民主要依靠自己的努力，实现了人民生活从温饱不足到总体小康的历史性跨越，这是人类历史上最富传奇的篇章，也是中国为世界发展做出的重大贡献。

30多年的改革开放，促进了中国社会主义现代化建设战略布局的不断完善，推动了中国经济社会的全面发展。在改革开放的不断推进下，中国共产党对于社会主义现代化建设的总体布局有了越来越深刻的认识，从单纯强调经济建设“隔几年上一个台阶”，到社会主义物质文明建设、精神文明建设“两手抓、两手都要硬”，到经济建设、政治建设、文化建设“三位一体”，到经济建设、政治建设、文化建设、社会建设“四位一体”，再到经济建设、政治建设、文化建设、社会建设、生态建设“五位一体”，与此相适应，富强、民主、文明、和谐的社会主义现代化建设的多维目标得以全面确立。这不仅体现了改革开放历史进程中的阶段性特征，而且体现了中国特色社会主义共同理想的基本要求。正是在改革开放的推动下，中国经济社会焕发出蓬勃生机活力，中国特色社会主义现代化建设各项事业全面发展：经济高速增长，民主不断健全，法治不断完善，科教不断进步，文化不断繁荣，社会事业日新月异，人民生活丰富多彩，当代中国迎来近百年来前所未有的大发展、大繁荣。与此同时，中国的国际地位显著提高，国际社会对于中国社会主义建设的成就十分关注。中国已经成为国际政治经济发展中的一极。

最后，解决前进中的问题归根到底要靠改革开放。30多年的改革开放让中华大地焕发出了蓬勃生机。经济发展，社会进步，人民生活改善，国家综合实力显著增强，改革开放所取得的巨大成就有目共睹。但是，由于这场社会变革广泛地涉及整个社会结构和社会生活的方方面面，也导致了一些矛盾和问题。比如中国社会主义基本经济制度已经确立，但还有待于进一步坚持和完善；人民生活水平有了普遍提高，但收入差距、地区差距和城乡差距有拉大的趋势；经济社会有了快速发展，但教育、医疗、就业等社会公共事业的发展仍然相对滞后，出现了上学难、看病贵的问题，一些地方就业压力增大；社会主义民主法制建设得到不断加强，但一些消极腐败现象滋生蔓延，等等。这些问题，在相当程度上是改革不到位、不完善，对外开放水平不高造成的，说到底是发展中的问题、成长中的烦恼。出现这些矛盾和问题并不可怕，社会发展本身就是在不断解决矛盾和问题中前进的，关键是如何解决好这些问题。

30 多年来，中国共产党始终强调坚持社会主义市场经济改革方向不动摇，同时积极采取措施，努力提高改革决策的科学性，增强改革措施的协调性，使改革决策兼顾到各方面利益、照顾好各方面关系，统筹好经济体制改革和其他方面的体制改革，统筹好改革涉及的各项工作。这些年来，尤其是新世纪以来，从免除农业税到全面实施义务教育“两免一补”，从推进新农村合作医疗保险制度到落实城乡居民最低生活保障，从频出重拳严惩腐败到推进惩治和预防腐败体系建设，从强调做大“蛋糕”到强调在做大“蛋糕”的同时分好“蛋糕”……现实中出现的问题，正在通过深化改革逐步解决。这也充分说明，解决前进中的问题归根到底靠改革开放。

当前，中国的改革发展正处于关键时期，在国际金融危机愈演愈烈的背景下，中国经济平稳较快发展受到严峻挑战。这也为中国解决一系列复杂的历史和现实问题增加了难度，同时更赋予改革开放的紧迫感和使命感。越是出现困难，越要坚定改革开放的信心和决心。通过深化改革和扩大开放，进一步解放和发展社会生产力，使关系经济社会发展全局的重大体制改革取得突破性进展，进一步完善落实科学发展观的体制机制，解决人民群众最关心、最直接、最现实的利益问题，真正做到发展成果由人民共享。

只有改革开放才能发展中国，停顿和倒退没有出路。30 多年前，改革开放成为我们摆脱困境，重拾民族复兴伟大梦想的起点，并创造了举世瞩目的中国奇迹。今天，在奔向和谐社会和社会主义现代化的征程上，我们唯有继续把改革开放推向前进，才能不断解决前进中的问题，才能不断取得新成就。这是 30 多年改革开放实践的宝贵经验，也是我们开辟更为广阔发展前景的必然选择。

三、改革开放的精神支柱

改革开放是中国特色社会主义发展的动力源泉，也是实现中国科学发展的重要保证，改革开放的成败关乎中国经济建设的成败，更关乎中国社会主义事业的成败，因此，改革开放在当代中国具有举足轻重的作用和意义。改革开放是一个需要长期坚持并且是全面展开的系统工程，它关系到各项经济体制改革、政治体制改革、坚持开放战略、扩大对外开放等重大事业，改革开放的进程从根本上来说是社会生产力的发展所推动的。但是，改革开放作为中国特色社会主义发展的推动力，其健康的积极的发展，又必须要有一定的价值观念作为指导，并且，改革开放的持久的内在动力，也需要以民族精神与时代精神为统一的社会主义核心价值体系为根本的精神支柱。

（一）改革开放需要民族精神和时代精神

改革开放是中华民族的一项伟大事业，也是当代中国实现民族复兴的必由之路，它既关系到当代中国的现代化建设，更关系到中华民族的时代命运。因此，中国的改革开放离不开民族精神的支持和时代精神的导向。

任何一种理论的成功实践和政策的有效执行，并不仅仅由于其切合当下的实际生活，能够解决现实的问题，而且还需要与民族精神相契合。民族精神是一个民族在长期的共同生活和共同实践基础上形成和发展起来的为大多数成员所共同认可和接受的思想品格、价值取向和道德规范，是一个民族的传统文化、思想观念、心理特征以及风俗习惯的总和。民族精神既随着时代的变迁，尤其是社会生产方式的改变而改变，因而具有一定的历史性；同时，民族精神又具有相对的稳定性，并且在一个较长的时期内对社会存在的各个方面发挥着重要的反作用。因此，坚定改革开放的信念、深化改革开放的进程以及引导改革开放的方向等都必须要高度重视民族精神的作用。

当代中国改革开放事业所体现出的精神是与中华民族的传统精神相一致的。一个民族的文化和精神是多元的，中华民族也是这样。中华民族的民族精神固然有保守的一面，所谓“天不变，道亦不变”就是如此，但其主流却是强调变化和开放的。作为中华民族文化的起源的《周易》，就是一部以变革为主导思想的著作，《周易》的“易”就是变易的意思，《周易·杂卦传》中解释了变化的意思，“革，去故也；鼎，取薪也”，革故鼎新，即是以新事物代替旧事物的意思。此外，《周易》还较为系统地阐述了变革的思想，如《周易·乾·文言》讲：“终日乾乾，与时偕行”，提出了不断变化，与时俱进的观念；《周易·艮·象》中提出“时止则止，时行则行，动静不失其时”的思想，指出了变革要根据整体的形势不失时机的进行的方法；《周易·系辞传》中还说：“穷则变，变则通，通则久”，不仅指出了变革的必要性，而且充分肯定了变革的伟大意义。只有变革，才能打破事物发展的瓶颈阻滞，促进通达无碍的发展，保持永久的开放性与生命力。

在《周易》的变革思想的影响之下，中国传统文化创造出以变化为核心观念的一整套思想体系。中国传统思想以“道”为核心范畴，“道”的原始意义就是道路，而道路有畅通、无限的意思，最后引申为生生不息的宇宙观和人生观，这个思想深深影响着支撑中国传统思想的儒家与道家的思想观念。从儒家方面来看，伦理规范不是一成不变的、永恒的普遍性准则，不是像西方传统思想那样，是理性的普遍性规定，而是以变化为主导的伦理的艺术与智慧。如孔子观水感叹：“逝者如斯夫！不舍昼夜”，又如《大学》中说“苟日新，日日新”。儒家关于变化的思想着重体现在“权”的概念上，“权”即权宜、变化之意，是指不拘泥于定则，应时、位而变的意思，儒家主张“经”与“权”的统一，即矛盾的普遍性与特殊性的统一，也即真理的绝对性与相对性的统一。而且，儒家所推崇的最高理想的圣人，也是以能够因时、地、人而变化为其主要特征的，孟子就赞扬孔子道：“无可无不可”，即不落入一端，“左右”皆能逢其本原，故而“随心所欲不逾矩”。从道家方面来看，道家对变化的观念更加推崇。道家认为，万物皆在变化过程之中，即“大化流行”、“周流而不殆”的意思，故而万物的名称也仅仅是暂时性的称谓，并不具有任何永恒的意义。反之，如果执着于各种名相，则会将万物的整体统一性分裂开来，阻隔万物自身的意义，故而要求放弃一切当下的、永恒的对万物的理解，让万物随着宇宙的“大化流行”自在自为，而人们也应该效法自然的大道，以变易和过程的态度去理解宇宙、自然和人类自身的文明。此外，中国传统的兵家、医家等所展现出来的兵法和医术也无不体现了这种变易的思想。这些观念不仅是中国传统思想的发端，而且在后来的历史长河之中也一直被延续和保留。直至今日，它又获得了进一步的发展，可以说，当代中国的改革开放也是中国传统变易思想的发展，它为改革开放事业的顺利开展和深度发展提供了不竭的精神支持和动力。

不仅中国的传统思想具有变化的观念，以此为改革开放提供精神支柱；而且现当代的时代精神也在呼唤着改革与开放，可以说，改革开放是国际形势的要求，是时代精神的体现。近百年来，世界的政治格局、经济模式、科学技术以及价值观念等都发生了巨大的变化。对此，中国共产党必须要在总结历史发展经验、科学认识中国自身发展的最新状况和世界发展新格局的基础上，积极进行理论创新，与时俱进，这既体现了实事求是的唯物主义原则，又充分体现了主体能动的辩证法思想。

总结当前国际与国内形势的变化，大体来说有这三个方面：

其一，“和平、发展、合作成为时代潮流，世界多极化和经济全球化的趋势深入发展，科技进步日新月异。同时，国际环境复杂多变，综合国力竞争日趋激烈，影响和平与发展的不稳定不确定因素增多，我们仍将长期面对发达国家在经济科技等方面占优势的压力。”① 这既是我们进行改革开放所面临的难得的机遇，是改革开放的可能性之所在；又是改革开放所面临的前所未有的严峻挑战，是改革开放的必要性之所在。

其二，中国经济和社会发展进入了持续、健康、快速发展的新阶段，但是也随之出现了一些迫切需要得到有效解决的新问题，如初级阶段所带来的主要矛盾，即人民日益增长的物质文化需要同落后的社会生产之间的矛盾，又如社会的深刻变革所带来的新的矛盾，有经济增长方式的矛盾、政治体制中的矛盾以及关乎民生事业的诸多矛盾，这些问题都亟待改革开放的深入而逐步解决。

其三，社会转型时期的思想多样化。一方面，党和国家在专心于

---

① 《中共中央关于构建社会主义和谐社会若干重大问题的决定》，《人民日报》2006 年 10 月 19 日。

中国特色社会主义经济建设的同时，在社会主义文化建设方面也采取了切实有效的措施，取得了一些积极成果，如人民对党和国家基本路线和大政方针的认可程度显著提高、马克思主义在多元思想之中依然居于主导地位、宽容精神与公德意识成为道德取向的主流等；但另一方面，社会的思想状况也出现了一些对于社会主义健康发展不利的因素，如传统的优秀观念受到较大冲击、价值观念的多样化在一定程度上冲击了马克思主义的主导地位，以及市场经济条件下的道德滑坡等等。这些思想状况的新趋势，既为改革开放的进行提供了有利的思想准备，诸多问题的存在又对改革开放的深入开展提出了新的要求和任务。

改革开放作为一个系统的工程，不仅需要社会存在的各个方面的支持，而且还需要积极地从民族精神和时代精神之中吸取养分和有益的思想资源，这不仅是改革开放顺利进行的思想保证，而且还关系到中华民族自身的命运与当代中国的发展。因此，在改革开放进入到攻坚阶段的当前，重视并充分发掘和弘扬民族精神和时代精神，显得尤为重要和迫切。

中国的改革开放事业是有中国特色的改革开放，是在中国传统文化和民族精神基础上的改革开放，它非但不是对传统的否弃，而且是根植于中华民族五千年文明的悠久文化传统之中。中华民族精神对改革开放的作用和意义主要体现在两个方面：

首先，以儒家为代表的中国传统主导价值观主张重义轻利，为改革开放的健康发展提供价值观上的积极导向。义利之辨是中国传统儒学的重要思想之一，儒家思想认为，义与利体现了人们的道德理想和现实功利，皆是人们与社会的必需之物，不可将两者截然地对立起来。但是，当义与利发生冲突，必取其一的时候，义便居于更加重要的地位。因此，儒家通过义利之辨对现实生活起到一种约束和规范的作用，即不舍义取利，不以利害义。这一思想对改革开放具有重要的价值导向作用。改革开放以来，中国经济建设获得了巨大的发展，人民的生活水平和物质财富得到了显著提高，但与此同时，人们的功利之心和物质的欲望也随之而膨胀，甚至为了达到功利而不择手段，因此，改革开放亟待中国传统重义价值观的引导和帮助。

其次，中国传统的和谐观念和精神对改革开放也具有积极的价值导向作用。和谐是中国传统文化和精神的集中体现，和谐是一个贯穿于宇宙－人生的整体性的观念，简言之，就是将万物之间看作是相互贯通、相互融合、互不分离的整体系统，具体包括了自然和谐、天人和谐、政治和谐、人伦和谐等。改革开放离不开和谐思想的指导。随着中国改革开放的深入，在生产力发展水平和物质文明取得重大发展的同时，一些社会问题也逐渐显露，如在市场竞争之中，人们物质财富上的贫富差距逐渐拉大，造成了阶层间、行业间、职业间的矛盾与冲突。又如地方与地方的发展不平衡，以及由此所带来的政策、机会、福利的不平等，这也是社会的不稳定因素之一。又如由于中国过去经济增长方式的落后，在片面追求经济增长的同时，导致了自然环境的恶化和人与自然关系的紧张等问题。这些问题的解决固然要求经济结构的调整、政治体制的改革和科学技术的发展，但也需要人们思想观念、思维方式的转变，即以和谐观念和精神来指导改革开放的进程，解决在其中所遇到的问题，以及将和谐作为检验改革开放成果的指标之一。

改革开放不仅需要民族精神的支撑，更离不开时代精神的指引，这便要求我们要从社会主义核心价值观的角度来总结凝练当代的时代精神，并用时代精神来指导改革开放。时代精神是历史时代的客观本质及其发展趋势在社会生活领域的反映，具体表现为一定时代中普遍存在的价值取向、道德规范和行为方式。当前的时代精神是和平、发展与合作，这是就全球普遍的经济和政治形势而言的。2001 年 10 月，中共中央在《公民道德建设实施纲要》中把新时期中国的时代精神概括为“解放思想、实事求是、与时俱进、勇于创新、知难而进、一往无前、艰苦奋斗、务求实效、淡泊名利、无私奉献”。

这一时代精神体现在两个方面，一是锐意进取、敢为人先的创新精神。创新是民族繁荣发展的灵魂，是国家兴旺发达的不竭动力，社会主义要保持强大的生命力，就必须通过创新来不断强大自己，而改革正是创新思维的成果之一。因此，加强和倡导创新精神，为改革开放的深入发展提供强大的精神动力支持。二是自主、平等、效率的观念，公平共享、着眼于人的全面发展的人文精神。改革开放一方面是打破过去的“大锅饭”式的平均主义，市场调节，鼓励竞争，因此以效率优先。但是新的时代精神又要求我们将效率与平等放在同等的地位之上，努力为人民群众创造出公平的竞争机会和均等的竞争资源，这既是对改革开放的要求，也是以时代精神对改革开放的引导。

民族精神与时代精神两者又是辩证统一的，民族精神是时代精神形成的重要基础和依托，时代精神则是民族精神的时代性体现，两者共同为改革开放的顺利进行保驾护航。

（二）民族精神和时代精神是社会主义核心价值体系的精髓

2006年中国共产党十六届六中全会明确提出“建设社会主义核心价值体系”，要求“把社会主义核心价值体系融入国民教育和精神文明建设全过程、贯穿现代化建设各方面”，以“形成全民族奋发向上的精神力量和团结和睦的精神纽带”。[①] 建设社会主义核心价值体系的提出，是中国共产党理论创新的重大成果，是在经济全球化和价值多元化的背景下加强社会主义意识形态建设的重要举措，对于形成全民族奋发向上的精神力量和团结和睦的精神纽带，全面推进中国特色社会主义的伟大事业，具有重要意义。这一重大成果充分吸取了民族精神和时代精神的精华，是民族精神与时代精神的统一。

中国当代哲学家张岱年认为，民族精神必须具备两个条件：一是有比较广泛的影响；二是能够激励人们前进，有促进社会发展的作用。[②]

与此相应，中华民族精神是中华民族生命有机体中不可分割的重要组成部分，是古往今来千千万万中国人奋发向上、百折不挠的精神支柱，是中华民族优秀文化传统的基本价值取向。中华民族精神表现在很多方面，其中爱国主义是中华民族精神的核心。爱国主义的内涵并不是一成不变的，而是随着时代和社会制度的变化而不断赋予新的内涵，具有深刻的时代性和历史性。

在中国古代，爱国主义主要是同反对民族分裂、民族压迫，以及反对统治阶级的压迫和封建专制的斗争相联系的；进入近代之后，爱国主义增加了新的内容和特点，主要表现为对外反对殖民主义和帝国

① 《中共中央关于构建社会主义和谐社会若干重大问题的决定》，北京：人民出版社2006年版，第22页。

② 张岱年：《文化传统与民族精神》，北京：教育科学出版社1988年版，第73页。

主义的侵略，捍卫国家的独立和领土的完整，对内反对同列强相勾结、出卖祖国利益的反动统治阶级。

在当代中国，爱国主义与爱社会主义本质上是统一的。中国是社会主义国家，社会主义制度渗透在社会的各个领域和社会生活的各个方面，在新的历史时期，爱国主义的时代主题就是建设中国特色社会主义。因此，以爱国主义为核心的民族精神，对于中国特色社会主义事业的发展起着重要的作用。江泽民在论述精神文明建设时就明确指出："一个民族，一个国家，如果没有自己的精神支柱，就等于没有灵魂，就会失去凝聚力和生命力。有没有高昂的精神，是衡量一个国家综合国力强弱的一个重要尺度。综合国力，主要是经济实力、科技实力，这种物质力量是基础，但也离不开民族精神、民族凝聚力，精神力量也是综合国力的重要组成部分。"①

爱国主义既是中华民族精神的内涵，也是中华民族精神的核心，既是人们对于"生于斯，长于斯，衣食于斯"的祖国的一种神圣的感情，又是人们对故土、同胞以及祖国的一种自然而朴素的感受和体验，是民族自尊心、自豪感和自信心的统一。爱国主义作为社会主义核心价值体系的精髓，对建设有中国特色社会主义伟大事业具有重要的意义，主要体现在以下几个方面：

第一，弘扬和培育爱国主义精神，有助于增强全国人民的民族认同感和归属感。民族认同与民族归属就是对自己所属民族的血缘、语言、地域和历史文化的认同，对所属国家和政治组织及其共同利益和目标的认同，对所属民族的价值信仰、习俗习惯的认同。爱国主义能够强化该民族在文化价值信仰、心理习惯和思维方式等方面的共同性，由此产生出强烈的民族感召力和向心力。英国社会学家马林诺夫斯基认为，文化对于民族成员的作用在于"指示给他看其所能奋斗追求的目标"，② 而大力弘扬和培育以爱国主义为核心的民族精神就可以把所有民族成员的价值取向和精神意志统一起来，为实现共同的民族利益和目标而奋斗。历史经验告诉我们，对于一个民族来说，爱国主义一

① 《江泽民文选》第2卷，北京：人民出版社2006年版，第230－231页。

② ［英］马林诺夫斯基：《文化论》，费孝通等译，北京：中国民间文艺出版社1987年版，第91页。

旦衰竭，就会导致国家精神的崩溃，民族精神的消亡。

第二，弘扬和培育爱国主义精神，有助于维护民族的团结和国家的统一。维护民族的团结和国家的统一，是爱国主义精神的一项基本内容，它在中华民族的发展过程中一直起着重要的作用。在长期的历史发展中，中华民族逐渐形成了一个统一的多民族国家，各民族之间一直存在着政治、经济、文化等各方面的密切联系和交流。历史上各民族之间虽有冲突，但民族团结、国家统一则是主流，这在很大程度上就得益于以爱国主义为核心的民族精神所发挥的凝聚力量。在当今中国，全国各族人民在中国共产党的领导之下，迎来了民族伟大复兴的光明前景，但是我们也应该清醒地认识到民族团结和国家统一任务的艰巨性，因此，应该进一步地发挥爱国主义的精神在维护民族团结和实现国家统一中的重要作用。

第三，弘扬和培育爱国主义精神，有助于推进中华民族伟大复兴的伟业。中华民族的文化是世界文化的发祥地之一，是世界文化发展史上的一座里程碑，中国古代的先进技术长期居于世界的领先地位。但是从近代以来，中华民族百般地受到外国列强的侵略和压迫，加之本国封建统治的腐朽，中国逐步沦为半殖民地半封建社会，国家积贫积弱，社会战乱不已，民不聊生。为了实现中华民族的伟大复兴，无数志士仁人奋发图强，努力寻求救亡保种的道路。首先是孙中山先生领导的辛亥革命，推翻了君主专制制度，为中国的进步打开了大门；其后是中国共产党领导的新民主主义革命和社会主义革命，推翻了帝国主义、封建主义和官僚资本主义这三座大山在中国的统治，建立了社会主义新中国；第三次革命是中国共产党领导的改革开放这场新的伟大革命，全国各族人民在中国共产党的领导下迎来了民族伟大复兴的光明前景。在当前建设有中国特色社会主义伟大事业的过程之中，我们必须要高扬以爱国主义为核心的民族精神，树立民族自尊心，增强自主意识，弘扬主体精神。正如邓小平强调指出："像我们这样第三世界的发展中国家，没有民族自尊心，不珍惜自己民族的独立，国家是立不起来的"。①

第四，弘扬和培育爱国主义精神，把爱国主义精神与坚持社会主

① 《邓小平文选》第3卷，北京：人民出版社1993年版，第331页。

义制度结合起来。社会主义制度是中国近代历史的选择，是人民的选择，近代以来的中国历史证明，只有社会主义才能救中国，只有社会主义制度才能带来国家富强、人民幸福、民族振兴。新中国成立以来的历史也充分证明，社会主义制度可以极大地增强广大人民的主体意识，激发爱国热情，以及投身于经济建设和改革开放的积极性和创造性。因此，只有将爱国主义与社会主义制度紧密地统一在一起，才能给中国人民和中华民族带来光明的前途，才能够实现国家富强、人民幸福、民族振兴的伟大目标。

第五，弘扬和培育爱国主义精神，充分发挥爱国主义精神在发展中国特色社会主义事业中的重要作用。改革开放30多年以来，我们在经济建设、政治体制、文化教育、国际地位等方面取得了一系列重大的成绩和进步，归结原因，都是因为我们开辟了中国特色社会主义道路，形成了中国特色社会主义理论体系。中国特色社会主义是马克思主义普遍真理与中国具体实践相结合的产物，充分体现了爱国主义要求与社会主义基本原则的高度统一。中国特色社会主义发展道路，是致力于实现中华民族伟大复兴的道路，也是爱国主义精神不断发扬光大的道路。因此在当代中国，充分弘扬爱国主义精神就是要不断地发展和完善中国特色社会主义，在改革开放中加快推进社会主义现代化，全面建设小康社会，把中华民族伟大复兴的宏伟蓝图变成美好现实。

第六，弘扬和培育爱国主义精神，把爱国主义精神与坚定不移地巩固党的领导地位和加强党的领导结合起来。自成立以来，中国共产党就肩负起了实现民族独立、人民解放、国家富强，实现中华民族伟大复兴的伟大使命。1949年，中国共产党领导全国人民取得了新民主主义革命的伟大胜利，建立了新中国，结束了旧中国的那种四分五裂、民族蒙受屈辱、民不聊生的局面，中华民族从此走上了独立、民主、统一、富强的光明道路。社会主义改造完成后，又确立了社会主义基本制度。1978年以来，中国共产党领导全国各族人民在改革开放的伟大旗帜之下，大胆探索、积极创新，大大加快了中国社会主义现代化建设的步伐，使得中华民族的面貌发生了历史性的变化。这一切都充分地证明了，中国共产党是全国各项事业和各族人民的领导核心，是国家繁荣昌盛、人民幸福安康、民族团结统一的根本保证。因此，在新的历史形势之下，在大力弘扬爱国主义精神的同时，必须将其与拥护中国共产党的领导有机地统一起来，坚定不移地维护党的领导地位。

因此，建设中国特色社会主义核心价值体系不能离开以爱国主义为核心的民族精神，社会主义核心价值体系所包含的基本价值理念是中华民族精神在新的历史条件下的具体反映，是对中华民族精神的传承、发扬和光大。在国际和国内形势发生深刻而复杂变化的今天，大力弘扬以爱国主义为核心的民族精神，有助于突显社会主义核心价值体系的民族特色和中国气派。

社会主义核心价值体系的精髓不仅包含着民族精神，而且还蕴含着时代精神。以改革创新为核心的与时俱进、开拓进取、求真务实、奋勇争先的时代精神，是推动时代发展和进步的精神动力，是建设中国特色社会主义的重要精神源泉。在新世纪的新阶段，我们要始终立于时代潮流的前列，紧扣世界的发展趋势和时代的主题，大力弘扬和培育以改革创新为核心的时代精神。

在时代精神的丰富内涵中，改革创新是核心，它是在改革开放的过程中形成和发展起来的，它包括了锐意进取、敢为人先的创新精神，坚忍不拔、自强不息的坚定品格，扶贫济弱、公平共享的人文精神，自主、平等、竞争与效率的市场观念，以及民主、科学和法治的现代理念，其中改革创新居于核心地位。所谓改革，就是在保持社会基本制度不变的前提下，对不适合生产力发展水平的经济体制和政治体制进行变革，以促进社会经济的不断向前发展。所谓创新，就是解放思想、实事求是、与时俱进，不断进行理论创新、体制创新、科技创新和其他创新。无论是改革还是创新，都是要巩固和发展社会主义根本制度，不断满足广大人民群众日益增长的物质文化需要，实现中华民族的伟大复兴。作为社会主义核心价值体系精髓的时代精神具体体现在以下几个方面：

第一，以改革创新为核心的时代精神要求我们坚持解放思想，实事求是，做到与时俱进。解放思想，就是一切从实际出发，在马克思主义的指导下，打破不适合现实的陈旧观念和主观偏见的束缚，使人们的主观认识不断适应并符合多变的客观世界。它是中国共产党的思想路线，是中国化的马克思主义的精髓，是我们认识新事物、适应新形势、完成新任务的根本思想武器。正如邓小平同志所说：“解放思想，是指在马克思主义指导下打破习惯势力和主观偏见的束缚，研究新情况，解放新问题”。[①] 只有真正做到了解放思想，才能实事求是，也才能与时俱进。与时俱进，就是要准确把握时代的脉搏，站在时代的前列，不断调整发展方向和思路，不断进行理论创新和实践创新。马克思主义政党之所以能够永葆生机，具有强大的生命力，就在于它能够在实践中与时俱进，不断创新。

第二，以改革创新为核心的时代精神要求我们要弘扬和培育竞争精神。竞争是经济发展、社会进步最基本的推动力量之一，它不仅表现为个人、民族或国家之间的关系状态，而且还内化为人的精神世界，成为奋发图强的精神力量。在全球化的今天，一个民族或国家是否具备强大的国际竞争力和竞争精神，直接关系到社会的活力、民族的发展前途和国家的国际地位。实际上，改革开放的30多年就是一个从禁止竞争到鼓励竞争的过程，改革开放所取得的伟大成就正是竞争精神的集中体现。当前，在世贸组织的框架内，中国企业面临着强大的跨国企业的激烈竞争，中国也相应地确立了完善社会主义市场经济的战略任务，激烈的竞争逼迫着我们要将改革进一步地深入，而改革所带来的相关群体和阶层的阵痛也越来越大。因此，我们必须要强化整个民族的自由竞争意识，培育和提升企业和个人的竞争精神，这是建设社会主义核心价值体系面临的一项极为迫切又极为重要的任务。

第三，以改革创新为核心的时代精神要求我们进一步加强以人为本的理念，实现社会的公平正义，努力建设社会主义和谐社会。以人为本是改革开放以来中国共产党治国方略中体现的重要时代精神。坚持以人为本，就是要坚持广大人民在建设中国特色社会主义事业中的主体地位，一方面要坚持依靠人民，充分发挥人民群众的积极性和创造性；另一方面要坚持发展成果由人民共享，以最广大人民群众的根本利益为党和国家政策的出发点和落脚点。坚持以人为本，就是要努力实现社会的公平正义，使社会各方面利益关系得到妥善协调，人民内部矛盾和其他社会矛盾得到正确解决。只有努力实现公平正义，才能从根本上达到社会主义和谐发展的要求。

第四，以改革创新为核心的时代精神要求我们进一步弘扬和培育民主法治精神。民主法治是现代国家的基本标志和要求，是时代精神

① 《邓小平文选》第2卷，北京：人民出版社1994年版，第279页。

的体现。因此，改革创新必须要在民主法治的指导之下进行，才能得到健康和稳定的发展。中国已经确立了建设高度发达的社会主义民主政治的目标，法治国家建设也纳入了社会主义政治文明建设的日程之中。鉴于中国缺乏民主法治的历史传承，民主法治建设缺乏深厚的精神文化底蕴，因此，弘扬和培育民主法治精神是民主政治建设十分紧迫的任务，这也是社会主义市场经济健康运转对政治上层建设的要求。

（三）用精神支柱撑起精神家园

以爱国主义为核心的民族精神和以改革创新为核心的时代精神，共同构筑了社会主义核心价值体系的精髓，它既是民族文化最本质、最集中的体现，又是社会进步的发展方向。社会主义核心价值体系涵盖了社会发展的指导思想和价值取向，决定着社会意识的性质和方向，影响着人们的思想观念、思维方式、行为规范，引领着社会思潮。因此，社会主义核心价值体系作为当代中国社会主义建设和中国人民的精神支柱，给我们注入了新时代的共同理想，撑起了我们的精神家园。

在今天，我们之所以要以社会主义核心价值体系作为精神支柱来撑起我们的精神家园，其必要性主要体现在以下几个方面：

其一，国际环境的深刻变化要求我们用社会主义核心价值体系的精神支柱来撑起精神家园。进入新世纪以来，国际形势发生了深刻变化，一是二十世纪九十年代前后，苏联解体和东欧剧变，国际共产主义运动暂时处于低潮，这对中国人民的共产主义理想信念产生了极大冲击；二是在以西方发达国家为主导的经济全球化的浪潮之中，西方发达国家出于各种目的，极大限度地兜售其政治观点、价值观念和文化传统，其中的许多糟粕对中国人民的精神家园建设产生消极的影响；三是以互联网为主要代表的高科技媒体已成为重要的舆论阵地和国际舆论斗争的新领域，一些西方国家力图利用互联网进行意识形态和文化的渗透，这不可避免地会冲击中国人民的社会主义精神信念。因此，在这种国际环境之下，我们应该努力用社会主义核心价值体系的精神支柱来撑起精神家园。

其二，国内环境的重大变化要求我们用社会主义核心价值体系的精神支柱来撑起精神家园。随着改革开放的深化和社会主义市场经济的发展，由此带来了一系列复杂而深刻的变化，突出地表现为社会经济成分多样化、社会组织形式多样化、就业方式多样化、利益关系和分配方式多样化等，这些社会存在层面上的客观变化也相应地带来了思想认识的多变性和价值观念的多变性。这些新的变化对人们的精神生活的影响主要体现在价值观念、价值取向的多元化对主流价值体系的冲击，以及意识形态一元化格局被打破等。随着改革开放速度的加快，各种思想意识激烈碰撞，思想观念和价值取向逐渐多元化，一些非马克思主义、反马克思主义的思潮冲击着主流价值观念，与社会主义价值观念背离的甚至颓废腐朽的思想乘机而入，封建迷信和愚昧的思想观念沉渣泛起，对人们的思想意识产生了严重影响。因此，在这种严峻的国内环境之下，我们应该努力用社会主义核心价值体系的精神支柱来撑起精神家园。

其三，党自身状况的一些变化要求我们用社会主义核心价值体系的精神支柱来撑起精神家园。改革开放以来，广大党员干部都不同程度地克服了过去的僵化观念、小农意识和保守心理，增强了公仆意识、服务意识和科学决策意识等。但是，也有相当部分的党员干部在思想道德和价值观念上不适应党的事业的新型要求，经受不住考验，人生观和价值观发生偏离、扭曲和错位。这主要表现在三个方面：一是体现在政治信仰上，表现为理想信念淡薄，政治意识淡化，迷失政治方向，不讲政治原则等；二是体现在工作作风上，表现为贪图享乐，脱离群众，官僚作风，搞人身依附、裙带关系等；三是体现在道德观念上，表现为以权谋私，任人唯亲，精神空虚等。以上这些问题的存在，严重削弱了全国人民和执政党的创造力、凝聚力、战斗力，严重侵害了中国人民的精神家园。因此，必须引起全国人民的共同警醒，加紧建设社会主义核心价值体系，以其作为我们的精神支柱来撑起精神家园。

用社会主义核心价值体系作为构筑精神家园的支柱，主要体现在树立中国特色社会主义共同理想和以马克思主义为主导内容的两个方面。

理想体现了人们对美好生活的向往和追求，是一个人的发展蓝图，是一个政党治国理政的旗帜，是一个民族奋斗前进的向导，是一个国家走向繁荣富强的精神动力。当前，中国正处在快速发展的关键时期，机遇和挑战、成绩和问题以前所未有的态势展现出来。因此，用社会主义核心价值体系作为我们的共同理想和精神支柱，来凝聚全党全国各族人民，显得尤为重要。发展中国特色社会主义需要共同理想，其原因可以概括为四个方面：

第一，共同理想能够为中国人民指明奋斗的目标和方向。建设中国特色社会主义事业，只有使广大人民群众在发展道路与前景、根本利益与价值取向、社会理想与未来愿景等问题上达成共识，才会有共同的前进动力和奋斗目标。

第二，共同理想能够使全国人民进一步坚定社会主义信念。改革开放30多年来，中国各项社会主义事业快速发展，取得了举世瞩目的成就，中国特色社会主义的理想信念深入人心，但是在这个发展过程中，不少人在思想认识上出现了困惑，在理想信念上出现了危机。因此，我们必须以社会主义核心价值体系来坚定全民族共同的理想信念，始终保持我们民族昂扬向上、奋发进取的精神风貌。

第三，共同理想具有强大的凝聚作用和激励功能。社会主义建设不是靠某一个人或某一些人就能够完成的，而是需要整个社会的合力，靠共同理想的凝聚和激励作用，将13亿中国人民团结起来才能实现。

第四，共同理想具有基本道德规范和行为准则的作用。在建设社会主义现代化进程中，由于国内外形势的不断变化，新的矛盾和新的问题不断出现，这就要求我们在衡量是非利弊、判断轻重缓急的时候，有个基本的依据和价值准则，否则会出现思想的混乱和社会的动荡。社会主义核心价值体系作为共同理想，规定着人们共同的目标，对每个人都具有内在的感召力和外在的约束力，因此对于形成和维护安定有序的社会局面，构建和谐社会，促进社会的科学发展都有着十分重要的意义。

建设社会主义核心价值体系的根本任务是，坚持马克思主义在意识形态领域中的指导地位，始终用马克思主义中国化的最新成果来武装全党、教育人民，不断巩固和发展社会主义意识形态。精神家园需要用思想理论来加以构筑，但是在全球化、多元化的时代背景之下，用什么样的思想和理论来支撑起我们的精神家园，并以此来更好地为建设中国特色社会主义事业服务，便成了一个根本性的问题。对于这个问题，我们要坚持马克思主义是社会主义核心价值体系的灵魂，这是我们精神家园的主体内容，而坚持马克思主义的灵魂作用就是坚持马克思主义中国化的灵魂作用，两者体现了矛盾的普遍性与特殊性的辩证关系。

党的十七大报告强调，要“坚持不懈地用马克思主义中国化最新成果武装全党、教育人民”，并为此“开展中国特色社会主义理论体系宣传普及活动，推动当代中国马克思主义大众化”。[①] 当代中国马克思主义是马克思主义普遍原理同中国具体实践相结合的产物，从内容到形式，无不深深浸润着浓浓的中国国情、社情、民情，是具有着中国作风、中国气派和中国风格的马克思主义。正因为如此，当代中国马克思主义才能够为中国最广大的人民群众所认同，并能够扎根于中国的土壤之中，熔铸在中华民族的生命之中，也正因为如此，当代中国马克思主义也才能够更好地体现了民族精神和时代精神，成为社会主义核心价值体系的主体内容。

四、改革开放的道德基石

改革开放 30 多年来，随着中国经济建设的发展，社会面貌发生了巨大变化。一方面，伴随着经济建设和各项社会事业的蓬勃发展，党和国家大力加强精神文明建设活动，社会整体生活状况和文明程度得到了提升，中国社会快速迈进了现代社会的轨道。特别是 2001 年 10 月党中央颁发《公民道德建设实施纲要》以来，全体社会公民的道德建设迈上了一个新台阶，社会道德状况发生深刻的变化，广大人民的道德生活水平得到很大改善，为中国特色社会主义道德文化的持续发展奠定了基础。

另一方面，在经济社会全面发展的同时，一些领域的道德状况也出现了令人担忧的局面，在很多地方出现了道德缺失的现象。这是改革开放进程中出现的问题。这一现象的出现，反映了社会意识与社会存在的密切关系。改革开放是一项历史性的伟业。改革开放是全体中国人的事业，需要筑牢社会主义道德基石，从而有效防止改革开放的事业走向歧途。推进和发展社会主义道德建设，尤其是构筑中华民族道德之魂，离不开改革开放的事业。社会主义核心价值体系的建设，

① 《中国共产党第十七次全国代表大会文件汇编》，北京：人民出版社 2007 年版，第 33 页。

从根本上说，体现的是改革开放的最终价值取向。

（一）改革开放需要社会主义道德基石

改革开放的伟大事业，其最终目的仍然是为了解决生产力和生产关系、经济基础和上层建筑之间的矛盾，体现社会主义制度的优越性。邓小平指出："社会主义的优越性归根到底要体现在它的生产力比资本主义发展得更快一些、更高一些，并且在发展生产力的基础上不断改善人民的物质文化生活。"① 更快、更高就是要求社会主义事业要有快节奏、高起点，其发展的目的就是为了满足广大人民物质文化生活的需要，这是改革开放事业体现出的最大的政治。

但是，随着改革开放事业的进一步发展，经济全球化进程也在加快，各种社会思潮风起云涌，直接冲击着改革开放的事业。与此同时，市场经济的发展对全体国民的道德文化素质也产生了某种程度的影响，公民道德状况也在悄然发生着变化，出现了道德文化领域的价值多元化，甚至在某些领域和部门，在一些人身上出现了文明意识缺乏、人文素养缺失、公民素养缺少的"三缺"现象。究其根本原因就是不守道德底线，道德自律意识淡薄。这一切都表明，改革开放的事业需要我们筑牢社会主义道德基石。

1. 伴随着中国卷入全球化的进程，各种社会思潮对社会主义核心价值体系提出了挑战。能不能坚持改革开放，如何坚持改革开放，必须要筑牢社会主义事业的道德基石

2007 年 6 月 25 日，胡锦涛在中央党校发表讲话指出："新世纪新阶段，我国发展站在了新的历史起点上。我们必须科学分析我国全面参与经济全球化的新机遇新挑战，深刻把握工业化、城镇化、市场化、国际化深入发展形势下我国各项事业发展面临的新课题新矛盾，深入贯彻落实科学发展观，更加自觉地促进科学发展，奋力开拓中国特色社会主义更为广阔的发展前景。"② 改革开放进入到新的世纪，开始了更为波澜壮阔的历史进程。随着社会主义各项事业的顺利开展，中国

① 《邓小平文选》第 3 卷，北京：人民出版社 1993 年版，第 99 页。

② 胡锦涛：《坚定不移走中国特色社会主义伟大道路为夺取全面建设小康社会新胜利而奋斗》，《人民日报》2007 年 6 月 26 日。

社会在经济、政治、文化等几乎所有的领域，与世界的整体发展都发生着越来越密切的关系。

全球化虽然是人类进入近代以来的历史进程，但是全球化的逻辑绝不是简单的世界历史逻辑的平铺直叙。全球化带来的是政治、经济、文化、军事等全方位的相互影响、相互渗透的局面，这是全球化在制度层面发展的现状。随着全球化的深入，思想文化乃至观念领域也被全球化的逻辑所渗透。意识形态和价值观的冲突对于任何一个卷入全球化进程的国家和民族来说都是一个巨大的挑战。西方国家利用其文化扩张战略，不断向中国输送其所谓的“优秀道德文化”，倡导以个人奋斗为核心的个人主义价值观，推行自由、民主、平等、博爱的道德观念，鼓噪拜金主义、享乐主义、实用主义，以此来腐蚀和拉拢青年一代，最终达到其西化的图谋。其中，个人主义道德价值最值得我们警惕和防范。

个人主义是近代以来资产阶级在兴起过程中产生的道德价值观念。资本主义在开拓世界市场、推行殖民运动过程中，鼓励一切形式的冒险活动，大力倡导个人主义思想。个人主义的核心是我只对自己的一切负责。它的最主要的特征就是一切从个人利益出发，个人利益至上，个人利益永远超越于集体和社会利益之上。个人主义是一种利己主义。利己主义的价值出发点是：人的本质是自私的，认为一切人都是唯利是图，人的一切行为都是尔虞我诈，没有真诚和友爱可言。极端的个人主义主张个性绝对自由，个人的一切欲望都应该得到满足，而不管其手段的好坏。

资本主义在其产生的初期，鼓励个人主义对于冲破封建主义生产关系的束缚应该说起到了一定的作用。但是，随着殖民扩张的进一步发展，个人主义就成了冒险主义、自私自利的、彻头彻尾的利己主义。这种个人主义与资本结合在一起，就构成了资本主义从头到脚都滴着血和肮脏的历史场景。随着全球化进程的加快和深入，这种资产阶级的个人主义价值观念对中国社会的道德文化产生着直接的影响。西方国家利用各种文化交流的手段，向中国输送各种形式的个人主义、利己主义的道德价值，特别对青少年群体产生了消极的影响。以美国电影大片为代表的西方文化产品，以极其隐秘而巧妙的方式，将西方文化中的个人主义道德价值，潜移默化地输入到广大青少年群体中。而伴随着中国生育政策带来的独生子女时代也不期而至，80后、90后，乃至2000后的青少年群体的道德价值观不可避免地遭受到个人主义价值观的冲洗，他们中的不少人陷入个人主义、利己主义而不能自拔。切实改变这一状况，就必需筑牢社会主义道德文化基石，运用社会主义核心价值来引导青少年，加强道德修养，提升道德境界，增强他们明辨是非、甄别善恶、分清美丑的能力。

当然，要想真正筑牢社会主义道德基石，将改革开放事业顺利推进，还必须解决道德领域价值多元化带来的消极影响。

2. 社会主义市场经济的全面展开，不自觉地催动了社会价值追求的多元化。改革开放事业有没有后劲，能不能进一步推进中国特色社会主义历史进程，也离不开牢固的社会主义道德基石

改革开放事业的顺利开展得益于社会主义市场经济体系的确立和完善。应当说，社会主义市场经济的开创是对马克思主义社会发展道路理论的极大推进。30多年改革开放事业的成功离不开市场经济对社会主义生产力的不断提升。市场经济在改变生产力结构的同时，也深刻影响着生产关系的构成。经济基础的变化也带来了上层建筑的改变。在市场经济充分发展的历史进程中，市场选择的趋利性促使人们采取各种不同的价值判断标准，为自己的行为确立依据。价值判断的多元化，直接导致市场主体的多元化。随着市场经济的规模和范围逐渐扩大，社会上各种利益关系经历着重组和分化，各种社会矛盾开始凸显。其中表现最为突出的就是中国社会贫富差距愈益明显，社会阶层分化严重，社会公正体系遭受挑战，道德缺失现象愈益突出。

概括30多年改革开放进程中出现的道德缺失现象，主要体现在以下四个方面：

第一，集体主义思想逐渐淡化，个人主义、利己主义思想抬头。传统计划经济体制下形成和积累的集体主义道德意识，随着市场经济建设，遭遇到多重挑战。其中包括市场对经济逐利行为的单方面肯定，二十世纪八十年代末自由化思潮带来的冲击，国有企业改革进程中的工人阶级意识淡化，以及集体主义道德教育的泛化和某种程度的脱离实际，等等，都是影响集体主义道德价值观远离社会生活的根本原因。集体主义、国家利益在某些人眼里甚至变成了可以嘲弄的对象。

第二，善恶、美丑、是非观念混乱，功利主义、工具主义盛行。

为人民服务、集体至上、公而忘私等传统的集体主义道德价值在市场经济的浪潮中，被不断兴起的淘金热、下海潮、拜金浪席卷而去。社会上一些人善恶不分、美丑不辨、是非不明，权力、良心、人格变成了获取金钱的手段。一些人见利忘义、损公肥私、贪污腐化、以权谋私、堕落成性。为了自己的利益，一些人不惜牺牲国家、民族、集体和他人利益。假冒伪劣产品充斥市场，“罪恶的”资本在人们的社会交往中充当了沟通一切的桥梁。

第三，社会公德意识淡漠，良好公德意识的教育和养成日益困难。良好的公德意识不仅表现在人们在公共场合的行为有序，而且更为重要的体现在社会成员对整体生存环境的关注。但是，这种公德意识在现实中却相当缺乏。如公共场所的脏乱差、道路交通中的拥挤堵，以及公共卫生环境的无人管理、公共生活环境的垃圾化等等，都是公德意识缺失的表现。2011 年 10 月 13 日发生在佛山的小悦悦事件，更是将社会公德缺失、公众良心失落表现得淋漓尽致。不要与陌生人说话已经成为社会冷漠综合症的最为典型的行为标准。

第四，人际关系紧张，人情冷漠，社会诚信体系亟待重建。中国人记忆中的夜不闭户、路不拾遗的道德美景已经成为历史的烟云。改革开放带来的城市化进程，打乱了中国人生活的基本格局，古老的乡土社会开始转型，乡里乡亲的人际关系基本被改变。城市社区、工厂企业、集贸市场，人与人之间的不信任状态相当程度的存在。人际关系的恶化直接导致政府诚信、商业诚信、学术诚信遭遇挑战。同时，社会诚信体系的失落又反过来增加了人际交往的障碍，互帮互助、相互信任、宽松和谐的社会风气愈益显得珍贵。学术诚信的恶化在某种程度上预示着中国社会最为核心的精神生活的衰落，这是全社会最需要迫切予以解决的问题。

总的来说，当前道德价值取向的多元化，价值冲突的激烈趋势，都与市场经济的利益多元化直接相关。集体主义道德原则的淡出，个人主义、功利主义、工具主义、极端功利主义在现实生活中的流行，需要我们重新审视改革开放事业发展的道路和方向。只有解决好这些问题，才能够保证社会主义市场经济的发展朝着良性发展的方向迈进，改革开放的事业持续稳定的进行。邓小平早在 1982 年就曾指出：“我们要建设的社会主义国家，不但要有高度的物质文明，而且要有高度的精神文明。所谓精神文明，不但是指教育、科学、文化（这完全是必要的），而且是指共产主义的思想、理想、信念、道德、纪律，革命的立场和原则，人与人的同志式关系，等等。”① 在改革开放初期，邓小平就对社会主义事业的本质属性做出了高瞻远瞩的预言，实际的历史进程也证实了邓小平理论的科学性和预见性。

为此，中国共产党针对精神文明建设也做出了积极的理论和实践探索，如江泽民在1997年就提出：“人类社会发展的历史证明，一个民族，物质上不能贫穷，精神上也不能贫穷，只有物质和精神都富有，才能成为一个有强大生命力和凝聚力的民族……社会主义精神文明，是我们进行改革开放和现代化建设的主要目标，也是搞好改革开放和现代化建设的重要保证。”② 这一理论阐明了改革开放的事业本身就包括建设和谐文明的社会，其中道德风尚的优劣是判断的最高标准。社会道德风尚良好，人心凝聚，精神振奋，改革开放的各项事业就能够取得长久的进展。相反，社会道德风尚败坏，人心涣散，精神颓靡，改革开放的各项事业就难以搞好，更不要说持久发展了。

随着改革开放的深入，社会矛盾的凸显带来了价值多元化，进而影响到良好道德风尚的养成。在这样的历史背景下，中国共产党人勇于探索，适时提出了社会主义核心价值体系建设，将社会主义荣辱观建设作为核心价值体系建设的道德基石。

（二）社会主义荣辱观是改革开放的价值取向

改革开放作为推进中国特色社会主义建设的重要抓手，不仅造就了中国社会当代发展的新局面，而且也开启了社会主义发展的新境界、新方向。作为社会主义发展的必然要求，改革开放事业的最终目的是建设社会主义和谐社会，其中以人为本、科学发展是最高的价值取向。如何实现以人为本、科学发展，就必须明确社会主义荣辱观作为改革开放的基本价值取向。反观改革开放30多年的历史进程，从集体主义道德的重建和阐扬，到《公民道德建设实施纲要》的颁布和实施，最

① 《邓小平文选》第2卷，北京：人民出版社1994年版，第367页。

② 《江泽民论有中国特色社会主义》（专题摘编），北京：中央文献出版社2002年版，第382页。

后到社会主义荣辱观的提出和确立，中国特色社会主义的伦理价值取向可谓一以贯之。这一伦理价值取向不仅保证了改革开放事业的顺利进行，也为中国特色社会主义事业迈向新的阶段夯实了道德基石。

首先，集体主义道德为改革开放事业的启动提供了最初的价值定位。

随着“文化大革命”的结束，真理标准问题大讨论的开展，崭新的改革开放事业开始了。面对社会主义发展中出现的新问题、新情况，以邓小平为代表的中国共产党第二代领导集体，深入反思了社会主义精神文明建设的经验教训，提出了以集体主义为核心的社会主义初级阶段的道德要求。这些道德价值不仅反映了中国共产党人勇于接受历史挑战的信心和智慧，同时，也直接为改革开放初期的社会的整体价值取向提供了前提。

集体主义价值原则作为社会主义的基本道德规范，早在革命时期就已经形成了。当社会主义事业面临改革创新的时代要求，如何重新解释和贯彻这一价值原则，需要从现实社会需要的各种层面赋予其更多的内容。概括起来说，这些内容主要包括：坚持社会主义物质利益原则的社会主义功利论，集体利益与个人利益相统一的原则，以“五爱”为核心的社会主义基本道德规范，贯彻培养社会主义“四有新人”的道德教育等。

针对“文化大革命”中流行的“越穷越革命”、“富则变修”的论调，邓小平以高超的马克思主义理论智慧，提出贫穷不是社会主义，将提高人民生活水平，发展生产力作为社会主义的本质要求。据此，邓小平指出：“革命精神是非常宝贵的，没有革命精神就没有革命行动。但是，革命是在物质利益的基础上产生的，如果只讲牺牲精神，不讲物质利益，那就是唯心论。”① 这就把追求物质利益原则作为人们行为的基本价值标准，由此肯定了社会主义功利主义的合理性。历史唯物主义认为，任何时代的道德都建立在该时代的物质利益基础上，离开物质利益空谈道德是不切实际的。社会主义建设追求人们物质利益的实现不是只为少数人，而是为着全体人民。当集体利益与个人利益发生矛盾的时候，个人利益要自觉地服从集体利益。

“我们从来主张，在社会主义社会中，国家、集体和个人的利益在

① 《邓小平文选》第2卷，北京：人民出版社1994年版，第146页。

根本上是一致的，如果有矛盾，个人的利益要服从国家和集体的利益。为了国家和集体的利益，为了人民大众的利益，一切有革命觉悟的先进分子必要时都应当牺牲自己的利益。”① 宣传和弘扬这种高尚的集体主义道德成为改革开放初期的时代最强音。在现实社会中，要想真正落实这种集体主义价值原则，必须旗帜鲜明地反对资产阶级的个人主义和利己主义，反对损人利己、唯利是图。为此，中国共产党提出了以“五爱”为核心的基本道德要求。爱祖国是最为主要的国民公德，爱国主义与社会主义的结合是改革开放的价值追求所在。爱人民体现的是社会主义为人民服务的根本宗旨，改革开放的事业离开了社会主义的本质，就不可能得到广大人民的拥护和支持，必将陷入失败的境地。爱劳动、爱科学则是对广大劳动人民的具体道德要求。面对科学技术日新月异发展的时代潮流，参与改革开放事业的广大民众必须努力做好本职工作，提高劳动技术，刻苦钻研科学技术，紧跟科学技术发展的步伐，贡献每个人的创造力。“五爱”的最终目的落在爱社会主义，这是改革开放时代的最高价值追求。改革开放事业如果背离了社会主义发展道路，那就不可能得到合理的价值基础，最终也会半途而废。

事实证明，集体主义道德原则、五爱的社会主义道德规范，保证了改革开放的顺利进展。尽管期间发生了自由化思潮的震荡，但是，社会主义改革事业没有受到干扰。要保证社会主义事业的长期发展，还必须做好社会主义道德教育工作，这就是培养社会主义“四有新人”。早在1982年，邓小平就提出：“搞社会主义精神文明，主要是使我们的各族人民都成为有理想、有道德、有文化、守纪律的人民。”② 理想就是共产主义远大理想，有道德就是按照社会主义道德严格要求自己，做思想纯正、品德高尚的社会主义新人，守纪律是有道德的最为直接的表现，有文化是改革开放时代创新精神的根本要求。“四有新人”的社会主义人格理想，为投身改革开放事业的人民大众注入了价值指引的活力，从思想上保证了改革开放事业的不断推进。

其次，《公民道德建设实施纲要》的颁布和实施为改革开放的深度

① 《邓小平文选》第2卷，北京：人民出版社1994年版，第337页。
② 《邓小平文选》第2卷，北京：人民出版社1994年版，第408页。

推进提供了固化的价值规范。

2001年10月，中共中央颁布实施了《公民道德建设实施纲要》。《纲要》的颁布和实施，集中了全党全国人民的道德智慧，提升和凝练了广大人民的道德诉求，为改革开放事业的深度推进提供了强力的道德支撑。在对《纲要》的学习和实施过程中，全社会逐渐形成了积极向上、文明有序、健康和谐的良好道德风尚，全体国民的道德素质得到了普遍提高，为中国共产党提出的以人为本的和谐社会建设提供了道义保证。

回顾《纲要》颁布实施的十多年发展历程，我们可以发现中国公民的道德素质在许多方面都有了显著的改进和提升。

第一，符合社会发展的现代道德观念逐渐成为国民追求的主要道德目标。传统的片面的集体主义和偏激的个人主义逐渐被集体主义和个人主义的有机统一取代，一种新型的集体主义观念得以形成。改革开放带来的社会全方位的人员流动，广大落后地区、农村地区人员向发达地区移动，乡村文化与都市文化的交融，传统文化与现代文化的融合，使得全体国民的公德意识不断增强。这一切在中国举办的各种大型活动中都得到了充分的体现，尤其是奥运会、世博会这样的世界性活动，中国国民的道德素质得到了世界的认可。

第二，广大国民道德选择过程的道德自主、道德自觉意识逐渐凸显。改革开放带来的价值多元化趋势不可避免，面对价值选择的多样性，道德选择的理性意识开始觉醒。不同的社会个体、社会阶层在面对多样化的价值选择时，接受和认可的宽容度大大增加。公民的法律意识、敬业意识、礼仪观念等都发生了很大的改观。以理性和宽容为主导的道德自觉意识成为更多年轻一代的价值选择。

第三，全体国民的爱国热情日益高涨，民族自尊心和自信心大大加强，道德模范人物层出不穷。改革开放事业取得的伟大成就提高了中国的国际地位和国际影响，鼓舞了中国人民的爱国热情。中国与国际社会的广泛深入的交往，综合国力的提高，为中国处理一系列国际问题提供了实力保证，直接增强了民族自尊心和自信心。在重大灾难面前，全体中国人团结一致，共度时艰。汶川、玉树地震救灾中所表现出的空前的民族团结，不仅显示了当代中国人的道德情怀，也是对改革开放以来社会主义道德建设成就的最好检验。中央电视台评选的年度感动中国人物，以及全国道德模范的评选也集中展示了新时代的道德风貌。

《纲要》的颁布和实施，极大地推进了中国公民道德建设，热爱祖国、奉献人民、服务社会、促进和谐成为我们这个时代的精神风貌。

最后，社会主义荣辱观的确立和践行为改革开放事业发展提供了高位的价值引领。2008 年全球性的金融危机爆发以来，中国改革开放事业也面临着新的挑战。国际经济政治格局的调整，对中国改革开放的事业推进也产生了影响。改革开放的社会主义事业进入全面转型期。当前，中国社会处在深刻变革当中，一方面经济快速发展，另一方面不同文化之间的交流交融交锋日益明显，对当前人们的思想观念、行为方式和价值取向产生了直接影响，整个社会的价值多元化趋势越发突出。多元化价值取向虽然可以为人们多元化的价值选择提供自由，但是也为许多非主流价值的侵入，乃至混淆是非、善恶、美丑的价值观念带来市场，这也是改革开放事业进入“深水区”所遭遇的最大挑战之一。中国特色社会主义的价值追求出现了诸多的杂音、噪音，甚至于反调，为此需要我们从更高的层次上为改革开放事业的继续开展确立价值引领，完成这一历史任务离不开社会主义荣辱观的确立和践行。

社会主义荣辱观内容丰富，涵盖了爱国主义、集体主义和社会主义思想，既是对中华民族传统美德的继承和发扬，也是对马克思主义世界观、人生观和价值观的高度凝练，体现了思想道德建设的先进性与广泛性、继承性与超越性、自律与他律的有机统一，是当代中国最为基本的价值取向和行为准则，明确了建设社会主义和谐社会的道德价值目标。

根据唯物史观的理论，荣辱观作为一种社会意识，是对社会存在的反映，并且直接影响着特定时代的社会生活。作为具体的规范性的道德观念，社会主义荣辱观也是由现实的社会经济关系决定的。“人们自觉或不自觉地，归根到底总是从他们阶级地位所依据的实际关系中——从他们进行生产和交换的经济关系中，汲取自己的伦理观念。”①社会主义荣辱观作为对特定时代经济关系的反映，体现了当前改革开放事业向纵深发展的道德要求，是对中国特色社会主义事业做出的高

① 《马克思恩格斯选集》第 3 卷，北京：人民出版社 1995 年版，第 434 页。

位伦理辩护。

社会主义荣辱观作为社会主义核心价值体系的道德基石，其所倡导的“八荣八耻”的基本内容，既有对改革开放事业基本要求的界定，也有对改革开放主体道德行为的具体规范。“八荣八耻”是对当前社会主义基本道德规范的本质要求，鲜明地体现了社会主义价值观的根本导向。社会主义荣辱观明确指出了什么是真善美，什么是假恶丑，我们应当坚持什么和反对什么，为全面提升全体国民的个人品格和培育社会公德提供了全面的行为规范。

“以热爱祖国为荣，以危害祖国为耻”，这是改革开放事业的基本前提。高扬爱国主义旗帜，将维护祖国尊严、荣誉和利益与改革开放的中国特色社会主义伟大事业结合在一起。中华民族千百年来发展的历史证明，只有坚持爱国主义传统，才能够确保中华民族立于世界民族之林。中华民族的每个成员，只有把自己的命运和祖国的命运联系在一起，才能够真正实现自己的人生价值追求。

“以服务人民为荣，以背离人民为耻”，这是改革开放事业的最高目的。全心全意为人民服务，一切从人民利益出发，一切从群众中来再到群众中去，这是中国特色社会主义所具有的人民性的根本标志。社会主义事业、社会主义国家、无产阶级政党，都必须走人民群众的路线，只要稍微背弃人民就一定会陷入困境。这是对中国共产党为人民服务崇高理想的继承和发扬，体现了中国共产党立党为公、执政为民的时代发展理念，是党、国家、事业三位一体的价值指向。

“以崇尚科学为荣，以愚昧无知为耻”，这是改革开放事业的时代精神。改革开放的时代精神要求我们不断学习和掌握现代科学技术，跟上时代发展的步伐。科学技术已经成为现时代社会发展的第一生产力，如果不能够崇尚、学习和掌握现代科学技术，其结果一定是个人愚昧无知，民族停滞不前，国家缺乏发展的根本动力。建设社会主义现代化强国，推进改革开放的伟大事业，需要全社会动员起来，学习、掌握和传播科学知识、科学方法、科学思想和科学精神，形成讲科学、爱科学、学科学、用科学的良好社会风尚。

“以辛勤劳动为荣，以好逸恶劳为耻”，“以艰苦奋斗为荣，以骄奢淫逸为耻”，这是改革开放主体的人生态度。改革开放不可能毕其功于一役，也不可能一劳永逸。改革开放是几代人乃至几十代人需要为之努力奋斗的事业。马克思主义对待劳动的态度就是鼓励广大人民辛勤劳动，反对好逸恶劳，主张艰苦奋斗，反对骄奢淫逸。一切社会财富只有通过劳动才能够获得，那种想一夜暴富、靠捷径发财，乃至于挥霍浪费的想法和做法需要予以彻底批判。卫星上天、潜艇入海、粮食高产、高铁奇迹、航母试航等等都是中国人用自己辛勤劳动换来的。树立健康的、积极的人生观对于调动全社会的力量，鼓励广大人民群众投入社会主义建设的热情至关重要。

“以团结互助为荣，以损人利己为耻”，这是改革开放主体的交往定位。同舟共济、勇于担当、和衷共济、互助互爱是社会主义人际交往的基本要求。团结出战斗力、团结出凝聚力、团结出创造力。任何想通过损人利己的方式满足个人、小团体的利益，都违背集体主义的精神，不可能在现实生活中持久。改革开放是国家的事业，是民族的事业，是群体的事业，每个人都积极投身于轰轰烈烈的改革开放的群众事业中去，就一定能够得到自由而全面的发展。

“以诚实守信为荣，以见利忘义为耻”，“以遵纪守法为荣，以违法乱纪为耻”，这是改革开放主体的职业底线。诚信作为道德规范体系的最为核心的理念，体现了道德主体的立身之本、发展之道。诚信也是企业不断能够壮大的精神名片，诚信更是一个社会的道德风向标。改革开放推动的市场经济是法制经济，遵纪守法是现代公民的基本特征，也是公民应尽的社会责任和道德义务。改革开放事业的最后指向是社会主义和谐社会，诚信和谐的人际关系，遵纪守法的社会环境是基础。

社会主义荣辱观作为多元价值冲突与融合时代的道德共识，对于化解当前社会错综复杂的利益纠纷，构建赏罚分明、公平正义的社会环境至关重要。宣传和践行社会主义荣辱观是改革开放事业的高位价值引领，是建构社会主义和谐社会的道德基石。随着改革开放事业的不断深入，中华民族的复兴必将实现，为此构筑中华民族道德之魂就成为当前需要解决的迫切任务。

（三）在改革开放中构筑中华民族道德之魂

改革开放带来经济的发展和繁荣，社会物质生活的极大丰富需要强有力的精神支撑。一个伟大的民族一定要精神强健，发展动力无穷。其中道德文化作为引领社会意识形态的核心价值中的核心，所蕴含的精神力量的强弱，在某种程度上是一个民族是否优秀的标志。为此，构筑中华民族道德之魂成了改革开放事业的必然要求。宣传和践行社会主义荣辱观，培育和造就文明的道德风尚，继承优秀传统道德、吸收外来文化中的优秀道德资源、创造并整合中国特色社会主义道德文化，是中华民族道德之魂构筑的主要内容。

1. **宣传和践行社会主义荣辱观，培育和造就文明的道德风尚，为构筑中华民族之魂提供健康价值引领的社会环境**

社会主义荣辱观建设贵在践行，在全面建设小康社会和加快构建社会主义和谐社会的进程中，需要不断加强社会主义荣辱观教育，努力造就良好的人际关系和社会风气。“社会风气是社会文明程度的重要标志，是社会价值导向的集中体现。树立良好的社会风气是广大人民群众的强烈愿望，也是经济社会顺利发展的必然要求。在我们的社会主义社会里，是非、善恶、美丑的界限绝对不能混淆，坚持什么、反对什么，倡导什么、抵制什么，都必须旗帜鲜明。要在全社会大力弘扬爱国主义、集体主义、社会主义思想，倡导社会主义基本道德规范，扶正祛邪，扬善惩恶，促进良好社会风气的形成和发展。”①

改革开放的强劲动力将中华民族快速带进现代社会。中国共产党人带领中国人民从事的改革开放事业是几千年来中华民族所面临的重大变局。在改革开放进入到关键时期，中国社会转型面临着各种矛盾和挑战的时候，构筑中华民族道德之魂显得尤为重要。强其魂健其体，迫切需要树立、宣传、践行社会主义荣辱观。

首先，我们需要将社会主义荣辱观的践行与中国特色社会主义各项事业紧密结合在一起，营造中华民族之魂的整体事业环境。

目前各项事业的重心是构建和谐社会、继续发展市场经济、深入开展创先争优活动、加强共产党员纯洁性教育等。和谐社会的建设不仅需要法律和各种规章制度的外在约束，更需要道德规范的自我约束。社会主义荣辱观倡导的德性与规范相统一的道德价值无疑是和谐社会构建的基础。中国特色社会主义事业的成败取决于全体社会成员的思想道德素质的高度。

---

① 胡锦涛：《牢固树立社会主义荣辱观》，《十六大以来重要文献选编》（下），北京：中央文献出版社 2008 年版，第 317 页。

百业德为先，践行社会主义荣辱观就是要求广大民众树立健康的世界观、人生观、价值观、事业观等，构筑其牢固的思想道德防线，确保社会事业全面、持久、深入地开展下去。党的建设事业莫不如此。胡锦涛在中国共产党成立85周年的讲话中指出："广大党员特别是党员干部要模范地发扬党的优良传统和作风，模范地实践以'八荣八耻'为主要内容的社会主义荣辱观，常修为德之政，常思贪欲之害，常怀律己之心，自觉抵御拜金主义、享乐主义、极端个人主义等消极腐朽思想文化的侵蚀，真正做到为民、务实、清廉，为在全社会树立社会主义道德风尚作出表率。"[①] 践行社会主义荣辱观关乎党的先进性、纯洁性，这是目前中国社会各项事业的最终保证。作为中华民族先进分子的共产党员能够自觉带头践行社会主义荣辱观，中华民族道德之魂的构筑一定能够获得坚强的主体支撑。

其次，我们需要将社会主义荣辱观的践行贯穿进全社会道德教育的整个过程，为构筑中华民族之魂提供良好的社会风尚。

树立良好的社会风气既是广大人民群众的迫切愿望，也是改革开放各项事业的必然要求。为此，必须在全社会开展社会主义荣辱观教育，将社会主义荣辱观的践行落实到道德教育的各个环节中去。社会公德、职业道德、家庭伦理道德和个人品德是社会道德教育的四大领域，搞好这些领域的道德教育，一定能够使全社会成员明是非、知荣辱、辨善恶、分美丑，不断增强责任意识，正确处理国家、集体和个人之间的利益关系，成为有理想、有道德、有文化、有纪律的社会主义公民。

在社会道德教育过程中，我们需要重点关注青少年群体。青少年是祖国的未来、民族的希望，是中国特色社会主义事业的未来建设者和接班人。帮助广大青少年树立和践行社会主义荣辱观，是当前青少年思想品德教育的重大课题。抓好四大领域和青少年的道德教育，是强健中华民族道德之魂的必由之路。

最后，我们需要将社会主义荣辱观的践行与广大民众的道德实践结合在一起，为构筑中华民族道德之魂提供持续不断的动力。

---

① 胡锦涛：《在庆祝中国共产党成立85周年暨总结保持共产党员先进性教育活动大会上的讲话》，《人民日报》2006年7月1日。

人民群众是历史的创造者。构筑中华民族道德之魂离不开广大人民群众的道德实践。社会主义荣辱观的践行是自觉的道德实践过程，要坚持知行合一，真正将学习教育活动与道德实践结合在一起，在广大人民群众中开展生动活泼的道德实践。如改革开放以来广泛开展的创建文明城市、文明村镇、文明单位、文明社区、文明家庭等精神文明创建活动，公民道德宣传日活动，感动中国人物评选活动，全国道德模范评选活动，在公共场所、旅游景点、文化市场、新闻传媒、互联网等重点领域开展的文明整治活动，等等。这些活动将“八荣八耻”的基本道德要求转化为广大民众的日常行为，使懂礼貌、知礼仪、重礼节、讲道德、行文明成为社会风尚。只要现实生活中的每个人都能够积极践行社会主义荣辱观，做到真知、真行，中华民族道德之魂的构筑就指日可待。

2. **在继承中创新，在吸收中创造，整合中国特色社会主义道德文化，构筑中华民族道德之魂**

中华民族之魂的构筑离不开中华民族创造的优秀价值传统，同样也离不开世界民族创造的各种优秀价值理念。与此同时，社会主义在其长期发展的进程中也积累了许多优秀的价值文化，只有将这些不同时期、不同民族创造的各种优秀价值观念和道德文化整合在一起，才能够真正构筑起富有中国特色、富于时代内涵的中华民族道德之魂。

中国传统社会经历了几千年的文明发展过程，孕育了富有民族特色的中华传统价值体系。在这一价值体系中，伦理道德观念体系又最为集中的反映了中国传统社会在持续不断的发展过程中所发挥的作用。可以说，中国传统社会的政治伦理型的发展特征，决定了传统道德资源的不可替代性。

具体说来，我们大致可以从人生之道和社会之道两个层面对中国传统社会的伦理价值作出总结，并汲取其中积极的内容。

从人生之道的层面看，由于儒家道德基本占据了传统社会的主流，其所倡导的修齐治平的人生进阶是以格致诚正为前提的。这就使得个人修养的高低优劣决定了其参与社会生活的深浅。一个没有道德的人是不可能被社会接受的。儒家确立的崇德厚礼的德性文化，非常关注礼义廉耻的荣辱观，这对于我们践行社会主义荣辱观有着直接的启示意义。

从社会之道的层面看，儒家道德构筑了较为全面的社会伦理道德体系。在社会政治治理中，儒家强调民惟邦本与选贤任能的政治价值取向；在社会经济生活中，以义制利和以理制欲的经济价值取向是主流；在社会交往方面，和衷共济和天下大同是我们追求的社会理想。可以说，传统道德所渴求的身心和谐、群己和谐、天人和谐理念是传统价值观的最为核心的要求，这些优秀的道德价值曾经是中华民族道德之魂的重要内容，对于今天构筑新时代的中华民族之魂仍然具有积极作用。

任何民族的文明发展都离不开世界历史发展的舞台，这是中华民族文明在当代的延续乃至崛起的时代要求。构筑中华民族道德之魂需要积极吸纳西方道德文化的优秀资源，为我所用。西方文明在其发展进程中，创造了很多道德价值观念，对于推进人类文明的发展，改变人类生存的状态，作出了积极的贡献。

对于这些先进的价值观念，我们无需怀疑，更不要摒弃，而是以健康的拿来主义予以吸纳。温家宝明确指出："科学、民主、法制、自由、人权，并非资本主义所独有，而是人类在漫长的历史进程中共同追求的价值观和共同创造的文明成果。只是在不同的历史阶段、不同的国家，它的实现形式和途径各不相同，没有统一的模式。"① 作为共同的价值理念，科学、民主、自由等也反映和代表了广大人民群众的愿望，也是我们处理人与自然、人与社会、人与自我关系的价值原则。只要我们采取积极的态度，在拿来吸收中予以创造，就能够成为我们民族道德之魂的内容。

在近一百年的革命和建设过程中，中国共产党人通过自己的努力，带领中国人民彻底清洗了鸦片战争以来的民族耻辱，建设起一个文明、富强、民主的社会主义国家。30 多年的改革开放进程更是推进了一个历史超悠久、体量超大型的现代文明国家的不断发展与崛起。在这一系列历史进程中，中国共产党人怀着高度的文化自觉意识，不断创造、积累着新型的社会主义道德文化，并将之融铸进中华民族的道德之魂中。为人民服务、集体主义、培养社会主义新人、以人为本、科学发

① 温家宝：《关于社会主义初级阶段的历史任务和我国对外政策的几个问题》，《人民日报》2007 年 2 月 27 日。

展等带有鲜明时代特征和共产党人求索精神的一系列道德价值理念，为最终形成中国特色社会主义道德文化提供了充足的资源。这些崭新的道德文化为构筑与时俱进的中华民族道德之魂提供了最直接的营养。

改革开放事业带来的历史机遇，为中华民族正确认识自身的历史，理性地对待西方文化的冲击，在高起点、高势位重新构筑民族道德之魂提供了基础。只要我们坚持改革开放的路线不动摇，中华民族魂强体健的文化发展目标就一定能够实现。

第四章　改革创新精神丰富和深化了社会主义核心价值体系

党的十一届三中全会拉开了我国改革开放的历史大幕。走自己的道路，建设中国特色社会主义，这是人类历史上从来没有的，要靠中国共产党人和中国人民披荆斩棘，奋勇开辟。从此，由改革开放所开辟的中国特色社会主义道路凝结成中国特色社会主义共同理想，成为社会主义核心价值体系的主题，在改革开放进程中所升华的改革创新的时代精神成为社会主义核心价值体系的精髓。这一主题和精髓，凝聚起全党和全国各族人民的智慧和力量，发掘起整个国家和民族所蕴藏的一切潜能，汇聚成民族的统一意志和国家的强大战斗力。中国人民开始中国特色社会主义的伟大征程，谱写了中华民族自强不息、顽强奋进的时代新篇章。

党的十七大报告明确指出：改革开放是决定当代中国命运的关键抉择，是发展中国特色社会主义、实现中华民族伟大复兴的必由之路；只有社会主义才能救中国，只有改革开放才能发展中国、发展社会主义、发展马克思主义；改革开放符合党心民心、顺应时代潮流，方向和道路是完全正确的，成效和功绩不容否定，停顿和倒退没有出路。这些重要论断，为我们正确看待改革开放重大决策提出的时代意义，深刻理解和把握改革开放的伟大成就，提供了正确导向。

胡锦涛总书记在谈到改革开放伟大意义时指出，我们党作出改革开放的重大决策，主要有两方面的背景。一方面，从我国自身的情况看，“文化大革命”十年内乱，使党、国家和人民遭受严重挫折和损失。“文革”结束时，“就整个政治局面来说，是一个混乱状态；就整个经济情况来说，实际上是处于缓慢发展和停滞状态”。[①] 我们必须通

① 《邓小平文选》第3卷，北京：人民出版社1993年版，第264页。

过改革开放，增强我国社会主义的生机活力，解放和发展社会生产力，改善人民生活。另一方面，从外部环境看，二十世纪七十年代世界范围内兴起如火如荼的新科技革命，推动世界经济以更快的速度向前发展，我国经济实力、科技实力以及文化发展与国际先进水平的差距明显拉大，面临着巨大的国际竞争压力。必须打开国门，全面融入国际社会，引进国外先进的经营理念和先进的技术，发扬改革创新精神，我们才有可能追赶时代前进潮流。赶上时代发展的步伐，不要被时代拉下，这是当初改革要达到的目的。党的十七大把改革开放的目的概括为三句话：就是要解放和发展社会生产力，实现国家现代化，让中国人民富裕起来，振兴伟大的中华民族；就是要推动我国社会主义制度自我完善和发展，赋予社会主义新的生机活力，建设和发展中国特色社会主义；就是要在引领当代中国发展进步中加强和改进党的建设，保持和发展党的先进性，确保党始终走在时代前列。

改革开放以来，在深化改革、扩大开放的历史进程中，在马克思主义旗帜的引领下，中国共产党领导全国人民锐意进取，敢为人先的创新精神不断迸发；在中国特色社会主义市场经济条件下，自主创业、奋发创新、追求效率的观念不断增强；公平公正、共同富裕、全面发展的人文精神得到普遍推崇；民主、科学、法治的理念成为广泛共识，从而形成了以改革创新为核心的时代精神。

一、改革创新是我们的时代精神

以改革创新为核心的时代精神，是马克思主义与时俱进的理论品格、中华民族自强不息的民族精神与改革开放和建设中国特色社会主义实践相结合的伟大成果，已经深深地融入我国社会主义事业的经济、政治、文化、社会和生态文明建设的各个方面，成为不断开创中国特色社会主义事业新局面的强大精神力量。“改革”体现了中国人民实事求是、顺应时代潮流的实践勇气，“创新”体现了中国人民与时俱进、锐意进取的精神状态；“改革创新”成为我们时代精神的核心。改革开放新时期的历史，就是一部改革创新的历史。时代精神是一个民族在当代社会的创造性实践中激发出来的，反映一个民族追求进步的发展方向、引领时代潮流、为社会成员普遍认同和接受的思想观念、价值取向、道德规范和行为方式，是一个社会最主要的精神气质、精神风貌和社会风尚的综合体现。

时代精神的内涵非常丰富，主要体现为解放思想、实事求是，与时俱进、改革创新，知难而进、开拓进取，艰苦奋斗、求真务实，淡泊名利、无私奉献等等。在时代精神的丰富内涵中，改革创新居于核心地位。改革创新是新时代中华民族的精神气质，是改革开放时代最显著的特征，是中华民族追求繁荣富强的不竭动力。历史的发展一刻不会停顿，中国人民改革创新的步伐一刻也不会停止，只有坚持创新、再创新，才能实现发展、大发展。正是依靠改革创新精神，依靠全国人民同心同德艰苦奋斗，我们的综合国力才跨入了世界的先进行列。以改革创新为核心的时代精神，在全面建设小康社会的进程中，已深深熔铸在中华民族的生命力、创造力和凝聚力之中，融汇在社会主义先进文化之中，成为社会主义核心价值体系的精髓之一。

改革创新是中华民族开拓前进的不竭动力。以改革创新为核心的时代精神，融汇了中华民族富于进取的民族气质、马克思主义与时俱进的理论特征和中国革命、建设、改革伟大实践的智慧，时代精神就是这三个方面浑然天成的整体。胡锦涛2006年在耶鲁大学发表演讲时指出："中华文明是世界古代文明中始终没有中断、连续五千多年发展至今的文明。中华民族在漫长历史发展中形成的独具特色的文化传统，深深影响了古代中国，也深深影响着当代中国。现时代中国强调的以人为本、与时俱进、社会和谐、和平发展，既有着中华文明的深厚根基，又体现了时代发展的进步精神。"中华文明发展注重革故鼎新，推陈出新，熔炼成中国民族积极进取、奋发向上的品质。在今天突出表现为改革创新、求真务实的时代精神。从思想观念到实践活动，从科学实验到发明创造，从理论思维到行为规范，没有改革创新，社会就不能发展，时代就不能进步。

（一）改革创新精神解读

时代精神是一个时代所特有的具有普遍意义的精神，是一种超脱个人之上的共同的集体意识，是一定时代的本质特征。时代精神集中表现于一个社会的意识形态之中，但并非任何社会的意识形态都反映了该社会的时代精神，只有那些代表时代发展潮流，引领时代发展方向，标志时代发展主旋律，对社会生活产生积极影响的文明成果才是时代精神的体现。时代精神是通过该时代的现实生活内容体现出来的。时代的客观现实是决定性的，时代精神则是派生性的，时代精神的能动作用归根到底取决于它对时代现实反映的程度。时代精神具有真理性、民族性、开放性和实践性等特点，它随着时代的进步而不断变化发展，推陈出新。

时代精神是特定时代的人们在社会实践活动中体现出来的精神风貌和优良品格，是激励一个民族自强不息、万众一心、建设美好家园的强大精神动力，也是一个民族精神文明建设的重要内涵。一个国家、一个民族的时代精神以及它在经济、社会、政治、文化、生态文明等建设活动中所发挥出来作用的大小，集中体现了其国民的理性程度和文明水准，因而成为衡量其文明进步的重要标准。

时代精神反映一个时代人类社会发展变化的基本趋势，并已成为世界绝大多数国家和人民共同的心愿、意志和精神追求。当今时代，和平与发展既是时代的主题，也是全世界绝大多数国家和人民取得共识的时代精神。具体到某一个国家，时代精神也会具体化为这个国家的共同意志。改革开放伟大实践中孕育和发展出来的改革创新精神，就是我国人民在社会实践中凸显出来的时代精神。

时代精神是改革开放时代新变化和实践新发展的精神概括和集中体现。顺应时代潮流，建构时代精神，是建设社会主义核心价值体系面临的重要任务。我们这个时代所特有的时代精神，反映了我们这个时代的主题和时代的要求。大变革、大转型、大发展就是时代的主题和要求。时代精神的产生有其历史的土壤，是历史时代的本质特征及其发展趋势在社会心理和精神文化等方面的反映，以抽象性和普遍性的形式综合地表现了人们的共同愿望和要求，是社会经济关系在思想体系中的反映。

时代精神的价值最主要地体现在民族感召力上。时代精神具有高屋建瓴的统领作用，能够在全社会成员思想上形成一种共识，有利于提振全体人民的精神，共同推进改革开放事业和文化强国建设。时代精神能够转化为文化发展的内在动力，激励人民探索文化发展的规律。同时，时代精神能够在一定程度上制约和引领人们的意识和行为方式，它有别于国家法律和行政法规等硬性的社会调控手段，作为一种软性调控，它将行为准则和规范内化到人们的思想之中，进而调节人们的实际行动，具有软实力特征。此外，时代精神还以民族和国家的共同价值目标修正社会成员的个体行为，激励全社会成员为实现国家的共同目标而努力奋斗。时代精神所起的这些作用汇聚成一种对国家、民族的强大支撑力量。

改革开放是党在新时期带领全国人民进行的崭新革命，是我国社会主义制度的自我完善和自我发展。站在历史的交汇点，我们党高瞻远瞩，深刻反省国内和国际社会主义运动正反两个方面的经验，得出两条宝贵的真理性认识：第一，我国的社会主义基本制度是好的，必须坚定不移走下去，改革开放决不是要否定社会主义道路，决不是走资本主义道路。第二，社会主义的传统体制存在着严重弊端，必须坚决改革；全球化趋势成为世界大潮，闭关自守只能自绝于世界民族之林，必须走开放之路。改革开放之所以实现了目的和效果的高度统一，就在于我们既坚定不移地进行改革开放，又坚定不移地坚持中国共产党的领导、坚持走中国特色社会主义道路，坚决排除各种错误思潮的干扰和排除各种敌对势力的颠覆，始终沿着马克思主义所指引的正确方向前进。

世界新格局和新特点表明，当今时代是多元并存的时代，也是锐意创新的时代。能否勇敢地推进改革创新，成为一个民族、一个国家能否在激烈的世界竞争中增强自身实力、立于不败之地的关键因素。中国共产党人紧紧把握时代的脉搏，改革创新成为我国经济社会发展的关键元素，并深深地熔铸在我们民族的品格、行为和价值追求之中。30 多年来，中国经济社会生活的最鲜明特色是改革开放和自主创新，中国特色社会主义的最大活力就源自改革开放和自主创新。改革创新作为民族进步的灵魂和社会发展的动力而愈益成为中国人民的共识。正是在改革开放的历史大潮中，以改革创新为核心的时代精神应运而生。这种时代精神与以爱国主义为核心的民族精神相辅相成、相得益彰，共同构成社会主义核心价值体系的精髓，构成中华民族大步迈向现代人类文明的强大精神动力和精神支柱。

在我国改革开放和经济社会发展实践中孕育而成的时代精神，全面体现了时代精神的基本要素，具有丰富的内涵、鲜明的特征、独特的本质和多维的表现：时代精神的核心是改革创新；时代精神的特征是与时俱进；时代精神的本质是以人为本；时代精神的表现是竞争意识与效率追求、开放意识与世界理念、自主意识与民主觉悟、法制意识与和谐取向。

竞争意识与效率追求是我们的时代精神的首要表现。丰富多彩而又坚定不移的改革大潮对当今中国精神领域的最大促进，莫过于在全民族激发起全新的竞争意识和效率追求。正是这种空前广泛的竞争意识和效率追求，成为当代中国人民坚定不移地走中国特色社会主义道路的原动力。

开放意识与世界理念是我们的时代精神的重要体现。改革促进开放，开放要求改革。全方位的对外开放不仅空前地促进了生产力的解放和发展，而且历史性地促进了全社会成员思想观念的伟大变革。人们愈益习惯用时代发展的要求审视自己，以世界的眼光改革和完善自己。这样一种精神风貌和价值追求，是中华民族走向伟大复兴的强劲动力。

自主意识与民主觉悟是我们的时代精神的有机内容。社会主义市场经济改革的重大政治效应是对人的个性的张扬和主体性的尊重，这是社会主义民主的重要生长基础，也是社会主义时代精神的重要生长基础。在市场经济改革的沃土中孕育现代民主意识和民主觉悟，这无疑是当代中国最具时代性的思想观念变革。广大社会成员在激烈的市场竞争中不断激发着一种独立意识、自我意识，乃至逐步上升为一种能力本位观念和民主政治诉求，这种自发的独立意识、自我意识和能力本位观念可以上升为自主意识和民主觉悟，从而与社会主义的政治价值取向保持一致，成为构建社会主义时代精神的重要元素。

法制意识与和谐取向是我们的时代精神的内在要素。和平、发展、合作的时代潮流，社会主义市场经济的伟大变革，在本质上要求进一步推进民主法制建设，形成一种新的社会和谐理念与和谐发展战略。依法治国、建设社会主义法制国家、构建社会主义和谐社会以及积极推进和谐世界建设等重大战略思想，集中概括和展示了中华民族应当具有的现代意识和时代精神。改革中激发出来的竞争意识、独立意识和民主要求，正在逐步上升为现代民主法制观念；开放中形成的社会多元化价值取向，正在逐步整合为构建社会主义和谐社会的价值取向，人们对社会和谐的认同与参与正在有机地渗透进社会变革与发展之中。

以上四个方面的精神变革和时代精神内涵，贯穿着同一条主线，这就是改革创新；渗透着同一种品格，这就是与时俱进；体现着同一个本质，这就是以人为本。这样一种内涵丰富、充满活力的时代精神，是社会主义核心价值体系的独特内容，它以自己的科学内涵和特有的魅力影响着人们的精神状态。

（二）改革创新离不开思想解放

1978 年发起的关于马克思主义真理标准讨论开启了我国改革开放的大幕，紧接着，改革开放的实践也大大推动了当代中国马克思主义理论的创新与发展。思想解放与实事求是作为党的思想路线，关系到党和国家的前途和命运。无论在革命时期、建设时期，还是在改革开放时期，只有把马克思主义基本原理同中国具体实际和时代特征相结合，努力实现马克思主义中国化的新飞跃，我们的事业才能取得成功。思想解放是改革开放的必要前提，思想解放的高度直接影响着改革开放的深度和广度。解放思想是建设中国特色社会主义的一大法宝，解放思想、敢闯敢做，决定着发展的快慢，关涉党的事业成败。

我们过去社会主义实践经受挫折的一条重要原因，就是我们的思想不解放，对待社会主义的认识囿于本本、囿于传统的理论思维、囿于过去曾经出现过的“模式”，唯独没有紧贴实际、面向生活世界。比如说，计划经济被看作社会主义的本质，在实践中这把利器砍去了一切个人的空间，从而窒息了人们的发展活力。比如说，意识形态被看作判断一切的尺度，在实践中资本主义的一切做法遭到拒斥，“宁要社会主义的草，不要资本主义的苗”的极左思维变成堂而皇之的共识，时代的悲哀就在所难免了。

邓小平指出：“解放思想，就是使思想和实际相符合，使主观和客观相符合，就是实事求是。”[①] 解放思想的方法论意义，就是要求我们在认识与把握客观事物及其发展规律的时候，做到主观认识与客观规律的一致，在尊重客观规律的基础上充分发挥主观能动性。解放思想的意义有多方面，但最根本的是要实现江泽民同志提出的“三个解放”：“自觉地把思想认识从那些不合时宜的观念、做法和体制中解放

---

① 《邓小平文选》第 2 卷，北京：人民出版社 1994 年版，第 364 页。

出来，从对马克思主义的错误的和教条式的理解中解放出来，从主观主义和形而上学的桎梏中解放出来。”① 彰显改革开放新特点的时代精神，本质上要求我们在弘扬党的思想路线的基础上坚持改革开放，在解放思想中提高认识，在提高认识中开拓创新。在社会实践中，冲破一切与社会和历史发展规律不相吻合的思想观念、思维方式的束缚，使广大人民群众的创造性和能动性从陈旧思想和僵化体制的束缚中解放出来，从对马克思主义的教条式理解中解放出来，从本本主义和形而上学的桎梏中解放出来，为一切有时代价值的新思想、新观念的形成和成长提供理想的环境，把人民群众改造旧世界、建设新世界的积极性调动起来，形成解放和发展生产力的巨大力量，凸显时代精神的要求。

十七大报告指出：“解放思想是发展中国特色社会主义的一大法宝。”② 作为时代精神核心的改革创新，前提就是解放思想。改革开放以来，党中央高举中国特色社会主义伟大旗帜，秉承马克思主义的创新本性，实现了马克思主义的理论精髓与党的思想路线的高度契合，赋予当代中国马克思主义鲜明的实践特征、民族特征和时代特征，从而使社会主义核心价值体系成为全党全国各族人民团结奋斗的共同思想基础。所有这些，都充分说明了改革创新离不开解放思想，说明了解放思想对于社会主义核心价值体系的形成和建设所起到的重要作用。

思想解放归根到底是冲破过去时代旧的思想观念和旧的体制制约。过去的传统越是辉煌，往往越易导致自我陶醉而不能自拔。世界形势日新月异，历史大潮浩浩荡荡，必须破除对民族传统的狭隘自恋。面向未来、面向世界、面向现代化，主动融入世界发展大潮中，敢于做弄潮儿，才能立足于世界，才能走在世界发展前列。

解放思想作为一种时代精神的弘扬过程，实际上就是马克思主义理论创新的实现过程，就是中国特色社会主义理论、道路和制度的创立和发展过程。这一过程不仅从时代精神的高度促进了改革创新精神的确立和升华，而且作为引领时代发展的精神力量，本身就顺应了时

① 江泽民：《论“三个代表”》，北京：中央文献出版社 2001 年版，第 167 页。

② 胡锦涛：《高举中国特色社会主义伟大旗帜　为夺取全面建设小康社会新胜利而奋斗——在中国共产党第十七次全国代表大会上的报告》，《人民日报》2007 年 10 月 25 日。

代发展的要求，必然为时代精神所呼唤，成为时代精神的要义。改革创新没有止境，解放思想未有穷期。

从邓小平最早提出“建设有中国特色社会主义”的伟大命题，到适应改革开放的现实要求应运而生的“三个代表”重要思想，再到面对新世纪、面对新形势而诞生的科学发展观、建设社会主义核心价值体系、实现社会主义文化大发展大繁荣等一系列重大战略决策的实施，无不是解放思想的理论结晶。历史告诉我们，文化传统差异很大，现实发展道路不一致的国家，进行现代化建设，不可能采用统一的标准。正如邓小平指出的：“在中国建设社会主义这样的事，马克思的本本上找不出来，列宁的本本上也找不出来，每个国家都有自己的情况，各自的经历也不同，所以要独立思考。”① 人类的未来无法预设，社会发展模式也非千篇一律，历史证明识时务者为俊杰。

胡锦涛指出：“30 年来，我国改革开放取得伟大成功，关键是我们既坚持马克思主义基本原理，又根据中国实践和时代发展不断推进马克思主义中国化，形成和发展了包括邓小平理论、‘三个代表’重要思想以及科学发展观等重大战略思想在内的中国特色社会主义理论体系，赋予当代中国马克思主义勃勃生机。”② 马克思主义基本理论与中国特色社会主义实践是互为前提、相互作用的，一方面，没有马克思主义理论当然就没有中国特色社会主义实践，马克思主义是理论先导；另一方面，没有中国特色社会主义实践，马克思主义理论脱离了现实土壤，就会失去生命力。随着改革开放的进一步深入，马克思主义理论将在中国大地上结出更丰硕的果实。

解放思想是社会主义核心价值体系的理论源头。解放思想的本质含义，就是在马克思主义指导下打破习惯势力和主观偏见的束缚，研究新情况，解决新问题。解放思想，就是使思想和实际相符合，使主观和客观相符合，就是实事求是。正是在解放思想的基础上，我们才突破了教条主义的羁绊，破除了僵化的社会主义模式论，确立了中国特色社会主义共同理想作为社会主义核心价值体系的主题；正是在解

① 《邓小平文选》第 3 卷，北京：人民出版社 1993 年版，第 260 页。

② 胡锦涛：《在纪念党的十一届三中全会召开 30 周年大会上的讲话》，《人民日报》2008 年 12 月 19 日。

放思想的基础上，从世情、国情、党情、民情出发，我们才突破了计划经济体制的框架，超越所谓“姓社姓资”的无谓争论，把发展生产力作为判断一切工作成败得失的主要标准，确立起社会主义市场经济体制；正是在解放思想的基础上，才改变了过去僵化的思维模式，把改革开放作为社会主义自身发展的动力，把改革创新作为我们时代的精神精华，鼓舞起亿万人民空前的昂扬斗志，深化了社会主义核心价值体系的精髓，使中国特色社会主义成为生机勃勃、不断发展的运动。

解放思想是践行社会主义核心价值体系的必然要求。“自古及今，法无不改，势无不积，事例无不变迁，风气无不移易。”① 人类社会的发展向我们展示着这样的历史规律：求变是时势之需，创新乃顺势之举。面对迅猛发展的科技革命和全球化趋势，面对自身因循守旧而导致的动力不足，面对世界范围内兴起的改革浪潮，中国共产党人必须顺应潮流、调整思路，选择正确的战略方针和发展方向，必须从我国社会主义初级阶段的实际出发，在解放思想、实事求是、团结一致向前看的基础上，用创新的马克思主义世界观和方法论看待和解决当代中国的现实问题。人民群众是生产力中最活跃、最革命的因素，这并非是人的物质力量的单纯指证，更是说明了人的思想潜力的无限，创造能力的无穷。谁能解放思想，敢于开风气之先，谁就能占得先机，就能引领时代；谁要故步自封夜郎自大，谁就会被动落伍，就会被历史抛弃。

解放思想的思维趋势具有改革创新的特征。解放思想，在具体内容上，不同的时期、不同的环境、不同的形势下，又是不一样的。历史上，“五四”运动是一次思想解放运动，它使民主和科学观念深入人心，开了马克思主义传播的先河；延安整风运动，是一次思想解放运动，为党的七大确立毛泽东思想的指导地位作了准备；新时期的思想解放，从破除“两个凡是”，到确立社会主义市场经济体制，从“走自己的路”到“建设有中国特色的社会主义”的新思想，从“三个代表”重要思想到科学发展观，思想解放的每一个成果都具有改革创新的本质特征。

解放思想是社会主义制度创新的前奏。马克思主义唯物史观告诉

① 《龚自珍全集》，上海：上海人民出版社 1975 年版，第 319 页。

我们，思想意识从根本上说是由经济基础决定的，而生产力创新和社会变革又往往是由思想观念的解放和更新引起的。改革创新作为时代精神的核心，本质上要求通过改革开放推动社会主义制度的自我完善和自我发展，通过改造束缚生产力发展的旧体制和旧思想，使上层建筑适合于经济基础的要求，使生产关系适应生产力的发展。在这个意义上，改革创新精神表现为革命精神，改革就是当代中国的第二次革命。这场意义深远的革命触及我国社会生活的方方面面——经济体制的深刻转型、政治体制的深刻变革、社会结构的深刻变动、利益格局的深刻调整，最终必然导致整个社会生活发生深刻变化。这场威力无比的革命要求中国共产党人以非凡的胆量和气度革新传统旧思想和旧体制，以大无畏的英雄气概挑战外来价值观和腐朽思想。

思想解放的深度和广度，直接决定着改革创新精神的深度和广度。弘扬时代精神，首先要实现马克思主义指导思想的与时俱进，即马克思主义中国化、大众化和时代化，其次要突破传统思维方式的制约，实现思想观念和价值观念的现代化。只有这样，我们才能使改革的理念得到广泛认同，使创新的精神得到极大弘扬，才能使以改革创新为核心的时代精神深入人心。因此，解放思想不仅是时代精神产生的前提，而且其精神实质构成了时代精神的重要内涵。

（三）改革创新精神的落脚点是以人为本

社会主义文化是以历史唯物主义为基础的，它所关注的是“处在现实的、可以通过经验观察到的、在一定条件下进行的发展过程中的人”,[①] 而“不是抽象的蛰居于世界之外的存在物”。[②] 可见社会主义文化是“以人为本”的，是着眼于社会绝大多数人的物质、精神及政治利益的文化形态，是充满现代人文情怀的文化。

以改革创新为核心的时代精神作为新时期中国人民精神风貌的综合反映，其价值指向是以满足人民群众日益增长的物质文化需求为根本，以人民群众的安全幸福生活为根本。马克思主义的最高目标就是要实现全社会的物质财富极大丰富，劳动产品实行按需分配，社会关

① 《马克思恩格斯选集》第1卷，北京：人民出版社1995年版，第73页。
② 《马克思恩格斯选集》第1卷，北京：人民出版社1995年版，第1页。

系高度和谐，人民的精神境界极大提高，每个人都能自由而全面发展这样的美好社会。从这个意义上讲，以人为本必然成为时代精神的内在要求。这里的“人”是马克思主义所讲的一定生活条件之下的、具体的、历史的和现实中的个人，这种现实的人始终处在一定的社会关系之中，处在实际生活的过程和活动之中。科学发展观的核心以人为本，就是社会主义核心价值的最高旨归。从时代精神的层面来理解以人为本，就是要在改革开放过程中弘扬改革创新精神，把实现人民美好生活和个人的全面发展作为最终目标，把维护人民群众的根本利益作为推进社会发展的根本原则，尊重人民群众的主体地位，发挥人民群众的首创精神，最大限度地满足人民群众日益增长的物质文化需要，让改革开放的成果惠及全体人民。从这个意义上讲，以人为本实际上构成了时代精神的目标指向、主体保证和评价尺度。

中国特色社会主义共同理想，把党在社会主义初级阶段的目标、国家的发展、民族的振兴与个人的幸福紧密联系在一起，反映了全体中国人民的根本利益和共同愿望，建设富强民主文明和谐的社会主义现代化国家，是中国特色社会主义共同理想的具体体现，是现阶段我国社会主义经济建设、政治建设、文化建设、社会建设和生态文明建设的奋斗目标。民族精神和时代精神是中华民族最可宝贵的精神品格，是中国人民开拓进取、实现共同理想的力量源泉。建设和实践社会主义核心价值体系，必须以全体社会成员的思想修养和道德素质为基础，社会主义荣辱观体现了中华民族传统美德、优秀革命道德与时代精神的有机融合，应当成为全体社会成员普遍遵循的基本行为规范。社会主义核心价值的最终目标是实现最广大人民的根本利益、促进每个人的全面发展，它所要确立的是“每个人的自由发展是一切人的自由发展的条件”的社会。①

弘扬以改革创新为核心的时代精神，就是要把实现每个人的全面而自由发展作为社会主义核心价值体系的最终指向。增强个人的社会化程度和整个人类社会在经济、政治、文化各方面的全面协调发展，使个体的人能够全面占有自己的本质，满足自己的各层次需求，发展自己的一切能力。中国特色社会主义共同理想是实现这一终极目标的

① 《马克思恩格斯选集》第1卷，北京：人民出版社1995年版，第294页。

具体表现。实现这一目标需要我们长期不懈的努力，需要我们以改革开放的姿态，以改革创新的精神，紧紧扭住经济建设这个中心，不断解放和发展社会生产力，为实现人的全面发展积累物质财富；需要我们在保证经济稳定发展的前提下，更加注重社会公正，处理好各种社会关系，化解社会生活中存在的制约人们平等发展的各种矛盾，为实现人的全面发展营造公平的社会氛围；需要我们努力建设社会主义的物质文明、精神文明、政治文明和生态文明，全面提高整个社会的文明程度，为实现每个人的自由全面发展创造文明、和谐的社会环境。正是在这个意义上，以人为本的价值取向为以改革创新为核心的时代精神的发展指明了方向。

党的十七大报告把以人为本进一步拓展为“发展为了人民、发展依靠人民、发展成果由人民共享”等具体表述，这就把人民的根本利益当作了衡量改革开放实践及其实效的最根本尺度。也就是说，改革开放实践的对错、成败，归根结底要以人民的根本利益为衡量标准。邓小平一再强调，要把“人民拥护不拥护、人民赞成不赞成、人民高兴不高兴、人民答应不答应”作为制定各项方针政策的出发点和各项工作的根本旨归。江泽民也多次指出：改革开放的实践要赢得人民的拥护，“最根本的是要把实现和维护最广大人民群众的利益作为我们一切工作的出发点和落脚点，努力使工人、农民、知识分子等基本群众共同享受到改革发展的成果。党的一切方针政策，都要以是否符合最广大人民群众的利益为最高标准，以最广大人民群众满意不满意为根本准则”。[①] 在纪念党的十一届三中全会召开三十周年大会的讲话中，胡锦涛又进一步指出：中国共产党“坚持问政于民、问需于民、问计于民，既通过提出和贯彻正确的理论和路线方针政策带领人民前进，又从人民的实践创造和发展要求中获得前进动力”。[②]

改革创新也是社会主义制度的自我完善。首先，改革开放是发展社会主义生产力的必由之路。解放和发展生产力，是社会主义的本质要求，是社会主义的根本任务。为了解放和发展生产力，就必须对我

① 《江泽民文选》第2卷，北京：人民出版社2006年版，第444－445页。

② 中共中央文献研究室编：《十七大以来重要文献选编》（上），北京：中央文献出版社2009年版，第799页。

国的经济体制进行改革，实行对外开放的政策。其次，改革是全面的改革，开放是全方位的开放。全面改革就是涉及经济、政治、社会和文化等各个领域的体制改革。全方位开放就是包括国内各地区、各部门、各行业、各企业之间的相互开放和对全世界的开放。再次，改革开放贯穿于中国整个经济发展过程之中，并且是循序渐进地展开的。30多年来改革开放的实际进程，经历了起步、全面展开、加快步伐等几个逐步推进的发展阶段，经历了从农村改革到城市改革，从经济体制改革到各方面的体制改革，从对内搞活到对外开放的由点到面、由局部到全方位开放的历程。第四，改革开放与改革创新相辅相成、互相促进。改革开放催生改革创新的时代精神，改革创新的时代精神内在地必然要求改革开放。封闭只会禁锢人们的思想，从而失去创新的条件；墨守陈规必然导致故步自封，从而失去开放的必要。最后，改革开放要和坚持四项基本原则统一起来。二者是围绕经济建设中心的两个基本点。坚持四项基本原则是立国之本。不讲四项基本原则，改革开放就会失去方向。坚持四项基本原则必然要求改革开放，没有改革开放四项基本原则就坚持不好，就可能沦为僵化的模式。

进行中国特色社会主义现代化建设，改革创新是动力、人的发展是目标、社会稳定是前提。实现三方面的有机结合，关键在于把改革创新的力度、社会发展的速度和人民认可的稳定程度统一起来，把不断改善人民物质文化生活作为处理三者关系的落脚点，在社会稳定中推进改革发展，通过改革发展促进社会稳定。合理把握改革的力度，一要增强改革的协调性。“既坚定不移地大胆探索、勇于创新，又总揽全局、突出重点，先易后难、循序渐进，在实践中积累经验，不断提高改革决策的科学性，增强改革措施的协调性，推进经济体制、政治体制、文化体制、社会体制以及其他各方面体制改革相协调，使改革获得广泛而深厚的群众基础。”① 二要做到改革的正确性。要及时总结改革实践的正反两方面经验，“对的就坚持，不对的赶快改，新问题出来抓紧研究解决”。② 衡量改革的正确性，要以实践检验为标准，以人

① 中共中央文献研究室编：《十七大以来重要文献选编》（上），北京：中央文献出版社2009年版，第806页。

② 中共中央文献研究室编：《十七大以来重要文献选编》（上），北京：中央文献出版社2009年版，第806页。

民满意为准绳。

中国共产党深刻认识到，发展是硬道理，没有发展，以人为本就是一句空话；稳定是硬任务，没有稳定，发展就无从做起。没有稳定，什么事情也办不成，已经取得的成果也会失去。保持社会稳定，最重要的是正确把握和处理经济社会生活中出现的各种矛盾，加强和改进思想政治工作，努力发挥社会主义核心价值体系的旗帜作用。针对日常工作中，有些党员干部缺乏宗旨意识、大局意识、责任意识和群众意识，有些党员干部作风轻浮、要求放松、工作拖沓，对群众疾苦置若罔闻。这些问题究其根源在于：马克思主义群众史观没有入脑，遗忘了全心全意为人民服务的根本宗旨，没有把实现好、维护好、发展好最广大人民的根本利益作为自己工作的出发点和落脚点。

（四）民族精神是改革创新精神之源

马克思主义关于价值观的理论认为，价值观来自人民群众的经济生活、政治生活、社会生活、文化生活等现实生活过程，体现着人们在这些领域的活动中所产生的目标追求和利益诉求。价值观一旦确立，就对社会存在具有巨大反作用。作为社会意识形态重要内容的价值观念，有着社会意识所固有的属性和特点。科学性、民族性、时代性和开放性构成了价值观的重要属性。

任何时代的价值观都具有历史传承性。社会历史的发展是人们世世代代活动的产物，后来者总是在继承前人文明成果的基础上继续前进的，作为社会历史精神凝炼的社会核心价值观，其发展也是人们对前人留传下来的文明成果进行吐故纳新、再创造的结果，同样具有继承性。价值观是一个历史性范畴，是一个不断扬弃和更新的发展过程。在人类社会发展进程中，世界上各民族的核心价值观总是呈现出不同的特点，我们可以根据其不同特征将其区分为不同的类型或价值文化圈，但是共性总是寓于个性之中的，不同的价值观都具有时代性并遵循历史发展的进程变化。作为引领一个社会发展方向的核心价值观的精髓，民族精神和时代精神不是孤立自生的，它们既是民族性和时代性的统一，又是传统性和现代性的融合。

中华民族精神是支撑中华民族自强不息、团结奋进的精神支柱，是我们民族生存与发展不竭的生命力、凝聚力和创造力，是中华文明最本质、最集中的体现。在中华民族五千多年的发展史中，个性鲜明的价值理念，充满睿智的道德伦理，得天独厚的哲学思想，博大精深的文化传统，汇聚成了光芒四射的中华民族精神。其形式生动多样，其内容极其丰富——以爱国主义为核心的万众一心、爱好和平、勤劳勇敢、崇德尚礼、公而忘私的民族情怀；以修身、齐家、治国、平天下为核心的把个人修养与情系天下相统一的人生追求。“天行健，君子以自强不息；地势坤，君子以厚德载物”，体现了自立自强、艰苦奋斗、与时俱进的进取精神和天人合一、胸怀天下、和谐万物的宇宙境界。这些惊天地、泣鬼神的民族精神已经深深地融入我们的民族意识、民族品格和民族气质之中，并在当代焕发出全新的生命力和震撼力，构成了新时期时代精神的生动内核。在改革开放的新征途上，这种时代精神已经深深地融入我国经济生活、政治生活、文化生活、社会生活的各个方面，熔铸在我们民族的生命力、创造力和凝聚力之中，成为全国各族人民开拓创新、奋发进取，不断开创中国特色社会主义事业新局面的强大精神动力。

民族精神是传统积淀，着重于对历史的承续；时代精神则是现实升华，着重于对当代的把握。时代精神的空前高涨和大力张扬，充分展现中国共产党人宽广的世界眼光和敏锐的时代意识，充分表明中华民族正在以全新的姿态建设崭新文明，这是社会主义核心价值体系更加适应人类文明的明证。把时代精神放到中国特色社会主义事业和人类文明大潮流中加以把握和定位，着眼于时代风云和全球视域不断丰富和弘扬时代精神的本质内涵，是社会主义核心价值体系建设的重要内容。

时代精神离不开民族精神，需要从民族精神中汲取养分。民族精神也离不开时代精神，需要用时代精神丰富自身的内涵。时代精神是民族精神的当下体现，民族精神则是时代精神形成的历史基础；民族精神是一个民族时代精神的源泉，时代精神则是民族精神在各个历史阶段的延续。没有民族精神，时代精神就会缺乏深厚的历史底蕴；同样，没有时代精神，民族精神就会缺乏鲜活的时代气息。时代精神与民族精神相融相生、血脉相连，二者统一于中华民族的精神品格之中。中华民族在漫长的求生存的历史进程中，抵御外来侵略、赢得民族独立和人民解放，靠的就是这种精神；中华民族在漫长的求发展的历史进程中，生生不息、薪火相传、奋发进取，靠的就是这种精神；在新的历史时期，抓住时代机遇，由贫穷走向富裕，建设幸福家园，靠的也是这种精神；建设中国特色社会主义，实现全面小康社会的宏伟目标，还是要靠这种精神。建设社会主义核心价值体系是一项极为重要的历史任务，我们要自觉地弘扬和培育民族精神和时代精神，始终保持昂扬向上、奋发有为的精神状态，不断增强民族自尊心、自信心和自豪感，凝聚起实现中华民族伟大复兴的强大精神力量。在当代中国，以改革创新为核心的时代精神和以爱国主义为核心的民族精神是高度一致的。以改革创新为核心的时代精神和以爱国主义为核心的民族精神，是社会主义核心价值体系的精髓，是实现科学发展、社会和谐的支撑与保障，它们只有深深地融入民族的生命力、创造力和凝聚力之中，才有可能激发中华民族昂扬向上的精神状态，使中华民族能够巍然屹立于世界民族之林。

民族精神是社会主义先进文化最本质、最集中的体现。以爱国主义为核心的民族精神，既植根于我国优秀民族文化传统之中，又凝结于我们党领导人民在长期革命、建设和改革进程中形成的优良革命传统之中，深深熔铸成我们的民族意识、民族品格和民族气质，内化成我们民族的生命力、凝聚力和创造力，成为全国各族人民万众一心、共同奋斗的价值取向和力量源泉。时代精神孕育于改革开放时代大潮之中，改革创新精神引领着时代进步潮流。以改革创新为核心的时代精神，是马克思主义与时俱进的理论品格、中华民族富于进取的思想品格与改革开放和中国特色社会主义实践相结合的伟大成果，已经深深地融入我国现代化建设的各个方面，成为全国各族人民不断开创中国特色社会主义事业新局面的强大精神力量。

以改革创新为核心的时代精神是建设中国特色社会主义的力量源泉，是社会主义核心价值体系的精神纽带，是马克思主义时代观与我国改革开放实践相结合的产物。时代精神作为一个民族的共同意志和思想状态的集中体现，深深影响着这个时代进步的方向和潮流，深刻体现了马克思主义与时俱进的理论品质和中国人民富于进取的民族气质。改革创新精神赋予社会主义核心价值体系时代气息，是人类文明的结晶和时代精神的精华，是马克思主义融入民族精神和时代精神的最新成果。改革创新的生成基因主要在于：立足现实，解放思想，实事求是、与时俱进，既要坚持原则又要不拘一格，既要遵循经典理论又要从实际出发，这是改革开放和改革创新的科学基础；一切为了人民，一切依靠人民，始终代表广大人民的根本利益，时刻关注他们的喜怒哀乐，善于总结和提升群众的创造性经验，这是改革开放和改革创新的智力源泉；面向世界、面向未来、面向现代化，准确把握时代发展的脉搏，敏锐把握世界大潮的契机，这是改革开放和改革创新的思维方式。

二、改革创新精神的核心理念与具体展现

以改革创新为核心内容的时代精神是在改革开放新的历史条件下形成的崇高精神，它以中华民族在漫长历史进程中形成的中华民族精神为基础和依托，顺应了时代发展的呼唤，升华了社会主义核心价值体系，适应了中国特色社会主义建设的实践要求。时代精神的核心理念主要有：解放思想、实事求是、与时俱进、勇于创新。在时代精神这一主旋律中，改革创新居于核心地位。这是因为改革创新是时代的最强音，是中华民族繁荣发展的灵魂，是我们国家兴旺发达的不竭动力。而团结统一、爱好和平，勤劳勇敢、自强不息，包容厚德、责任奉献等精神则体现了时代精神对民族精神的升华。

（一）改革创新精神的核心理念

改革创新这一时代主旋律，演绎出多重交响乐。解放思想是观念创新；实事求是是随实际的变化而变化，是思想和方法的创新；与时俱进要求党的全部理论和工作要体现时代性、把握规律性、富于创造性，同样也是创新。勇于创新要求积极地创新、大胆地创新、坚决地创新，创新需要勇气。

解放思想、创新思维，无疑是当前深化改革的精神动力。过去的30多年里，我国经济所以能够一直保持快速发展的势头，就在于中央的思想、思维、思路一直走在发展的前面，引领发展、指导发展、指挥发展，各项改革一直没有停止。所以，要实现经济既“好”又“快”的发展，就必须进一步解放思想、更新思维、转换思路，进一步增强改革的动力和决心。解决改革开放中新的难题，急切呼唤改革的新思

维，急需提振时代精神的雄风。

实事求是既是党的思想路线，也是我们的时代精神。其科学涵义是：一切从实际出发，理论联系实际，在改革开放的实践中检验真理和发展真理。当代世界的最大实际就是和平、发展、合作与竞争，当代中国的最大实际就是建设中国特色社会主义的伟大实践。一切从实际出发，就是我们的基本路线、方针和各项政策的制定都要从当代世界和中国的实际情况出发。这是实事求是的最主要的内容和最基本的要求，是实事求是的前提和基础，也是马克思主义科学世界观的根本要求。理论联系实际，就是把马克思主义基本原理和中国特色社会主义实践相结合，在实践中实现马克思主义中国化。这是实事求是思想路线的基本内容，也是做到实事求是的根本途径和方法。坚持把实践作为检验真理的标准，是实事求是时代精神的重要内容。坚持实事求是，就是运用马克思主义中国化的最新成果指导新的实践、分析新的情况、解决新的问题。

与时俱进是时代精神的显著标志，要求准确把握改革开放的时代特征，始终站在时代前列和实践前沿，始终坚持解放思想、实事求是和开拓进取，在大胆探索中继续发展。与时俱进凸显了时代精神的进取性。与时俱进要求人们要有一种时不我待、不进则退的紧迫感，一种深切的历史忧患意识，一种昂扬向上、奋发有为的精神状态，一种不甘落后、奋起直追、实现民族复兴的雄心壮志和能力。与时俱进凸显了改革创新的时代性，与时俱进昭示和要求党的理论政策和人们的思想认识要跟上社会的进步和时代的发展，不仅要与时代同步，正确反映时代的主题和本质，更要具有一定的前瞻性，认清并把握时代和世界发展的大趋势，进而始终站在时代发展和世界潮流的前列，否则就要落伍，甚至被淘汰。与时俱进凸显了时代精神的开放性。与时俱进要求我们要具有世界视域和全球战略，在分析问题、解决问题时，既要着眼国内，也要放眼国际；既要着眼现实，也要着眼未来。对大局了然于胸，才能确保决策的科学性和预见性。时代精神是一个开放的而不是封闭的体系，它将随着实践的发展而不断发展。与时俱进凸显了改革开放的创新性。与时俱进的真谛是要求人们不断发现和掌握真理，从而避免理论的陈旧和思想的僵化，使我们始终在发展着的科学理论指引下，弘扬时代精神，进行卓有成效的社会建设，不断开创中国特色社会主义事业新局面。

勇于创新是时代精神的本质。创新是科学的生命，也是马克思主义长盛不衰的秘密。理论的生命在于创新。任何理论，不管它曾多么神圣，如果不发展，势必走向僵化。创新是一种思想路线，是一种思想方法，是一种精神状态，是一种价值导向。它要求我们必须冲破教条主义、本本主义的束缚，不拘泥于某些个别的词句，不固守某些确已过时的结论。实践永无止境，理论创新永无止境。理论创新具有与时俱进的品格。理论只有与实践相结合，与时代发展同进步，与人民群众共命运，才能焕发出强大的生命力、创造力、感召力。理论创新要求我们破除因循守旧、故步自封的习气，奋发开拓，不断进取，敢为人先。改革既是一次广泛深刻的革命，又是社会主义制度的自我完善，改革走的就是一条适合中国社会主义发展需要的体制机制创新之路。创新就是要摆脱思想上和体制上的禁锢，调动起广大人民群众的积极性和创造性。弘扬时代精神就是要勇于创新、敢于创新、善于创新和乐于创新，就是要让时代插上创新的翅膀，在历史的时空中勇敢地遨游。

（二）民族精神在当代的升华

中华民族对于个体人格和民族气节、价值、意义的认知和理解，是对人生与社会的价值理想、终极关怀和精神家园的执着追求，凝结为中华民族精神，成为中华民族在长期社会实践和共同发展中的民族魂。民族精神在当代中国的发展中必然会以时代的内容和崭新的形式表现出来。团结统一、爱好和平，勤劳勇敢、自强不息，包容厚德、责任奉献等都是民族精神在改革开放时代实践中的升华。

中华民族是一个多民族的大家庭，在这块广阔的土地上，为了生存与发展，不同民族的人民和平共处、友好相待、共渡难关，凝炼了各民族对内相濡以沫、对外同仇敌忾的价值取向，形成了忠实于国家整体利益、维护民族团结的行为准则。在长期的社会实践过程中，我国各族人民建立了血浓于水的密切关系，两千多年前就建立了政治、经济、文化高度统一的多民族国家。在不同历史时期，虽然也有过分离和内乱，但是统一的时期总是多于分裂的日子，凝聚的力量始终存在，统一的意志坚如磐石，民族团结和国家统一始终是中华民族历史的坚定选择。历史上涌现的无数抗敌报国的民族英雄为世代所颂扬，卖国求荣的民族败类则为世代所不齿。团结统一的思想意识，深深积淀在中华民族的文化心理之中，并酝酿成中华民族精神的重要元素。新中国的成立，标志着中华民族实现了空前的大团结，各民族之间建立并不断发展着平等、团结、互助、和谐的社会主义民族关系，民族与民族之间水乳交融、密不可分，民族与民族之间唇齿相依、荣辱与共，民族与民族之间团结互助、共同发展。为巩固国家统一奠定了坚实而和谐的政治基础。

中华民族历来以爱好和平著称于世界。在历史的长河中，“和为贵”、“亲仁善邻”、“讲信修睦”、“协和万邦”等崇尚和平的理念深深镌刻在民族意识之上，热爱和平、宽厚包容、不尚暴力等气度深深熔铸在民族性格之中。一个国家只有在政通人和、国泰民安的社会环境下，才有可能飞速发展，相反，在动荡不安的环境下，不仅不能发展，甚至会使其经济走向崩溃的边缘。世界的发展也需要一个和平的环境，翻开世界历史的画卷，我们会发现，战乱总是与灾难并存，和平总是与发展同在。和平与发展因此成为时代的主题。今天，我们高举和平、发展、合作的时代旗帜，奉行独立、自主、对话的外交政策，始终不渝地走和平发展道路，以和平共处五项原则为立场同所有国家发展友好合作关系，维护世界和平，促进共同发展，致力于建设持久和平、共同繁荣的和谐世界。

中华民族是一个意志坚韧、勤劳勇敢的伟大民族，在求生存求发展的历史进程中养成了吃苦耐劳、艰苦奋斗、不畏艰险、不屈不挠的良好品格。在中华民族的意识中，勤劳才能立业致富，勇敢才能保家卫国。中华文化中的“天道酬勤”、“克勤于邦，克俭于家”、“民生在勤，勤则不匮”、“仁者必有勇”等，讲述的都是勤劳持家的理念，倡导的都是英勇无畏的民族气节。依靠这样的理念，勤劳的中国人民创造了一个又一个人间奇迹，凭借这样的气节，勇敢的中国人民战胜了无数艰难险阻，为世界发展贡献了东方智慧，为人类文明书写了崭新篇章。改革开放是一项前无古人的伟大事业，改革创新的艰难和险阻难以想象，没有勤劳勇敢、百折不挠的精神将一事无成，成功总是属于勤勤恳恳、任劳任怨工作的民族。

自强不息本质上是一种奋发图强、勇往直前，争创一流的品格。

“天行健，君子以自强不息”表达的是中华民族刚毅坚卓、奋发向上的雄姿，“地势坤，君子以厚德载物”体现的是中华民族厚实和顺、容载万物的胸怀。“富贵不能淫、贫贱不能移、威武不能屈”表达的是中华民族金钱不改其志，贫困不易其心，强暴不屈其魂的品格，“大禹治水”、“精卫填海”、“愚公移山”表达的是中华民族锲而不舍、矢志不渝、持之以恒的执着，“天命不足畏、天道不足惧、祖宗不足法”体现了中华民族的改革变法、勇于创新的通达。中华民族之所以能历经挫折而不屈志，屡遭坎坷而不妥协，历尽磨难而能崛起，靠的就是这些高尚的精神和优秀的品格。中华文明的发展史，就是中华民族自强不息的奋斗史。永不满足已有的成就，永不停歇地向着更加美好的目标奋勇攀登，推动着中华民族不断前进。改革创新的时代精神就来自于自强不息精神在新时代的演绎和升华。

包容厚德的基本内涵是海纳百川、容载万物，它是个人心系天下、胸怀世界的一种境界，是中华民族泱泱大国的一种风范。“包容”是时代精神的内涵之一，即宽容、容纳。在统一多民族国家形成和壮大的漫长过程中，中华民族以自己宽广的胸怀和开放的心态吸引、融汇着各民族的文化，古典的、现代的，在今天的中国都有其发展的空间；民族的、世界的，在今天的中国都有其展示的舞台。“厚德”是时代精神的品质，源自中国传统经典《易传》：“地势坤，君子以厚德载物”。五千多年的文明史不仅赋予了中华民族辉煌灿烂的历史文化，也培育了中国人民胸怀坦荡、文明有礼的优秀品质，孕育了泱泱大国德泽育人、容载万物的独特品格。当代中国，海纳百川、厚德载物的传统美德得到凝练和升华，体现在观念层面上，就是能够在彰显本体特质的过程中包纳兼容外来思想、异域文化，以及追求和谐、注重合作、提倡谦和、宽怀大度的精神和风貌。体现在实践层面上，就是要不断吸取外来思想文化中的积极成分，升华、丰富到自身文化之中，吸纳百家之长，兼有八方精华，积极借鉴和吸收一切有利于经济社会发展的先进的思想文化、管理经验、资金技术和人才智力，同时还要养成尊重他人、诚实守信、心态平和、勤劳务实的人生态度，做到亲人善邻、和睦相处、强不凌弱、富不侮贫，追求时代精神的高远境界。今天弘扬厚德精神，建设社会主义核心价值体系，就是要弘扬友爱、奉献、互助的人文精神，不断彰显人文关怀的内在品质。

责任奉献是时代精神的基本风貌。以改革创新为核心的时代精神在充分张扬现代主体精神的同时，必然期待现代公民精神的另一层面——责任精神和奉献精神。责任精神是人们对自己应该承担的社会义务的自觉认同、积极回应和内心自律，是每一个人都必须自我承担的道德义务的理性体现。奉献精神是一种以集体或国家利益为本位，以普遍的道义原则为主导，以注重社会公正、追求共同富裕为目标，突出表现为舍己为人、舍小家为大家的牺牲精神，是我国社会经济和道德生活中占主导地位的价值原则和伦理精神。奉献精神主要表现为服务社会、奉献国家、献身理想、大公无私的价值取向。弘扬责任奉献的时代精神，就是要克服个体利益至上的价值取向，大力提倡社会公共利益的思想和行为。责任奉献是一种担待，更是一种使命。弘扬责任奉献的精神，就是弘扬共产主义的道德风尚和价值规范，责任奉献精神是马克思主义的人生价值追求，是社会主义新型公民的良好品质。如果说改革创新彰显了公民的主体精神，责任奉献则作为社会主义核心价值体系的崇高道德原则，引导着人们的行为，提升着时代精神的价值与品位。责任奉献的精神因此构成了时代精神的基本风貌。

每个民族都有自己的民族精神。民族精神是一个民族的精神支柱。没有精神支柱的人难成大业，只能浑浑噩噩苟且偷生，没有精神支柱的民族难以立世，只能卑躬屈膝随波逐流；民族精神是一个民族的主心骨，缺少主心骨的人没有独立的理性，只能任人指使，缺少主心骨的民族没有立场，只能仰人鼻息；民族精神是一个民族繁衍之根，无根的民族连生存都成问题，更遑论繁荣富强；民族精神是一个民族历史之源，无源的河流终究会枯竭，更遑论奔腾万里汇聚海洋。改革开放的中国比任何时候都更需要民族精神的激励，需要在时代的大潮中升华和弘扬中华民族精神。

（三）改革创新精神在实践中的展现

改革开放以来，中华民族精神以崭新的方式体现在中国人民应对各种灾难、建设社会主义现代化各项事业的行动中，以不同的形式焕发出巨大的能量。在“抗洪抢险”、“载人航天”和“抗震救灾”等伟大实践中，时代精神得到空前的深化和升华，社会主义核心价值体系不仅得到淋漓尽致的展示，而且有了新的丰富和发展。

抗洪抢险精神。中国共产党领导全国各族人民在抵御百年一遇的特大洪水，抗击自然灾害的艰苦斗争中，演绎了中华民族“万众一心、众志成城，不怕困难、顽强拼搏，坚韧不拔、敢于胜利”的伟大抗洪精神。这种精神以公而忘私、舍生忘死的共产主义气概为灵魂；以人民利益、国家利益高于天的大局意识为核心；以一方有难，八方支援的中华民族传统协作精神为纽带；以不畏艰险、不怕牺牲、敢于胜利的革命英雄主义为旗帜；与自强不息、艰苦奋斗、同舟共济、坚韧不拔等传统民族精神一脉相承。抗洪抢险精神给我们的启示是，只要党的坚强领导和亿万群众的行动一致起来，就没有克服不了的困难，就会产生气壮山河的力量。“抗洪精神”在新时期的涌现不是偶然的，它实际上植根于中华民族世世代代追求解放和自由幸福的实践，植根于社会主义制度的优越性和中国特色社会主义伟大事业的正义性；植根于中国共产党、人民政府和解放军全心全意为人民服务的宗旨。彰显了中华民族“与天斗其乐无穷，与地斗其乐无穷”的革命乐观主义情怀。“抗洪抢险精神”是对中华民族精神的又一次检阅，是中华民族魂的又一次闪耀，为我们的党魂、军魂和国魂又一次增添新的内容，为中国特色社会主义事业增加新的精神动力。

载人航天精神。“特别能吃苦、特别能战斗、特别能攻关、特别能奉献、特别能创新”是“航天精神”的高度凝炼。载人航天是中国航天领域中规模最庞大、系统最复杂、技术难度最大、质量安全性要求极严和风险性极高的一项科学事业。中国航天人硬是凭着敢于攻坚、勇于创新的精神，从模拟太空试验室到各具特色的航天企业，从人迹罕至的航天发射场到环境恶劣的野外监测点，处处留下了航天人登攀的脚印，洒下了航天人攻坚的汗水。航天人知难而进，顽强拼搏，在千万次试验中挑战极限，在一道道科学难关面前不畏艰险，从而演绎了“特别能吃苦，特别能战斗”的航天精神。同世界航天大国相比，我国载人航天工程起步晚，基础差，投入少，要做到在短期内取得高效益、高水平的航天成就，必须走跨越式发展的道路，艰难可想而知。为了国家的发展和人民的利益，中国航天人做出了极大的奉献，老一代航天人甘当人梯，新一代航天人勇挑重担。他们心甘情愿舍弃大城市优越的生活和工作条件，无怨无悔地把自己的青春和生命奉献给航天事业，为祖国赢得了骄傲和自豪。从而演绎了“特别能攻关，特别能奉献”的航天精神。人间百事出艰辛，历尽万难铸辉煌。载人航天精神，是艰苦奋斗的精神，是勇于攻坚的精神，是开拓创新的精神，是无私奉献的精神。载人航天事业的丰功伟绩告诉我们，中国要振兴，要发展，要屹立在世界强国之林，没有这种精神不行；国家要富强，人民要富裕，社会要和谐，没有这种精神同样不行。

抗震救灾精神。每次面临地震灾难时，全国上下总是万众一心，以各种方式驰援灾区；中华儿女众志成城，举全国之力应对灾难。抗震救灾过程中涌现出无数可歌可泣的英雄人物和感人壮举，又一次展现了中华民族在大灾大难面前：“自强不息、顽强拼搏，万众一心、同舟共济，自力更生、艰苦奋斗”的民族精神和气节。抗震救灾精神是民族精神的又一次洗礼。中国人民历来具有不屈不挠、团结奋斗的光荣传统，越是艰难困苦、越是危难时刻，中华民族愈会空前团结，人心愈会空前凝聚，由凝聚和团结爆发出来的力量愈能排山倒海。抗震救灾精神是集体主义精神的又一次升华。五千多年的华夏文明将中华民族铸就成一个钢铁整体。在患难中爆发出来的民族激情，在风雨同舟中激发出来的巨大力量，气壮山河！抗震救灾精神是爱国主义精神的又一次弘扬。爱国主义是人们对祖国的忠诚和热爱，是千百年的实践巩固起来的对自己祖国的一种最深厚的感情。每当祖国和人民的利益遇到挑战的紧要关头，这种爱国主义的情感就越是炽烈和真诚，从而催生出振奋人心的行动和壮举，激励着中国人民面对灾难奏出时代最强音。乐观、奋进、自强，中华民族精神在危难中蓬勃生长；亲民、团结、爱国，中国精神在风雨同舟中升华拓展。抗震救灾中涌现出来的可歌可泣的事迹，为中华民族精神又注入了新的元素。

弘扬以改革创新为核心的时代精神，要着眼于改革开放的具体实践。时代精神是在改革开放实践中催生的，弘扬时代精神要紧紧围绕改革开放和社会主义现代化建设来展开。要把弘扬时代精神体现到深化改革的实践中，着力回答时代对改革提出的新课题，着力解决体制转变中的深层次矛盾和问题，推动改革不断取得新突破。要把弘扬时代精神体现到加快发展的实践中，着力把握发展规律、创新发展理念、转变发展方式、破解发展难题，提高发展质量和效益，实现又好又快发展。要把弘扬时代精神体现到推动创新的实践中，敢为人先，勇于超越，让全社会的创造活力竞相迸发，创新人才脱颖而出，创新成果不断涌现。

中华民族五千多年的文明史和我党90多年的奋斗史说明，一个没有核心价值观作支撑的民族，是不可能自立自强的；一个没有核心价值观作支撑的国家，是不可能发展进步的；一个没有核心价值观作支撑的政党，也是不可能兴旺发达的。以马克思主义为指导、以中国特色社会主义为共同理想、以爱国主义为核心的民族精神和以改革创新为核心的时代精神，以及社会主义荣辱观构成的社会主义核心价值体系，是中国共产党百炼成钢的政治本色，是我们必须世代相传的优良传统和作风，是凝聚党心和民心的向心力，是我们实现国家富强、民族振兴的强大精神力量。社会主义核心价值体系永远是我们战胜一切困难、夺取胜利的重要法宝。只有以社会主义核心价值体系作支撑，中华民族才能自立自强，我们的国家才能发展进步，我们的各项事业才能永葆生机活力。

三、改革创新精神对社会主义核心价值体系的深化

改革开放是决定中国命运的重大抉择，通过一系列改革开放政策的实施，打破了保守、僵化的体制，创造了一个生气蓬勃的社会局面，大大提高了全社会的创新活力。从实质上讲，改革开放的过程，就是通过一系列改革开放的重大举措解放和激发社会活力，从而推动各项社会事业飞快发展的过程。改革开放的最终目的是把我国建设成为一个富强、民主、文明的社会主义强国，要实现这个目的必须首先经过一系列改革开放措施的出台而形成强大的社会活力。从根本上改革束缚生产力和各项事业发展的旧体制，建立起充满生机与活力的经济、政治、文化新体制，提高人民群众的积极性，是改革开放的直接作用和直接目的。只有利用各种改革开放措施实现了增强社会活力的作用，才能进而达到推进社会主义事业发展的根本目的。从这个意义上讲，增强社会活力是改革开放的关键作用和最基本任务。从改革开放的历史进程看，正是由于一系列改革措施的有力出台，解放和激发了社会各阶层的创新活力，才推动了中国特色社会主义事业的迅猛发展。

社会创新活力的具体表现很丰富，但归根到底主要表现在广大人

民的主体性、能动性与创造性上。改革是从农村开始的，家庭联产承包责任制充分肯定生产经营的自主性；私营企业则在改革中获得了合法地位，自主经营权得到了保护，大大提高了劳动者的经济主体地位，激发了他们的生产积极性。对外开放是从城市开始的，经济特区的实验和成功充分证明了中国人民的创造性，极大地提振了中国人民建设现代化国家的能动性。随着改革开放的深入发展，社会主义市场经济成为经济体制改革的目标。市场经济本质上是一种承认社会各经济实体的主体性、平等性、竞争性的经济体制。经济实体的自主性作为市场经济的基础，得到了极大夯实。充满社会活力是社会主义核心价值体系的本质要求。中国特色社会主义共同理想就是要增强中华民族的凝聚力和创新活力，民族精神和时代精神所彰显的就是中华民族自强不息、发展壮大的不竭精神动力。

社会主义核心价值体系建设在新的历史条件下，具有特别重要的意义。中国特色社会主义的文化建设，最重要的是社会主义核心价值体系建设。胡锦涛在纪念党的十一届三中全会召开三十周年大会上的讲话中指出："我们把社会主义核心价值体系建设作为主线，贯穿到国民教育和精神文明建设全过程，坚持不懈地用马克思主义中国化最新成果武装全党、教育人民，用中国特色社会主义共同理想凝聚力量，用以爱国主义为核心的民族精神和以改革创新为核心的时代精神鼓舞斗志，用社会主义荣辱观引领风尚，巩固全党全国各族人民团结奋斗的共同思想基础。"① 进行社会主义核心价值体系建设，特别要积极探索用以引领社会思潮的有效途径，既要做到尊重差异、包容多样，又能够有力地抵制各种错误和腐朽思想的影响。

（一）改革创新精神与马克思主义的发展

改革开放实践呼唤着马克思主义理论创新，呼唤着发展着的当代马克思主义理论指导。改革开放的实践，必然要求思维变革，要求理论创新。中国特色社会主义事业是一项崭新的伟大事业，是一项没有现成经验可供借鉴的创新事业，这就需要不断探索、勇于开拓和实践，

① 中共中央文献研究室编：《十七大以来重要文献选编》（上），北京：中央文献出版社2009年版，第803页。

不断地创新马克思主义理论。改革开放为马克思主义理论创新提供了强大的动力和丰富的资源，中国特色社会主义将马克思主义中国化推进到一个新的境界。

在中国发展的道路上，国外敌对势力的渗透从未停止，国内各种噪音的干扰一直不断，面对各种复杂局面，“关键是我们自己要有主心骨，要巩固和发展马克思主义在意识形态领域的指导地位。马克思列宁主义、毛泽东思想、邓小平理论和‘三个代表’重要思想，是我们立党立国的根本指导思想，是全党全国各族人民的共同精神支柱，也是我们战胜艰难险阻、抵御错误思想干扰的强大思想武器。我们说要建设社会主义核心价值体系，马克思主义指导地位是最根本的”。[①] 在马克思主义指导下，我们党实现了历史上具有深远意义的伟大转折，改革开放，把全党工作的重点成功转移到社会主义现代化建设上来。逐步探索开辟了一条中国特色社会主义道路，并取得了举世瞩目的伟大成就。

在改革开放实践中，我们党成功地探索和回答了什么是社会主义、怎样建设社会主义，建设什么样的党、怎样建设党，实现什么样的发展、怎样发展等重大的理论和实践问题，不断推进着马克思主义的伟大创新。改革开放实践检验马克思主义理论创新成果。我们党在 90 多年革命、建设和改革开放的历程中，在马克思主义中国化理论创新实践中，形成了一系列极为丰富、宝贵的理论创新成果，这些理论创新成果同样需要改革开放的实践来加以检验。用发展着的马克思主义指导新的改革开放实践，我们不仅要善于总结中国特色社会主义建设的实践经验，在改革开放的实践中坚持和发展马克思主义，更要在新的历史条件下，用发展着的中国化的马克思主义指导新的改革开放和中国特色社会主义的实践，不断推进社会主义核心价值体系建设。

长期以来，我们对马克思主义存在教条化认识。马克思主义是由马克思、恩格斯在深刻分析人类社会发展规律的基础上创立的，其科学社会主义理论是建立在对人类社会特别是资本主义社会的全面剖析、对空想社会主义进行科学改造的基础上提出的科学论证。否认这种理

① 中共中央研究室编：《十六大以来重要文献选编》（下），北京：中央文献出版社 2008 年版，第 684—685 页。

论属于真理性认识，否认它对于实践中的社会主义所具有的指导意义，是反马克思主义的。但另一方面，把经典作家关于社会主义社会的一些设想，把他们的属于一定历史条件下的认识成果，看成是不需要在实践中得到修改、补充和发展的绝对真理，当做先验的模式和唯一的标准，用以裁决当今的社会现实，就犯了教条主义的错误。改革开放伊始，我们的反思首先是从什么是马克思主义，如何发展马克思主义开始的。反思的结论是：马克思主义揭示了人类社会发展的普遍规律，是科学的理论，具有科学的本质；但马克思主义不是教条，而是行动的指南，它要求我们将它的基本原理与本国的基本国情相结合，和不断变化的实际相结合，探索解决新问题的新方案，具有实践的本质；马克思主义是在不断吸纳人类先进思想文化成果的过程中诞生并壮大的，是与时俱进的理论，随实践的发展而发展的理论，具有创新的本性。

改革创新之于马克思主义理论，就是要做到继承和发展的统一，在继承中发展，在发展中加以继承，这是马克思主义理论创新的突出特点。坚持马克思主义不动摇，发展马克思主义不懈怠，把对马克思主义的继承看作是创新的前提，而把创新看作是最好的继承。不拘泥于马克思主义经典作家在特定历史条件下的某些特别论述或个别结论，不用一些过时的东西束缚我们的思想和行动，而是坚持运用马克思主义的立场、观点和方法认识形势，指导实践。世界历史发展的不平衡性、复杂性，特别是改革开放的艰巨性、复杂性，要求我们必须发展和创新马克思主义。

不能离开中国实际来空谈马克思主义，而要根据中国具体实际运用马克思主义；不能用书本上的马克思主义基本原理来简单地图解现实，把现实当作现成理论的例证，而要用马克思主义的立场、观点和方法为指导，对具体情况进行具体分析，从中引出正确的结论，形成正确的路线、方针和政策，并用于指导社会实践。真正的创新不是创造一些新鲜的词句，而是把马克思主义作为科学方法论和行动指南，用以解决中国的实际问题。“一切为了人民”、“全心全意为人民”是中国共产党人发展马克思主义的出发点和归宿点。马克思主义中国化的历程表明，只有坚持马克思主义与人民群众同呼吸共命运的价值取向，才是真正坚持和发展马克思主义。只有与人民共命运的马克思主义才具有理论上的彻底性和说服力，才能深入人心，掌握群众，成为团结人民、凝聚人心的精神源泉，才是我们所需要的真正的马克思主义。

马克思主义的理论创新必须做到与时俱进，必须站在时代的制高点上，坚持用马克思主义的基本理论分析新情况、解决新问题，创造性地提出符合客观发展规律的新思想、新观点、新论断。在新的形势下进一步加强和改进党的建设的实践，呼唤着党的建设理论的创新。中国特色社会主义理论赋予党的性质以鲜明的时代意义，赋予党的宗旨以鲜明的时代内涵，赋予党的任务以鲜明的时代特征，是在新世纪全面推进党的建设新的伟大工程，是推动理论创新、制度创新和科技创新的根本指导思想。

改革开放的历史和实践告诉我们，马克思主义在中国的创新和发展不是一帆风顺的。从破除“两个凡是”到反对各种“左”的和右的错误倾向，实践中的马克思主义披荆斩棘，显示出强大的生命力。在新的历史时期，我们要坚持用邓小平理论去观察当今世界、观察当代中国，不断总结实践经验，不断做出新的理论概括；坚持按照“三个代表”重要思想的要求建设党，全面推进党的建设新的伟大工程，不断开拓前进；按照科学发展观的要求，坚持以经济建设为中心，把发展生产力作为首要任务，坚持以人为本，把人民利益作为发展的根本出发点和落脚点，坚持全面发展和协调发展，强调实现经济发展和社会全面进步，坚持可持续发展，强调实现经济发展与人口、资源、环境相协调，保证世世代代地永续发展。只有这样，才能始终做到与时俱进，不断推动马克思主义的创新和发展，不断推动社会主义核心价值体系的创新和发展。

（二）改革创新精神与共同理想的确立

改革开放以来，我们取得的一切成绩和进步的根本原因，归结起来就是：开辟了中国特色社会主义道路，形成了中国特色社会主义理论体系，建成了中国特色社会主义制度。中国特色社会主义共同理想，把党在社会主义初级阶段的奋斗目标、国家的发展、民族的振兴与个人的幸福紧密联系在一起，反映了全体中国人民的根本利益和共同愿望，是社会主义核心价值体系的主题。中国特色社会主义道路是一条总体性的道路，它由五条具体道路汇合而成，即中国特色社会主义经济发展道路、中国特色社会主义政治发展道路、中国特色社会主义文化建设道路、中国特色社会主义社会建设道路和中国特色社会主义生态文明建设道路。

中国特色社会主义经济发展道路的成功开辟。社会主义市场经济发展道路是中国共产党经过艰辛探索确立起来的正确道路，从“十年浩劫”的阵痛中清醒过来之后，中国共产党逐渐认识到：“计划多一点还是市场多一点，不是社会主义与资本主义的本质区别。计划经济不等于社会主义，资本主义也有计划；市场经济不等于资本主义，社会主义也有市场。”[①] 认识到计划和市场都是经济发展的手段，祛除对于经济发展模式的意识形态式的教条思维，这是我们党探索经济建设正确道路的真理性认识。从“文革”时期抓经济工作挨批挨斗，到新时期以经济建设为中心；从紧闭国门的对内封锁，到全方位的对外开放；从片面强调生产关系的调整，到全面解放和发展生产力；从固守所有制的单一性，到多种经济成分并存的多样性；从对计划经济的迷信，到建设社会主义市场经济；从不切实际的盲目冒进，到尊重规律的科学发展。我们吞下了右倾思想的酸水苦果，经受了左倾思潮的惨痛教训。党的十一届三中全会打破了束缚人们思想的坚冰，翻开历史崭新的一页。改革开放的春风吹拂华夏神州，人们的思想获得空前解放。社会主义公有制为主体、多种所有制经济共同发展的基本经济制度得以形成，中国特色社会主义经济发展道路得以成功确立。在社会主义市场经济条件下，主体能动性得到极大提高，社会生产力得到巨大释放，中国特色社会主义因此获得勃勃生机。国民经济从一度濒于崩溃到经济总量跃居世界第二，人民生活从不足温饱到总体实现小康，国家从积贫积弱的东亚病夫到敢于负责任的世界大国形象。走中国特色社会主义经济发展道路：“关键要在加快转变经济发展方式、完善社会主义市场经济体制方面取得重大进展。要大力推进经济结构战略性调整，更加注重提高自主创新能力、提高节能环保水平、提高经济整体素质和国际竞争力。要深化对社会主义市场经济规律的认识，从制度上更好发挥市场在资源配置中的基础性作用，形成有利于科学发展的

① 《邓小平文选》第3卷，北京：人民出版社1993年版，第373页。

宏观调控体系”。[1] 中国特色社会主义经济道路，是改革开放战略所结出的硕果，是改革创新精神所绽放的奇葩。

中国特色社会主义政治发展道路的成功开辟。政治属于上层建筑范畴，政治发展道路的探索，必须适应经济基础的要求。唯物史观认为，经济基础是不断发展变化的，上层建筑也要随之不断调整和完善。中国特色社会主义政治发展道路，需要马克思主义的指导。但是对于马克思主义的认识，我们一度存在“四个分不清”的误区：分不清哪些是必须长期坚持的马克思主义基本原理，分不清哪些是需要结合新的实际加以丰富发展的理论判断，分不清哪些是必须破除的对马克思主义的教条式的理解，分不清哪些是必须澄清的附加在马克思主义名下的错误观点。“四个分不清”直接导致对马克思主义的程序化理解、抽象化理解和教条化理解，最终导致对马克思主义的错误理解。对于坚持中国共产党的领导，还是实行多党轮流执政，有些人立场模糊，认识不明。也有人质疑中国特色的人民代表大会制度、中国特色的多党合作和政治协商制度，妄图以西方的“三权分立”来取而代之。从马克思主义教条化，到马克思主义中国化；从“阶级斗争为纲”，到坚持四项基本原则；从无产阶级专政下的继续革命，到开展社会主义经济文化建设；从跑步进入共产主义的狂热，到社会主义初级阶段的冷静认识。没有对马克思主义的正确发展，就没有政治体制上的突破性改革；没有对国情的清醒认识，就没有“走自己的路”的远见卓识。没有改革创新的时代精神，就没有中国特色社会主义的政治发展道路。改革创新精神赋予中国特色社会主义政治以崭新的内容，这就是坚持中国共产党的正确领导，高举马克思主义理论旗帜，坚持人民真正当家作主，坚持依法治国的根本方略，发展社会主义民主政治。建设中国特色社会主义的民主法治，进一步完善中国特色的人民代表大会制度、中国特色的多党合作和政治协商制度、民族区域自治制度以及基层群众自治制度，为实现中国特色社会主义共同理想提供有力的政治保障。

中国特色社会主义文化建设道路的成功开辟。对于社会主义文化

---

① 胡锦涛：《高举中国特色社会主义伟大旗帜　为夺取全面建设小康社会新胜利而奋斗——在中国共产党第十七次全国代表大会上的报告》，《人民日报》2007 年 10 月 25 日。

建设道路的探索，中国共产党历尽艰辛，既有成功的经验，也有失败的教训。从“文革”样板戏的“八花”独放，到重新确立“百花齐放、百家争鸣”的方针；从批判“白专道路”，到倡导“科学技术是第一生产力”；从文化领域的“不讲政治”倾向，到建设社会主义核心价值体系……改革开放使中国特色社会主义文化建设不断获得新的生命力。坚持为人民服务、为社会主义服务的方向，坚持百花齐放、百家争鸣的方针，促进社会主义文化大发展大繁荣，为建设富强、民主、文明、和谐的社会主义现代化国家提供精神动力和智力支持。改革创新精神赋予文化建设的新内涵：一是建设社会主义核心价值体系，增强社会主义意识形态的吸引力和凝聚力；二是建设和谐文化，大力培育文明风尚；三是弘扬中华文化，建设中华民族共有精神家园；四是推进文化创新，增强文化发展活力。

中国特色社会主义社会建设道路的成功开辟。改革开放确立起经济建设这个中心，社会生产力得到极大发展，人民群众日益增长的物质文化生活需要基本得到满足，人民的温饱问题得到解决，初步实现了小康，并确定了全面建成小康社会的目标。为和谐社会建设奠定了比较坚实的物质基础。十七大报告指出：“必须在经济发展的基础上，更加注重社会建设，着力保障和改善民生，推进社会体制改革，扩大公共服务，完善社会管理，促进社会公平正义，努力使全体人民学有所教、劳有所得、病有所医、老有所养、住有所居，推动建设和谐社会。”① 和谐社会理论开创了中国特色社会主义社会建设之路。经济要发展，政治要民主，文化要繁荣，社会要进步是时代潮流，也是中国特色社会主义的内在要求。只有真正消灭人剥削人的经济制度，人压迫人的政治制度，人侮辱人的文化制度，和谐社会才能得以实现。改革开放的必由之路，为坚定不移地走中国特色社会主义和谐社会之路奠定了坚实的基础。

中国特色社会主义生态文明建设道路的成功开辟。党的十七大明确提出，“建设生态文明，基本形成节约能源资源和保护生态环境的产业结构、增长方式、消费模式，循环经济形成较大规模，可再生能源

① 胡锦涛：《高举中国特色社会主义伟大旗帜　为夺取全面建设小康社会新胜利而奋斗——在中国共产党第十七次全国代表大会上的报告》，《人民日报》2007 年 10 月 25 日。

比重显著上升，主要污染物排放得到有效控制，生态环境质量明显改善，生态文明观念在全社会牢固树立。”① 生态文明建设是中国共产党全面反思工具理性主义、走新型工业文明发展道路的必然诉求，是应对我国经济社会发展面临的突出矛盾和问题的迫切需要，是人类倡导低碳生活、保护地球生态平衡的理性选择。生态文明建设完善了中国特色社会主义事业的总体布局，拓展了中国特色社会主义文明的思想认识，深化了中国特色社会主义现代化建设的奋斗目标，是中国共产党丰富发展内涵、创新发展理念、拓展发展思路、破解发展难题的新成果。科学发展观是新时期指导我们党的科学世界观和方法论，其主要宗旨就是通过科学发展真正实现人与自然的和谐。生态文明建设以崭新的思维方式科学地对待人与自然的关系，解决了“什么是健康的发展，走什么样的发展之路，为什么而发展”等事关科学发展的重大问题。在中国特色社会主义实践中，生态文明建设与经济建设、政治建设、文化建设、社会建设“五位一体”，处于同等重要的战略地位，是建设中国特色社会主义事业不可或缺的有机组成部分。生态文明建设是实现中国经济社会科学发展的必然选择，是中国特色社会主义的应有之义，也是中国特色社会主义建设的合理路径。

中国特色社会主义的总体布局内容从“四位一体”到“五位一体”的拓展，反映了中国共产党对中国特色社会主义理论认识的开拓与创新。其中，经济建设是基础，政治建设是方向，文化建设是需要，社会建设是保障，生态文明建设是条件，经济基础、政治方向、文化需要、社会保障都要在一个人与自然和谐相处、生态优化、环境美好的生态文明基础上才能得到实现。中国特色社会主义这五个方面相辅相成、相互影响、相互促进，它们共同构成一体化的发展模式，确保我们的祖国是一个天蓝、山绿、水清的美丽中国。这是我们的奋斗目标，也是中国特色社会主义的共同理想。

（三）改革创新精神与社会主义道德基石的构筑

改革开放要建设一个民主法制、公平正义、充满活力、安定有序、

① 胡锦涛：《高举中国特色社会主义伟大旗帜　为夺取全面建设小康社会新胜利而奋斗——在中国共产党第十七次全国代表大会上的报告》，《人民日报》2007年10月25日。

文明富强的和谐社会。和谐社会的构建，要求在全社会建设和践行社会主义核心价值体系，实现社会各个方面协调发展，均衡发展。共同价值观、伦理道德建设对于实现这样的目标至关重要。

建设中国特色社会主义，要求全社会有共同的道德基础和行为准则。只有让全社会成员自觉守法、明德知耻、道德高尚，才有可能实现全社会真正的和谐发展。道德建设从精神文化、社会习俗及其道德力量层面产生的非强制性约束，对实现社会和谐治理，对引导社会成员自觉主动接受社会规则约束，具有十分积极的作用。因为人们的行为选择从思想根源上看，大多是由文化传统、伦理道德、价值观念等意识形态规则来主导的。

道德荣辱观体现的是社会共同价值观念中的道德价值取向。道德作为一种价值理性，是一种关于人类社会“应当怎样”的智慧。它表达并设定一定社会价值取向和理想目标，引导社会发展方向，规定社会发展目标，把握和调整着社会各个方面的善及其合理性。这些价值取向和理想目标深深渗透在政治、法律和经济生活等各个领域，润物无声地发挥着作用。一方面，改革开放丰富和发展了人们的道德价值取向和道德荣辱观，赋予伦理道德新的内涵；另一方面内容更新和深化了的道德价值取向和道德荣辱观，丰富和提升了社会主义核心价值体系的道德基础，提高了人们的精神境界，保障了改革开放的顺利推进。在这个意义上，道德荣辱观建设任务的提出，是社会主义核心价值体系建设的自觉要求。

社会主义荣辱观的建设与弘扬，有助于社会公民个体道德感的培养。荣辱感表现为主体对荣誉的追求和对耻辱的拒斥。荣辱感的养成培育是公民形成自尊自爱道德素质的必要环节。羞耻心是人们拒绝恶事的心理保证，一个人只有知耻，才能做到自律，才能自觉追求荣誉，避免耻辱。相反，一个人如果缺乏这种荣辱观或道德良知，不知荣耻，那么任何道德律令对他来讲都是无效的。

社会主义荣辱观的建设有助于社会道德调控机制的营建。一个社会的正气和良好风尚，与这个社会的公民整体道德素质密切相关，也与这个社会的道德调控机制的建构密切相关。荣辱观是开放社会普遍追求道德高尚生活的基础动力。改革开放如果没有形成一个善恶荣辱分明的道德环境和社会风气，道德对社会的约束和引导就会形同虚设，改革开放就会失去道德基础，人们的行为就会失范。

改革开放已经带来社会主义意识形态的深刻变化。变化中的道德观念是社会主义意识形态的一部分，它是调整新型人际关系、个人与集体之间、个人与社会之间相互关系的行为规范。改革开放已经彻底摧毁旧的道德规范，新的道德规范尚未完全建立起来，以社会主义荣辱观为核心的道德规范建设在今天显得尤为重要。以“八荣八耻”为主要内容的社会主义荣辱观，涵盖了价值取向、人生态度、社会风尚的方方面面，体现了中华民族传统美德、党的优良传统和社会主义道德的完美结合，深化了我们党对社会主义道德建设的认识，因而必然成为社会主义核心价值体系的重要内容。

以“八荣八耻”为主要内容的社会主义荣辱观，与改革开放新形势相结合，与社会主义市场经济相适应，与社会主义法律规范相协调，与中华民族传统美德相承接，体现了改革开放新时期社会主义道德的与时俱进。马克思主义的世界观、人生观和价值观从根本上决定着社会主义荣辱观。在改革开放的新时代，是非、善恶、美丑的界限绝对不能含糊，坚持什么、反对什么，倡导什么、抵制什么，都必须旗帜鲜明、立场坚定，自觉做到以热爱祖国、服务人民、崇尚科学、辛勤劳动、团结互助、诚实守信、遵纪守法、艰苦奋斗为光荣，以危害祖国、背离人民、愚昧无知、好逸恶劳、损人利己、见利忘义、违法乱纪、骄奢淫逸为耻辱。社会主义荣辱观丰富和发展了社会主义道德规范。从建国初期党提出“爱祖国、爱人民、爱劳动、爱科学、爱护公共财物”的道德要求，到改革开放初期“爱祖国、爱人民、爱劳动、爱科学、爱社会主义”的“五爱”倡导。从二十世纪八十年代广泛开展的以讲文明、讲礼貌、讲卫生、讲秩序、讲道德，心灵美、语言美、行为美、环境美，热爱共产党、热爱祖国、热爱社会主义为主要内容的“五讲四美三热爱”活动，到培育有理想、有道德、有文化、有纪律的“四有”社会主义公民，再到社会主义荣辱观的大力宣传，爱国主义成为社会主义道德建设的纲领，为人民服务成为社会主义道德建设的核心，集体主义成为社会主义道德建设的原则，改革创新成为社会主义道德建设的基本要求。

社会主义荣辱观集中体现了我国新时期思想道德建设的要求，尤其是社会主义核心价值体系建设的基本要求。其中，前“四荣”、“四耻”，即“以热爱祖国为荣、以危害祖国为耻，以服务人民为荣、以背离人民为耻，以崇尚科学为荣、以愚昧无知为耻，以辛勤劳动为荣、以好逸恶劳为耻”，体现了为人民服务和“五爱”的基本道德要求；而“以团结互助为荣、以损人利己为耻，以诚实守信为荣、以见利忘义为耻，以遵纪守法为荣、以违法乱纪为耻，以艰苦奋斗为荣、以骄奢淫逸为耻”的后“四荣”、“四耻”，则较为集中地体现了以“爱国守法、明礼诚信、团结友善、勤俭自强、敬业奉献”的公民基本道德规范要求。

社会主义荣辱观是发展社会主义市场经济的客观要求。社会主义市场经济是改革开放进程中出现的新生事物，为我国经济社会的发展注入了强大的生机活力。在改革开放进程中，一方面，爱国主义、集体主义、社会主义思想得到新的弘扬和发展，社会主义精神文明得到新的弘扬和发展，与社会主义市场经济相适应的新的思想道德观念和行为规范不断催生出来。另一方面拜金主义、享乐主义、极端个人主义有所滋长，道德失范，市场经济自身的缺陷和消极因素明显暴露出来。加强社会主义核心价值体系的道德基础建设，既要坚持正确的思想道德要求，又要直面思想道德领域存在的突出问题，自觉抵制市场经济的消极因素。

社会主义荣辱观体现了当前社会主义道德建设方面的这些要求，抓住了人民群众普遍关心的突出问题，明确了社会主义市场经济条件下的基本价值取向、道德规范和行为准则，为社会主义精神文明建设奠定了道德基石，是促进社会主义市场经济健康发展的重要保障。

社会主义荣辱观蕴涵着中华民族传统道德的精粹。中华民族在悠久的历史发展中积淀了丰富的道德思想和优良的道德传统。其荣辱思想认为，知耻是人之为人的根本，是一个人最基本的道德感。匡正社会风俗，要从知耻做起。这种重视荣辱的观念，贯穿于中国传统道德发展的始终，滋养着中华民族的精神世界，使我们民族始终坚守着高尚情操，保持着不屈气节，洋溢着浩然正气。社会主义荣辱观既洋溢着改革开放的时代气息，又弘扬了中华民族传统道德中的荣辱思想，兼具民族性和时代性特征。

要在全社会树立社会主义荣辱观，努力促成知荣辱、讲正气、促和谐的良好风尚；要在全社会弘扬社会主义荣辱观，弘扬爱国主义、集体主义、社会主义思想，倡导社会主义基本道德规范，扶正祛邪，扬善惩恶，促进社会风气的根本好转和良好社会风气的形成，构筑改革开放的坚固道德基石。

（四）改革创新永无止境，社会主义核心价值体系建设任务艰巨

随着改革开放向纵深发展，各种深层次矛盾日益凸显，社会主义核心价值体系建设要敢于直面现实，不回避矛盾，为解决重大的现实问题提供真正的思想武器。如果我们纠结于一些无谓的形而上学争论，或者满足于既有发展路径不思进取，就会造成思维沉湎于定式、观念落后于现实，进而导致想象力枯竭、创造力凝滞，直接危害社会主义核心价值体系的理论建设与实践运用。因此，丰富与深化社会主义核心价值体系是一个长期的实践过程，也是一个努力探索、不断提升理论境界的过程，这两个过程的展开都需要改革创新的时代精神，需要处理好先进性与包容性的辩证关系、民族性与世界性的辩证关系、理想性与现实性的辩证关系，以及阶段性与长期性的辩证关系。

首先，社会主义核心价值体系是以马克思主义的科学世界观和方法论为指导的，马克思主义是对人类社会发展规律的科学揭示，反映着人类发展进步的要求，是能够引领时代前进的文化精髓，社会主义核心价值体系扎根于中国特色社会主义伟大实践，反映了马克思主义中国化的最新成果。这是其先进性所在，也是其具有引领作用的根据。同时，社会主义核心价值体系又是在尊重差异，包容多样，吸取人类一切优秀文化成果的基础上熔铸创新、顺势而成的，因此它是具有包容性的价值体系。先进性与包容性的辩证统一，使社会主义核心价值体系具有强大的整合力和广泛的感召力，能够引领社会思潮最大限度地达到理论共识，成为维系中国社会各个民族、各种群体的精神纽带。

其次，中华民族具有悠久而灿烂的文化，具有本民族鲜明的个性特质，社会主义核心价值体系反映了中华民族心理，彰显了中华民族特征，体现了中华民族品格，因此具有鲜明的民族性。民族的文化同时也是世界的文化，中华民族文化是世界文化宝库中不可或缺的组成部分，它对公平、正义和幸福等美好愿景的追求又具有世界共性。在经济全球化和改革开放条件下建设社会主义核心价值体系，既要坚定不移地弘扬本民族独特的价值观，又要尊重世界各民族普遍认同的价

值观。建设社会主义核心价值体系是世界历史性活动，具有世界历史性意义，必须坚持民族性与世界性的辩证统一。

再次，社会主义核心价值体系建设必须树起境界高远、追求卓越的理想旗帜，将人们的视域从生活层面升华到精神层面，使人民大众在日常工作和生活中能够得到精神家园的强大支撑。与此同时，社会主义核心价值体系建设，还要密切关注当前经济社会发展的客观现实，紧贴人民群众的生活实践。必须能够关照人民群众的切身利益，能够回应社会生活的理论需求和现实需求，能够切中涌动在社会生活深层的思想脉搏，在引领人民群众共同前进的同时满足人民群众的物质、精神和文化需要，将崇高的理想追求与当下的现实行动结合起来。让理想引导行动，让行动实现理想，实现理想性与现实性的有机统一。

最后，要把社会主义核心价值体系的阶段性建设与长期性建设有机结合起来。一方面，全球化时代的经济社会发展节奏加快，阶段性特征更加明显，决定了社会主义核心价值体系的建设必然是具体的和历史的。另一方面，作为伴随整个中国特色社会主义历史进程的战略任务，要充分认识核心价值体系建设的长期性和艰巨性，力戒毕其功于一役的短视心态。要根据不同时期、阶段要求的新变化不断总结、提升新的核心价值观念，及时纳入到社会主义核心价值体系之中，永葆与时俱进的品格和开放包容的气度。要将阶段性任务与整体性任务结合起来，将近期目标与长远目标结合起来，脚踏实地推进社会主义核心价值体系建设。

在改革开放进程中形成并丰富的社会主义核心价值体系，作为社会主义的主导价值观，有着相互统一、不可分割的本质特征，即科学性、民族性、时代性和开放性。科学性指社会主义核心价值体系是对社会主义社会发展本质规律的反映，是科学的理论体系；民族性指社会主义核心价值体系是中华民族在改革开放新时期进行社会主义现代化建设中高举的精神旗帜；时代性指社会主义核心价值体系是当代中国人民在改革开放新时代所建设和践行的价值取向；开放性指社会主义核心价值体系是不断发展和包容兼蓄的，而不是停滞僵化和故步自封的。这些特性都是改革开放时代所赋予的，打上鲜明时代烙印的。社会主义核心价值体系的科学性、民族性、时代性和开放性是有机统一的整体。

就其科学性而言，社会主义核心价值体系以马克思主义科学的世界观和方法论为指导，是社会主义意识形态的本质体现，是我们党对建设社会主义的规律和人类社会发展规律的深刻认识。这一理论体系立足于中国特色社会主义伟大实践，反映了中国人民探索社会主义发展道路、创新马克思主义的最新成果，蕴涵着科学发展观的一系列本质要求，包含着追求富强民主文明和谐的价值目标，能够极大地激发人民群众的主体性、能动性和创造性，把精神层面的价值力量转化为实践层面的物质力量，是真正能够引领当代中国发展进步的科学的价值体系。

就其民族性而言，由于每个民族的历史传统、文化背景、社会心理、生活方式等等方面的差异所导致的经济、政治、文化、社会发展的不同，其价值观必然会呈现出鲜明的民族特色。社会主义核心价值体系深深植根于中华民族的历史之中，积淀着中华民族最深层的精神追求和生活方式，符合中华民族积极进取的健康心理，反映中华民族自强不息的坚毅特征，体现中华民族爱好和平的宽容品格，凝聚各族人民根本利益，表达各族人民共同愿望，获得各族人民广泛认同，具有广泛民众基础，是代表中华民族意志的核心价值体系。

就其时代性而言，每一个民族的价值观都会随着时代的发展而展现出时代的特征，凝聚一个时代各种价值观的核心价值观，与这个时代发展的实际状况相一致，表现形式呈现出阶段性和时代性。社会主义核心价值体系反映着改革开放时代的发展变化和要求，把握时代脉搏，体现时代精神，富有时代气息，具有强烈的时代感。社会主义核心价值体系着眼改革开放新的实践，顺应人民群众新的期待，在全球化时代的新舞台上构筑中华民族的强大精神支柱。社会主义核心价值体系还体现了社会主义先进文化的前进方向，反映了人类文明进步的新要求，从而引领时代前进的核心价值体系。

就其开放性而言，社会主义核心价值体系与我国社会主义基本制度紧密结合在一起，其根本价值原则是不变的。同时，社会主义核心价值体系又具有与时俱进的理论品格和开放包容的实践气度，是继承与发展的统一、科学性与价值性的统一、民族性与世界性的统一。它善于吸纳人类创造的一切优秀文明成果，不断用反映时代潮流的思想观念来提升人们的精神境界，是随着时代的发展和实践的发展而不断丰富完善的价值体系。开放性是社会主义核心价值体系永远充满活力的源泉。

邓小平把改革看作是中国的第二次革命。胡锦涛也强调，改革开放是党在新的时代条件下带领人民进行的新的伟大革命。十七大报告用“三个最”和“三个面貌”高度概括了改革开放的历史新时期，指出：新时期最鲜明的特点是改革开放，新时期最显著的成就是快速发展，新时期最突出的标志是与时俱进。经过改革开放的洗礼，中国人民的面貌、社会主义中国的面貌、中国共产党的面貌发生了历史性变化。

事实雄辩地证明，改革开放是决定当代中国命运的关键抉择，是发展中国特色社会主义、实现中华民族伟大复兴的必由之路。只有社会主义才能救中国，只有改革开放才能发展中国、发展社会主义、发展马克思主义。党的十七大进一步深化了对改革开放的认识，作出了“坚持改革开放”的新决策，指出改革开放是发展中国特色社会主义的强大动力。认真总结改革开放的历史进程和宝贵经验，总结改革开放对社会主义核心价值体系建设的积极意义，梳理改革开放与改革创新时代精神之相互促进的关系，有利于我们建设和践行社会主义核心价值体系，有利于我们在新的历史条件下继续推进改革开放伟大事业。

改革开放30多年的历程表明，改革开放的道路曲折而又艰辛，改革开放引发的问题复杂而又艰深，但这并不说明改革开放错了。相反，中国的问题只有通过改革开放、弘扬改革创新精神才能得以解决。评价改革开放，既要看到存在着什么问题，还要看到已经解决了多少重大和棘手的问题。“改革开放作为一场新的伟大革命，不可能一帆风顺，也不可能一蹴而就。最根本的是，改革开放符合党心民心，顺应时代潮流，方向和道路是完全正确的，成效和功绩不容否定，停顿和倒退没有出路。”[①] 改革开放是中国人民走向未来的崭新道路，改革开放时代的创新精神是中国人民的不竭动力，改革开放所取得的成就是中国人民走向未来的坚实脚印。改革创新精神永放光芒，社会主义核心价值体系建设任重道远。

① 胡锦涛：《高举中国特色社会主义伟大旗帜　为夺取全面建设小康社会新胜利而奋斗——在中国共产党第十七次全国代表大会上的报告》，《人民日报》2007年10月25日。

第五章　核心价值观与社会主义核心价值体系建设

核心价值体系是一个国家、社会得以存在和发展的灵魂，是精神文化建设的核心、目的和枢纽，社会主义国家也不例外。中国共产党历来重视社会主义精神文明和理想信念建设。毛泽东同志曾经说过，社会主义国家要有“统一意志”，要“步调一致”。邓小平同志认为，我们这么大一个国家，要团结起来、组织起来，一靠理想，一靠纪律。江泽民同志明确指出，一个民族、一个国家，如果没有自己的精神支柱，就没有灵魂，就会失去凝聚力和生命力。胡锦涛同志多次强调“民族精神”、“精神支柱”和“共同理想信念”的重要性。面对中国改革开放关键时期呈现出的阶段性特征，中国共产党深刻把握时代发展要求、积极应对国际国内形势变化发展趋势，在十六届六中全会上首次明确提出“社会主义核心价值体系是建设和谐文化的根本”的科学命题。

社会主义核心价值体系的提出，是中国共产党在精神文化建设领域的又一重大理论创新，是由当今中国正在生机勃勃地展开的历史性实践——中国特色社会主义事业——所产生并且还在不断产生出来的最紧迫、最重大的思想任务。之所以这么说，一方面是因为中国改革开放以来在经济方面的快速增长，以及伴随着这一举世瞩目的“经济奇迹”而来的物质财富的巨大扩展；另一方面则是因为在这一发展过程中精神领域所面临的日益尖锐的挑战。随着经济体制的深刻变革、社会结构的深刻变动、利益格局的深刻调整，当代中国的社会生活和社会意识日趋多样化，各种价值观念、价值体系之间的差异性以及产生的冲突明显增强。有学者指出：“假如撇开价值观念上的细小分歧，在当代中国至少存在着以下三大价值体系：前现代性，现代性，后现代性。……这三大价值体系不仅相互存在矛盾和冲突，而且每个价值体系内部也存在着矛盾和冲突。”[①] 这些价值体系的矛盾和冲突在深层次上反映着当代中国精神文化建设正在经受着的“普遍困境”，“它正在成为一种能够被明显感觉到的普遍而深刻的精神缺失。这种缺失意味着：以往的或既与的精神样式已不再具有普遍的约束力了；虽说某些部分或片段依然在起作用，但缺少一种已然成熟的定型的完备的精神形态，一种足以掌握并协调日益巨大的物质力量并使之获得自由表现的精神形态。”[②] 正是这种普遍缺失的精神困境将社会主义核心价值体系建设作为一项紧迫、重大的任务提了出来。而且，由于这一精神困境的产生与当代中国参与到现代文明的发展密切相关，因此，作为一项思想任务，社会主义核心价值体系建设本身就内在地包含着建构一种与现代资本主义文明保持批判性距离的新文明类型的要求，意味着整个生活方式、生活态度、价值体系等的变革与重塑。在此意义上，社会主义核心价值体系的提出，“是一个历史性的变化，是党和国家在社会主义理论和实践方面的一大突破。它代表着中国特色社会主义事业所含有的一种文化觉醒和文化自觉”。[③]

在这种文化觉醒和文化自觉的推动下，自中国共产党十六届六中全会提出包括“四大块”内容的“社会主义核心价值体系”之后，国内学界积极参与社会主义核心价值体系的建设，并从社会主义核心价值体系提出的意义、社会主义核心价值体系的内涵以及核心价值体系的践行和落实三个维度对社会主义核心价值体系进行了集中研究，形成了广泛的共识：

首先，在社会主义核心价值体系提出的意义方面，学界普遍认为，在理论层面，社会主义核心价值体系是对于马克思主义、毛泽东思想、邓小平理论、“三个代表”重要思想和科学发展观等社会主义理论的高度概括和精炼总结；核心价值体系是中国在经济、政治、文化等领域坚持社会主义原则、形成共同的民族精神的理论引导和依据。在实践层面，社会主义核心价值体系是中国特色社会主义事业不断发展建设的客观需要和历史需求，是巩固发展中国特色社会主义事业的根本保

---

① 俞吾金：《价值四论》，《哲学分析》2010 年第 2 期。

② 吴晓明：《当代中国的精神建设及其思想资源》，《中国社会科学》2012 年第 5 期。

③ 李德顺：《社会主义核心价值与当代普世价值》，《学术探索》2011 年第 10 期。

障，是实现中华民族伟大复兴的“灵魂工程”。

其次，在社会主义核心价值体系的内涵以及四大部分基本内容的关系方面，通过对四项基本内容的内涵、理论来源、特征进行研究，学界也达成了普遍共识。学界认为，社会主义核心价值体系的四项基本内容针对不同领域具有独特的重要意义，它们以各自的含义和实践要求，在中国特色社会主义事业建设中发挥着不可替代的作用。“在社会主义核心价值体系这一有机体中，马克思主义指导思想居于最高层面，是指对作为认识世界、改造世界的理论基础的马克思主义的价值认同，从根本上说，是指对人类社会发展规律的价值认同。在社会主义核心价值体系这一有机体中，中国特色社会主义共同理想是指对国家、民族追求的未来美好发展前景的价值认同。在社会主义核心价值体系这一有机体中，以爱国主义为核心的民族精神和以改革创新为核心的时代精神，是指对实现共同理想的动力之源的价值认同。在社会主义核心价值体系这一有机体中，社会主义荣辱观居于重要地位，它指的是对公民思想行为选择标准的价值认同。”① 这四项具有各自含义和实践要求的基本内容共同构成了“一个相互联系、相互贯通、层层递进、有机统一的整体”。在这个有机整体中，每一项内容都关涉不同的思想、社会领域，扮演着不同的角色。其中，“坚持马克思主义指导地位是灵魂，树立中国特色社会主义共同理想是主题，培育民族精神和时代精神是精髓，践行社会主义荣辱观是基础。”②

最后，在社会主义核心价值体系的践行方面，学界也进行了系统研究，取得了丰富的学术成果，出版了大量的学术专著。③ 这方面的研

---

① 吴潜涛：《社会主义核心价值体系的科学内涵》，《道德与文明》2007 年第 1 期。

② 葛洪泽：《重建精神家园》，芜湖：安徽师范大学出版社 2011 年版，第 3－4 页。

③ 这方面的代表性著作有：韩震：《我们的“主心骨”：大力建设社会主义核心价值体系》，北京：人民出版社 2008 年版；王琴：《筑牢中华民族精神支柱——建设社会主义核心价值体系研究》，北京：人民出版社 2010 年版；陈志军：《社会主义核心价值体系融入大学生思想政治教育全过程研究》，北京：光明日报出版社 2009 年版；周玉清、王少安：《社会主义核心价值体系引领大学文化建设论纲》，北京：人民出版社 2011 年版；杨晓慧：《社会主义核心价值体系融入大学生思想政治教育全过程的基本问题研究》，北京：人民出版社 2011 年版；胡懋仁：《大学生理论热点问答——社会主义核心价值体系建设丛书》，北京：人民出版社 2012 年版；梅荣政、杨军：《社会主义核心价值体系与社会思潮析评》，北京：中国社会科学出版社 2010 年版；宁先圣、石新宇：《社会主义核心价值体系与当代社会思潮》，北京：社会科学文献出版社 2011 年版；吕忠梅：《强学而力行》，北京：中共党史出版社 2012 年版；《家和万事兴，国和天下平：社会主义核心价值体系与和谐乡村建设》，桂林：广西师范大学出版社 2011 年版；邹利华、张翔：《武警官兵树立当代革命军人核心价值观研究》，北京：中国社会科学出版社 2010 年版。

究大致分为两个方面："一是在社会整体层面研究社会主义核心价值体系的建设问题，二是分析在经济、文化、政治等不同社会领域如何实践社会主义核心价值体系。"[①] 通过研究，学界普遍认为，社会主义核心价值体系建设不仅仅是理论问题，而且更重要的是实践问题；在实践层面，社会主义核心价值体系建设的关键就是要解决好"从群众中来，到群众中去"的问题，就是要通过各种方式和渠道增强社会主义核心价值体系的吸引力、凝聚力和影响力，"切实把社会主义核心价值体系融入国民教育和精神文明建设全过程，转化为人民的自觉追求"[②]。

为了达到这种目标和效果，有学者认为，社会主义核心价值体系的践行和落实理应做好四个方面的工作：第一，要增强推动文化改革发展的责任感和紧迫感，不断加强文化载体建设，提高文化传播力，通过强"魂"（社会主义核心价值体系）健"体"（社会主义文化的各种载体形式），使社会主义核心价值体系这一"兴国之魂"广为传播、深入人心。在此意义上，社会主义核心价值体系的建设过程就是社会主义文化强魂健体的过程，即建设社会主义文化强国的过程。第二，通过各地方、各领域、各行业、各单位的核心价值观或"精神"的提炼活动拓展和充实社会主义核心价值体系建设，使核心价值体系渗透并融入到人民群众的日常生活之中。第三，人民群众是中国特色社会主义事业和社会主义核心价值体系的创造者和践行者，要通过人民群众的创造性实践、特别是群众性精神文明创建活动推动社会主义核心价值体系建设。最后，要改善思想政治教育工作的方法和途径，建构学校、家庭、社会紧密协作的教育网络，将社会主义核心价值体系更加系统地融入公民教育、特别是青少年教育的全过程。青少年是祖国的未来、民族的希望，社会主义核心价值体系能否内化为青少年的思想意识和价值取向，是其能否永葆生机的关键。[③]

针对学界多从正面阐释社会主义核心价值体系建设的研究现状，有学者从忧患意识出发集中研究了如何克服社会主义核心价值体系

---

① 李建华、周谨平：《社会主义核心价值体系中的核心价值观研究综述》，《湖南城市学院学报》2010 年第 1 期。

② 胡锦涛：《高举中国特色社会主义伟大旗帜，为夺取全面建设小康社会新胜利而奋斗——在中国共产党第十七次全国代表大会上的报告》，《人民日报》2007 年 10 月 25 日。

③ 韩震：《展望新年的社会主义核心价值体系建设》，《光明日报》2012 年 1 月 7 日。

“边缘化危机”的问题，认为克服这一危机不能仅仅依靠意识形态的“外在灌输”，而要牢牢坚持社会主义核心价值体系的人民主体性。其中，人民反腐是凸显核心价值体系主体性的重要机制，而民众意愿的表达是核心价值体系主体性凸显的重要标志，“只有从社会自我意识的‘有机’形式和‘无机’形式（前者指国家权威机构的评价活动，后者指社会民众的评价活动——引者注）的相互作用过程来理解对于社会思潮的引领，才能使核心价值体系的内容在引领中不断地丰富和发展，在社会转型的变化中不断凸显人民主体性；惟有如此，才能克服其边缘化危机。”①

除了上述三个方面的广泛共识之外，学界在学习、宣传、践行社会主义核心价值体系的过程中，也提出了两个值得进一步思考和研究的问题：一是社会主义核心价值观与社会主义核心价值体系的关系；二是如何提炼和概括社会主义核心价值观。经过讨论，学界在第一个问题上取得了广泛的共识，但具体到后一个问题，无论是在提炼的原则还是在最终的表述上，学界迄今为止都存在着较大的分歧，需要进一步的探索和研究。反思这些讨论，不仅有利于总结争论各方在理论方面的得失，而且有助于我们进一步把握当代中国正在展开的历史性实践（中国特色社会主义道路）以及从这一实践中生长出来的精神文化建设（社会主义核心价值体系建设）的基本定向。

一、社会主义核心价值观与核心价值体系的关系

自中国共产党十六届六中全会首次明确提出“社会主义核心价值体系”这个科学命题之后，价值观，特别是社会主义核心价值观研究逐渐成为学界探讨的一个热点。在探讨的过程中，有学者提出，社会主义核心价值体系就是社会主义核心价值观体系。理由是：《决定》中

① 陈新汉：《论社会主义核心价值体系的人民主体性》，《哲学研究》2011 年第 1 期。关于这方面的研究，还可参见陈新汉：《警惕核心价值体系“边缘化危机”》，北京：社会科学文献出版社 2011 年版；《人民反腐是凸显核心价值体系主体性的重要机制》，《思想理论教育》2011 年第 3 期；《民众意愿的表达是核心价值主体性凸显的重要标志》，《广西大学学报》2011 年第 4 期。

提出的社会主义核心价值体系，是指主体观念的层面，即社会主义的核心价值观（体系）。因为社会主义核心价值体系的基本内容，是精神形态和观念形态的东西，也就是社会主义核心价值观念。这种核心价值体系作为社会主义的核心价值观，应当是社会主义精神文明建设的核心内容。建设社会主义核心价值体系的任务，也就是要在全社会普遍地建构、培育具有中国特色的社会主义价值观（体系）。① 这种把社会主义核心价值体系与社会主义核心价值观等同起来的做法，引起了学界广泛的讨论。经过讨论，大多数学者达成了一个重要共识：社会主义核心价值体系不能等同于社会主义核心价值观。在此基础上，关于两者的关系，学界形成了以下四种有代表性的表述：

一是“系统—内核”论。这种观点认为，核心价值体系是在一个国家或地区占主导地位的社会价值体系，是一个由内核、层次和边沿等部分所构成的完整、丰富的价值观系统；核心价值观是社会价值观体系中起主导和支配作用的价值观，它是整个核心价值体系的一部分，涵盖于核心价值体系之中，是核心价值体系的“内核”。作为内核，“核心价值观是人们在长期的社会生活实践过程中抽象出来的，它具有高度的概括性、简约性、包容性、稳定性、持久性、渗透性以及可近而不可即性。也就是说，核心价值观的词语表达应当是极其简约明确而又极富包容性，寥寥数词便可以包容和指导一个庞大的价值体系，并且可以渗透到价值体系的各个层次中去。”②

二是“前提—抽象”论。与第一种观点一样，这种观点也认为，社会主义核心价值观是社会主义核心价值体系的“内核”，但研究视角有区别：第一种观点把社会主义核心价值体系作为一个整体加以研究，认为社会主义核心价值观是其中的一个部分，而第二种观点则倾向于把社会主义核心价值体系与社会主义核心价值观作为两个主体进行关系研究。③ 在这种观点看来，每一个社会都有其赖以支撑的核心价值体

---

① 李崇富：《建设社会主义核心价值体系从观念到现实的思考》，《江西社会科学》2007 年第 2 期。

② 张利华：《试析中国特色社会主义核心价值体系的结构与内涵》，《中国特色社会主义研究》2007 年第 4 期。

③ 参见李建华、周谨平：《社会主义核心价值体系中的核心价值观研究综述》，《湖南城市学院学报》2010 年第 1 期。

系和核心价值观。社会主义，无论从社会理想、社会运动还是社会制度来说，都是一种有别于资本主义的价值选择，有着自己独特的核心价值体系和核心价值观。社会主义核心价值观与社会主义核心价值体系，两者在本质上是一致的、统一的，都是社会主义思想文化体系不可或缺的重要内容和组成部分，但又各有侧重，相互区别。社会主义核心价值体系是社会主义核心价值观的基础和前提，是社会主义核心价值观形成和发展的必要条件，从一定意义上说，没有社会主义核心价值体系就不可能产生社会主义核心价值观，就不会有社会主义核心价值观的发展演进。另一方面，社会主义核心价值观是社会主义核心价值体系的内核、高度概括和最高抽象，体现社会主义的价值本质，决定社会主义核心价值体系的基本特征和基本方向，引领社会主义核心价值体系的建构。社会主义核心价值观渗透于社会主义核心价值体系之中，通过社会主义核心价值体系表现出来。确立社会主义核心价值观，是建设社会主义核心价值体系的根本内容。如果没有社会主义核心价值观，社会主义核心价值体系就没有灵魂，就会显得庞杂、分散而不集中、不精炼。因此，建设社会主义核心价值体系与确立社会主义核心价值观，是相辅相成、有机统一的，是一枚“硬币”的两面。只有将两个方面有机统一起来，才能为中国特色社会主义的理论与实践提供科学的、完整的价值合理性依据。①

三是“对象化—具体展开”论。在这种观点看来，学界之所以没有把社会核心价值观念和社会主义核心价值体系之间的关系搞清楚，其原因在于对核心价值体系概念没有做深入研究。核心价值体系是比社会主义核心价值体系更为基础的概念。只有深入研究核心价值体系的哲学意蕴，才能进一步理解社会主义核心价值体系。基于这种考虑，论者从价值哲学的角度出发，在考察相关概念的基础上，对社会主义核心价值观念与社会主义核心价值体系的关系做了富有哲学意蕴的解释。概要说来，这种解释主要包含四个要点：第一，社会核心价值观念及其品格。统一的物质世界包括物理形态的世界和价值形态的世界。人在实践基础上通过认知活动对物理形态的世界进行反映，通过评价

① 参见戴木材、田海舰：《社会主义核心价值体系建设需要深化研究的若干理论》，《马克思主义研究》2009 年第 9 期。

活动对价值形态的世界进行反映。在评价活动中，主体从自身需要和利益出发，反映客体及其属性对于主体的意义，形成关于价值的意识。价值意识在主体意识中不断地反复，就会以“逻辑的格固定下来”，积淀为价值观念。与个体的价值观念不同，社会价值观念是以社会群体为主体的价值观念，总是以自在或自觉的形式体现着社会群体主体的价值追求和价值取向。在社会范围内，由于存在着不同的社会群体，因而就会形成许多不同的价值观念。在这些价值观念中占主导地位并能对多元价值观念及其冲突进行引导的社会价值观念，就是社会核心价值观。作为一个社会的核心价值观念，它既要体现人文精神的时代特征，又要赢得社会中大多数人的认同。第二，价值体系的两种涵义。价值体系有广义和狭义之分。广义的价值体系就是具有结构的价值形态的世界体系，而狭义的价值体系就是竖立在经济结构之上的“法律的和政治的上层建筑”和与现实基础相适应的“一定的社会意识形式”，它仅包括政治上层建筑的物质价值体系和思想上层建筑的精神价值体系。在上层建筑的范围内，思想上层建筑的精神价值体系比政治上层建筑的物质价值体系更为根本，政治上层建筑是在思想上层建筑的指导下建立起来的，只是思想的“物质附属物”。第三，核心价值体系的两重性。思想上层建筑的价值体系中，总存在着一些居主体地位、对其他价值起主导作用的价值，由这些价值所构成的体系就称为思想上层建筑中的核心价值体系，简称核心价值体系。核心价值体系之所以能在思想上层建筑乃至整个上层建筑中居主体地位、起主导作用，从直接性来分析，就在于它是在社会价值观念的直接指导下构建起来的，是社会核心价值观念的对象化和具体展开。由此，核心价值体系具有两重性：就其对象化而言，它体现着“为我而存在的关系”，具有能满足社会主体的需要、符合社会主体的利益的精神价值；就其具体化而言，它本质上仍然是社会价值观念，具有社会价值观念的能动作用，体现社会主体的价值追求和价值取向。第四，核心价值体系的两重性是研究社会主义核心价值体系与核心价值观的关系、提炼社会主义核心价值观的方法论前提。一方面，在哲学基本问题中，核心价值体系与核心价值观分属于两个范畴，其中，核心价值体系属于物质范畴，核心价值观属于意识范畴，二者之间的关系属于物质与意识之间的关系，是被反映与反映的关系，这是理解核心价值体系与核心价值观之间关系的基本前提。另一方面，在社会历史领域的基本问题中，核心价值体系与核心价值观同属于社会意识范畴，这是理解核心价值体系与核心价值观之间关系的另一个基本前提。尽管在社会历史领域中，两者都是社会意识，但仍然不能把两者直接等同起来，因为核心价值观是对思想的思想，是核心价值体系的概括和提炼，体现着核心价值体系的自觉。①

四是形式—内容论。在这种观点看来，社会主义核心价值体系是由四个方面的内容构成的一个有机统一的整体，而把这一整体中的四个方面内容联系、贯通起来的就是核心价值观念。核心价值体系与核心价值观念是框架与实质、结构与要素、形式与内容的关系。“从价值的本质、价值的作用到价值的创造、价值的认识、价值的实现，其中每一个部分都离不开价值观念和对一定价值观念的看法。”② 社会主义核心价值体系，决定了社会主义核心价值观念的意识形态性质和民族形态；社会主义核心价值观念，则反映着社会主义核心价值体系的价值追求、价值理想、价值取向和价值规范。由此，要“大力建设”社会主义核心价值体系，我们就不能满足于由四个方面内容构成的社会主义核心价值的框架体系，必须进一步追问：马克思主义理论的核心价值追求、中国特色社会主义核心价值理想、中华民族的民族精神和时代精神所体现的核心价值取向以及社会主义荣辱观的核心价值规范是什么？循此追问，我们才能真正把握社会主义核心价值体系的内在实质——社会主义核心价值观。③

通过分析上述这些不同的表述，我们不难发现，通过对“价值观”、“核心价值观”、“价值体系”、“核心价值体系”这些基本概念的研究，学界已经就“社会主义核心价值观与社会主义核心价值体系的关系”问题达成了广泛共识。首先，社会主义核心价值观与社会主义核心价值体系紧密相连、辩证统一，二者在根本上具有一致性，都是

---

① 参见陈新汉：《论核心价值体系》，《马克思主义研究》2008 年第 10 期；《核心价值体系及其与核心价值观的关系》，《红旗文稿》2012 年第 8 期。

② 袁贵仁：《袁贵仁自选集》，北京：学习出版社 2007 年版，第 324 页。

③ 参见韩震：《公平正义的和谐社会与核心价值观念》，《中国社会科学》2009 年第 1 期；《“民主、公正、和谐”体现了社会主义的核心价值追求——兼论社会主义核心价值观的凝练及其原则》，《红旗文稿》2012 年第 6 期。

构建社会主义和谐社会这个重大战略任务的有机组成部分，都是社会主义意识形态的本质体现，都统一于中国特色社会主义事业和全面建设小康社会的生动实践，都旨在“引领社会思潮，尊重差异，包容多样，最大限度地形成社会思想共识”，“形成全民族奋发向上的精神力量和团结和睦的精神纽带”，为中华民族伟大复兴提供精神文化支撑和灵魂。其次，社会主义核心价值观与社会主义核心价值体系的辩证统一和一致性，并不意味着二者可以直接等同。实际上，二者相互区别，各有侧重。关于这一点，有学者指出，从切入点来说，社会主义核心价值观从理念入手，更倾向于立场、观点、态度等总的价值理念的建构，而社会主义核心价值体系则从体系入手，倾向于层次明确、内容具体、更加直观的价值意义的整体建构；从目标来说，社会主义核心价值观强调对社会主义的认识有一个更加深入准确的理解和把握，而社会主义核心价值体系则强调实践上的操作性；从内容来说，二者有从属关系，社会主义核心价值观从属于社会主义核心价值体系，是社会主义核心价值体系的核心和灵魂，是社会主义核心价值体系最基础、最核心的部分。① 因此，提炼和概括社会主义核心价值观，是进一步推进社会主义核心价值体系建设的必然要求。

二、提炼社会主义核心价值观的原则

“如何提炼和概括社会主义核心价值观”既是社会主义核心价值观研究的关键，也是当前乃至今后很长一段时期内学术界关注和讨论的核心。这个问题之所以会成为学界讨论的热点，主要有理论和实践两个方面的动因。理论上，它是深化社会主义核心价值体系研究的内在要求。因为社会主义核心价值观是社会主义核心价值体系的内在实质，因此，“确立和规范社会核心价值体系，内在地要求进一步凝炼和建构社会核心价值观。”② 实践上，它是践行社会主义核心价值体系的内在需要，是社会主义核心价值体系走向大众的内在需要。换言之，要“切实把社会主义核心价值体系融入国民教育和精神文明的全过程，转

① 陈静、周丽：《社会主义核心价值观基本内涵探要》，《马克思主义研究》2007 年第 6 期。

② 包心鉴：《社会主义核心价值观的凝练与建构》，《光明日报》2012 年 1 月 14 日。

化为人民的自觉要求”,[①] 就必须对其作进一步的提炼和概括，提出简明扼要、便于传播践行的社会主义核心价值观。根据这两个方面的内在要求，进一步提炼和概括社会主义核心价值观无疑具有非常重要的理论和实践意义。提炼社会主义核心价值观，有利于提高社会主义核心价值体系在群众中的感召力和影响力；有利于占领思想文化的道德制高点，掌握话语制造权和舆论主导权，提高社会主义核心价值体系在国际论域中的竞争力；有利于增强社会主义核心价值体系内在统一性，增强社会主义意识形态的吸引力和凝聚力。[②] 基于此种认识，自社会主义核心价值体系提出以来，学界就开始了对社会主义核心价值观的提炼，遗憾的是至今没有形成共识。根据不同的提炼原则和标准，学界提炼和概括出了名目繁多、不尽相同的社会主义核心价值观。概要说来，当前主要有四种提炼社会主义核心价值观的基本范式：

一是社会主义本质论。这种范式认为，社会主义核心价值观，首先是社会主义的价值观，而不是别的什么主义的价值观，“社会主义”是对其最基本也是最重要的规定。社会主义社会有自身的本质规定和根本属性，社会主义核心价值观必然是社会主义本质规定和根本属性在价值层面的集中反映。根据这种思路，“社会主义本质论”强调社会主义核心价值观与社会主义本质的内在联系，并集中探讨社会主义社会首要的基本的价值诉求。不过，由于对社会主义的本质及其基本价值诉求的理解上存在差异，因而在这个总的范式下也出现了一些不同的表述，例如：“民主、富强、公正、和谐和自由”,[③] “以人为本，民主公正”,[④] “友爱、平等、互助、共富”,[⑤] “劳动优先、人民至上、共同富裕、公平正义、和谐发展”,[⑥] 等等。

二是形式—内容论。这种范式与其对社会主义核心价值观与社会

---

① 胡锦涛：《高举中国特色社会主义伟大旗帜　为夺取全面建设小康社会新胜利而奋斗——在中国共产党第十七次全国代表大会上的报告》,《人民日报》2007 年 10 月 25 日。

② 参见韩震：《公平正义的和谐社会与核心价值观念》,《中国社会科学》2009 年第 1 期。

③ 侯才、栾亚丽、邓永芳：《中国特色社会主义的基本价值观论析》，《中共中央党校学报》2006 年第 4 期。

④ 包心鉴：《社会主义核心价值观的凝练与建构》,《光明日报》2012 年 1 月 14 日。

⑤ 杨永志：《也谈社会主义核心价值观的凝练》,《光明日报》2012 年 2 月 4 日。

⑥ 侯惠勤：《社会主义核心价值观的提炼——社会主义核心价值观的概述及其对多样化社会思潮的引领》，中国社会科学网 2012 年 5 月 4 日。

主义核心价值体系之间关系的理解密切相关。根据这种理解，社会主义核心价值观是把社会主义核心价值体系四个方面的基本内容联系、贯通起来的“形式”、“精神内核”、“根本原则”，决定社会主义核心价值体系的价值追求、价值理想、价值取向和价值规范，是这个体系的精髓，是核心中的核心。因此，提炼社会主义核心价值观，应该是提炼社会主义核心价值体系的精神内核和根本原则，而不应该是“社会主义核心价值体系四个方面基本内容的完整反映和全面概括”。[①] 赞同这种范式的学者认为，凝炼社会主义核心价值观应遵循六项基本原则：1. 核心价值观是意识形态的精髓，它必须是国家社会制度价值取向的体现；2. 核心价值观必须是真正目标性、理念性的价值观，而不能是工具性、手段性的价值观；3. 核心价值观必须是基本性的、持久性的价值观，而不能是次生性的、短暂性的价值观；4. 核心价值观必须是更具解释力的价值观，而不能是包含在其他价值观中的价值观；5. 核心价值观必须是具有一定的超越性的理念，可以凝聚人心、振作精神、引领方向，具有强大的精神感召力；6. 核心价值观必须是代表历史前进方向的和具有世界意义的理念，可以吸引全人类的认同和向往。根据这六项原则，赞同这种范式的学者将社会主义核心价值观概括为“民主、公正、和谐”，认为它们集中体现了中国特色社会主义的核心价值追求，把社会主义核心价值体系的四个方面内容有机地贯通起来。[②]

三是国家—公民论。这种范式认为，国家与公民是提炼和概括社会主义核心价值观的两个基本路径。一方面，社会主义核心价值观是对当代中国社会文化和基本价值观念的集中体现和全面反映，必须体现国家认同，即政治认同、历史认同、文化认同；另一方面，社会主义核心价值观是对社会思想文化发展的价值引领，它也需要公民的高

---

① 这涉及另一种提炼社会主义核心价值观的范式，这种范式认为，社会主义核心价值观和社会主义核心价值体系在内容和外延上是一致的，社会主义核心价值观的内容与社会主义核心价值体系的四个方面是一一对应的。参见钟明华、黄荟：《社会主义核心价值观内涵解析》，《山东社会科学》2009 年第 12 期。

② 参见韩震：《公平正义的和谐社会与核心价值观念》，《中国社会科学》2009 年第 1 期；《“民主、公正、和谐”体现了社会主义的核心价值追求——兼论社会主义核心价值观的凝练及其原则》，《红旗文稿》2012 年第 6 期。

度认同。没有公民身份的认同和公民道德的自觉，社会主义核心价值观就没有提炼的基础。根据这种基本路径，在调查分析当代中国社会主义核心价值观的基础上，有学者提出了一种“基于公民认同的社会主义核心价值观”，并将其概括为“发展、富强、和谐、仁爱”。[①] 另外，还有学者根据这两个基本路径将社会主义核心价值观区分为国家层面的“主导价值观”和公民层面的“共同价值观”。其中，国家的主导价值观可以概括为“富强、民主、文明、和谐”，而公民的共同价值观则可以概括为“仁爱、正义、守法、诚信”。[②]

四是社会有机体论。这种范式认为，马克思主义的社会有机体论为我们凝炼社会主义核心价值观提供了方法论基础，它是确立社会核心价值及其核心价值观的出发点和最基本的理论依据。由此出发，核心价值就是能够对社会发展的三个关键性领域——经济领域、上层建筑的国家政治领域和意识形态领域——起到决定性影响的价值因素。与之对应，结合社会主义核心价值体系的四个方面的基本内容，这种范式将社会主义核心价值观概括为32个字：天下为公，爱国为先；以人为本，创新发展；尊严廉耻（八荣八耻），立身之道；民主富强，和谐大同。[③]

从总体上看，近些年来国内学界关于社会主义核心价值观的理论研究，立足实践和时代变化，围绕“如何提炼社会主义核心价值观”这一核心问题，展开了广泛的争论，并进行了深入细致的研究，取得了一系列阶段性的成果。这为今后进一步研究奠定了较为坚实的基础，但提升的空间仍然存在，其主要不足之处有两个方面：

首先，从研究内容来看，虽然学界“建议对社会核心价值体系作概括，提出简明扼要、便于传播践行的社会主义核心价值观”的呼声日益高涨，但与之相矛盾的则是：在“概括出能够得到广泛认同的社会主义核心价值观”方面，学界的分歧远大于共识。概括地说，这些分歧主要集中在三个方面：“一是从价值内容上看，如何能够体现出社

① 参见李建华：《社会主义核心价值观的提炼》，《红旗文稿》2012年第5期。

② 参见杨明：《国家与公民：社会主义核心价值观概括的基本路径》，《红旗文稿》2012年第4期。

③ 参见龚群：《以马克思主义社会有机体论为基础概括社会主义核心价值观》，《红旗文稿》2012年第7期。

会主义特性和人类性的有机统一；二是从价值主体上看，如何能够体现出规范国家和规范公民的内在一致；三是从价值基础上看，如何能够体现出现实性和理想性的历史统一。”① 因此，如何提炼出能得到广泛认同的社会主义核心价值观，仍有待理论和实践上的继续探索。

其次，从研究方法上看，国内学界关于社会主义核心价值观研究的最大特点之一，就是研究者们大都把“社会主义价值观既已存在”作为理论预设，并在此理论预设的指引下去寻求如何提炼社会主义核心价值观的根据。客观地说，这种研究方法在一定程度上深化了社会主义核心价值观研究，拓展了这一研究的视野，但它也不可避免地带有“根据的形式主义”② 的缺陷——“对于同一的内容我们可以提出不同的根据”，因而我们也可以依据不同的根据对同一的内容作出不同的解释。国内学界之所以难在社会主义核心价值观方面达成共识，其根由就在于此。更为严重的是，当学界满足于寻求提炼社会主义核心价值观的“抽象的根据”并为此展开争论时，那个“自在自为地规定了的内容”——社会主义核心价值体系与中国特色社会主义道路之间的关系问题——就被有意或无意地疏远甚至掩盖起来。而实际上，如果社会主义核心价值体系的提出是由当今中国正在生机勃勃地展开的历史性实践——中国特色社会主义事业——所产生并且还在不断产生出来的最紧迫、最重大的思想任务，那么我们理论上的首要任务就是：从当下中国发展的现实境况出发，探究中国特色社会主义道路的历史必然性以及它在未来展开过程中的现实可能性。③ 在此基础上，我们才能真正确定社会主义核心价值体系建设的基本取向，并对社会主义核心价值观的具体内容作出合理的提炼和概括。

三、中国道路与社会主义核心价值观的提炼

新中国成立以来，特别是改革开放以来，中国人民在中国共产党

---

① 侯惠勤：《在社会主义核心价值观的概括上如何取得共识?》，《红旗文稿》2012 年第 8 期。

② 关于“根据的形式主义”的缺陷及其批判，参见［德］黑格尔：《小逻辑》第 121 节附释，贺麟译，北京：商务印书馆 2004 年版，第 260－264 页。

③ 关于这个问题的讨论，参见李景源：《核心价值体系与中国发展道路》，《马克思主义研究》2010 年第 5 期；吴晓明：《当代中国的精神建设及其思想资源》，《中国社会科学》2012 年第 5 期。

的领导下在实践和探索中走出了具有浓郁中国特色且充满活力的发展道路——中国特色社会主义道路。沿着这条道路，当代中国取得了举世瞩目的发展成就。随着中国国民经济的快速增长和综合国力的巨大提升，整个世界日益在国际政治和全球战略的主题上关注中国的发展走向，以及这种走向可能产生的诸多后果。在这种背景下，关于中国发展道路的争论一直是国外关注的焦点。

（一）关于中国道路的争论

改革开放以来，国外关于中国道路的争论主要是从两个方面展开的：

一方面，二十世纪九十年代以来，在“华盛顿共识”主导的“拉美模式”遭遇“发展”陷阱之后，中国特色社会主义道路以及中国沿着这条道路所书写的“故事”，日益显露出自身的魅力，并赢得了越来越多的赞誉。

2004 年 5 月，美国高盛公司高级顾问和清华大学教授乔舒亚·库珀·雷默发表了《北京共识：论中国实力的新物理学》的文章，对中国的改革开放成就及其经验作了全面理性的思考和分析。通过分析，雷默得出了三点结论：第一，“中国的崛起，正像因特网当年崛起那样，讨论其可以避开或者说可以接触，是毫无意义的。它是生活的事实。不管最终发生什么情况，中国的崛起本身都足以改变我们世界的现状。”因此，为了理解这一事实，我们就必须放弃“接触或遏制”的传统思路，而采取一种“新物理学”——“如果你要了解天空是如何运行的，你就应当更加关心天体是如何移动的，而不只是关心它们的最终归宿。”第二，“中国正开辟出一条通往发展的新道路，这条道路是建立在创新、积聚非对称性力量、实现以人为本的发展和注重个人权利和责任的平衡基础之上。”具体来说，“北京共识”包含三个有用的定理。第一定理是使创新的价值重新定位，“消除变化带来的问题的唯一方法是更多的变化和更多的创新。创新密度是救命良药。”第二个定理是努力创造一种有利于持续和公平发展的环境，其核心是要求建立一种将可持续性和平等性成为首要考虑而非奢谈的发展模式。最后，“北京共识”包含着一个自主理论。通过发展和积聚非对称性力量（例如巨额外汇储备），北京共识实现了“一项多方位的、而且得到充分论证的安全观革命，它至少给人们一种希望：每个国家都可以凭借自身的实力成为强国，不足以统治世界，但能做到自主自决。”“中国人的目标不是冲突，而是避免冲突”。这种新安全观概括起来就是“四不”：不搞霸权主义，不搞强权政治，不结盟，不搞军备竞赛。第三，中国的发展和崛起已经引起了整个世界，特别是发展中世界的兴趣。这种兴趣的根源，除了中国的商业影响日益扩大之外，还有两个重要的因素。首先，不管中国改革开放的未来如何，北京共识都已经提出了一系列与“华盛顿共识”截然不同的新思想。“华盛顿共识”是美国经济学家约翰·威廉姆森提出的一种旨在指导拉美经济改革的理论，曾在二十世纪九十年代风靡一时，其理论核心是“私有化和自由贸易”。与之相反，“中国的新发展方针是由取得平等、和平的高质量增长的愿望推动的。严格地讲，它推翻了私有化和自由贸易这样的传统思想。”其次，北京共识的出现标志着中国的一大变化，一个易受外部因素影响的不成熟改革进程已经转变成一个自我实现的改革进程。中国现在正在总结自己的经验，对于那些渴求实现和平发展、自主发展的发展中世界来说，这种经验日益显露出自身的魅力。

2007 年，当代世界体系理论的代表人物，美国约翰·霍普金斯大学社会学教授，乔万尼·阿里吉出版了《亚当·斯密在北京：21 世纪的谱系》一书。在书中，阿里吉把中国的发展放在探讨一系列霸权国家兴衰荣辱的宏大和复杂历史模式中进行分析，认为“资本主义世界体系经过了一系列霸权国家的循环”，并且相信在下一个循环中美国霸权将被中国霸权所取代。在阿里吉看来，中国的世界霸权可能产生三个积极的后果：第一，重组当今由西方主导的国家等级体系，东亚领先的时代或许会带来国际间更大的平等。第二，中国霸权或许比欧美先例更少军事色彩，更多和平倾向。第三，中国的崛起开创了建立在市场交换基础上，但不是资本主义制度的更加平等和更加人道的东亚发展道路。

2009 年 6 月，伦敦大学经济学院教授马丁·雅克出版《当中国统治世界：中国的崛起和西方世界的衰落》一书，再次从不同的视角论证了雷默和阿里吉已经说明过的论题——中国正在开辟一条非西方化的现代化道路。在雅克看来，“西方国家那种认为中国（以及其他发展中国家）必将遵从西方发展道路的观念主要基于以下两个不可分割的观点：其一，世界上仅有一种可以想象得到的现代性，那就是西方的现代性；其二，世界将会一直由西方国家主导，因为按照他们的说法，西方国家的制度和模式要优于其他所有国家，西方主导的世界将会永久延续下去。”[①] 但实际上，只要放弃这种“狂妄自大”的观点，我们就会发现，西方的历史时刻正在悄悄退去，在西方国家占主导地位两个世纪之后，历史的“接力棒”正传向东方——尤其是中国。中国独特的历史和文化——“文明国家的观念和朝贡体系的经历”——决定了中国不会走西方化的现代化道路。作为世界上最有影响力的大国，“中国未来给世界带来的影响，将可与20世纪的美国媲美，甚至有可能超越美国。”[②]

另一方面，面对改革开放以来中国所发生的日新月异的变化，“一个比历史上任何社会变化都快的社会”，西方社会的主流思潮从来没有停止过对中国发展道路的质疑。首先，这种质疑与所谓的“中国威胁论”有关，亦即中国的崛起是和平主义的还是霸权主义的。在这个方面，过去十多年间，欧洲、北美和日本一直都在争论这样的问题：正在崛起的中国是一个威胁还是一种机遇？是一个可以接触的保守的国家，还是一个需要进行遏制的崛起的国家？中国是和平崛起还是军事威胁？而在这种发问的背后，人们最为疑虑且暗中又颇为肯定的一点是：随着国民经济和综合国力的快速增长，中国的发展将直接或间接地导致帝国主义和霸权主义（首先是地区霸权主义）。例如，亨廷顿在《文明的冲突》中就明确地宣称：“中国的历史、文化、传统、规模、经济活力和自我形象，都驱使它在东亚寻求一种霸权地位。这个目标是中国经济迅速发展的自然结果。所有其他大国如英国、法国、德国、日本、美国和苏联，在经历高速工业化和经济增长的同时或在紧随其后的年代里，都进行了对外扩张、自我伸张和实行帝国主义。没有理由认为，中国在经济和军事实力增强后不会采取同样的做法。”[③] 其次，

① ［英］马丁·雅克：《当中国统治世界：中国的崛起和西方世界的衰落》，张莉、刘曲译，北京：中信出版社2010年版，中文版自序。

② ［英］马丁·雅克：《当中国统治世界：中国的崛起和西方世界的衰落》，张莉、刘曲译，北京：中信出版社2010年版，第13页。

③ ［美］塞缪尔·亨廷顿：《文明的冲突与世界秩序的重建》，周琪等译，北京：新华出版社1998年版，第255页。

这种质疑涉及“中国变化的颜色”，亦即中国的发展道路是社会主义性质的还是资本主义性质的。在这方面，海外许多人都把中国改革开放30多年来的奇迹般的经济增长及其全球性影响力的提高归功于“中国持续走向资本主义”；有人甚至认为，随着经济的快速发展，中国将遵循西方发展的规律，走上政治民主化的道路。

上述这些论述表明，关于中国发展道路的基本性质及其未来走向的争论，一直是国外关注的焦点。按照沃勒斯坦的概括，这些争论反映了国外对中国认知的三种矛盾，即：中国是社会主义国家还是资本主义国家、中国是南方国家还是北方国家、中国仍是反帝的领袖国家还是已经成为帝国主义强国，而且这三对认识矛盾的核心可以归结为“市场与意识形态哪个是实质哪个是表象”。在争论中，虽然包括雷默、阿里吉和雅克在内的一些西方学者对中国正在开创的新道路给予了积极的评价，但是，正如雅克所言，“直到现今，西方研究中国的主流思潮都倾向于认为，中国将不可避免地紧跟西方的脚步，发展成为一个西方式的国家。”① 这显然是一种错误的说法。对此，我们应该进行一次认真的讨论。

（二）为什么中国不能走资本主义道路

当代中国的发展往往被最为通常地概括在“现代化”一词中，而现代化一词又最为通常地意指进入到“现代文明”之中。因此，为了回答中国为什么必须走社会主义道路而不能走资本主义道路这个问题，我们首先必须弄清现代文明的本质及其界限。

1. 现代文明的本质及其界限

关于现代文明的本质，如果我们不拘执于对其纯粹形式的、无内容的、空洞的谈论，而从赋予它实体性内容的“人们的现实生活过程”去思，就会发现：现代文明本质是西方—欧洲的资本主义文明，它是在西方—欧洲独特的物质生活条件（封建社会形式解体与资本主义生产方式的发展）和精神—文化前提（基督教教化及其世俗化）中产生并发展起来的。这种文明一经产生，就依靠资本和与它相适应的现代

① ［英］马丁·雅克：《当中国统治世界：中国的崛起和西方世界的衰落》，张莉、刘曲译，北京：中信出版社2010年版，中文版自序。

技术的力量不可避免和不可阻挡地把它自己的统治地位扩散到整个地球，并推动着“世界的欧洲化”。在此过程中，现代文明也日益赢得了自己的“世界历史意义”：它创造出巨大的生产力和史无前例的文明成就，它摧毁了一切封建的和宗法的关系并使整个社会生活得到革命性的改造，它彻底变革了传统的生产方式并使生产日益社会化……最后，它把历史转变成真正的“世界历史”：由于开拓了世界市场，它使一切国家的物质生产和精神生产都成为世界性的了。①

但是，正像每一种文明都是历史地生成并且也历史地繁荣和衰老一样，现代文明在历史地赢获它的普遍性即“世界历史意义”的同时，也随着它的历史发展日益显露出自身的限度。根据马克思的批判性分析，现代文明的历史限度主要表现在三个方面：

一是自然的界限。现代文明的一个基本特征就是消除了传统文明对自然的崇拜。在资本无限制地发展生产力的内在驱动下，现代文明不仅通过现代数学自然科学的展开完成了对自然界的普遍占有，而且“要把自然科学发展到它的顶点”，“要从一切方面去探索地球，以便发现新的有用物体和原有物体的新的使用属性，如原有物体作为原料等等的新的属性”。② 这样一来，在资本永无止境的宰制、统治和压榨之下，地球本身及其自然资源的有限性就必然会显现出来。这种自然的界限现今已由人类面临的严重的生态危机所证实。“在马克思的时代，生态问题曾是次要问题，然而，马克思已经清楚地注意到了这个问题的轮廓。”③

二是社会生活的界限。在以资本为原则的经济领域中通行的唯一法则是“唯利是图”，这正是马克思在现代社会的“犹太本质”或“犹太精神”一词中所揭示的“市民社会的原则”，也是一切经济学解决所有问题的最终原理（所谓最大净收入原理或最低成本原理）。但是，建立在一个唯利是图的经济—市场结构基础之上的社会生活是有其限度的。因为市民社会的这一原则“扯断了人的一切类联系，代之以利己

① 《马克思恩格斯选集》第1卷，北京：人民出版社1995年版，第274－277页。

② 《马克思恩格斯全集》第46卷（上册），北京：人民出版社1979年版，第392页。

③ ［美］K. B. 安德森：《战后德国的马克思、黑格尔和批判哲学——与伊林·费切尔的谈话》，《世界哲学》2012年第3期。

主义和自私自利的需要，使人的世界分解为原子式的相互敌对的个人的世界。"[①] 结果，家庭的解体以及整个社会生活的自行瓦解就是现代文明所不可避免的结局。

三是战争的界限。现代文明本质上就具有强制性和进攻性，因此，现代文明的普遍化过程，实质上就是西方—资本主义文明"迫使一切民族——如果它们不想灭亡的话——采用资产阶级的生产方式"的过程，是"它按照自己的面貌为自己创造出一个世界的过程"，是"使农村从属于城市"、"使东方从属于西方"的过程。[②] 现代文明本身就包含着霸权主义的趋势，因为资本的本性要求"克服民族界限和民族偏见"，要求"摧毁一切阻碍发展生产力、扩大需要、使生产多样化、利用和交换自然力量和精神力量的限制"。"但是，决不能因为资本把每一个这样的界限都当作限制，因而在观念上超越它，所以就得出结论说，资本已在实际上克服了它。"[③] 一切民族都不会自愿放弃自己的民族界限和独特的历史文化传统，因此，资本的扩张是在矛盾中运动的，城市对农村、西方对东方、西方文明对非西方文明的侵略、殖民和统治，必然会导致农村对城市、东方对西方、非西方文明对西方文明的反抗。这种统治与反抗的相互作用最终总是会通过战争的方式表现出来。加上现代人类掌握了足够毁灭整个地球的原子弹和氢弹，现代战争更是显露出了可怕的前景——人类要么在核武器的相对均势中维持一种暂时的和平，要么在战争中集体毁灭。

如果说在十九世纪，马克思对现代文明的批判显得过于超前，因而有点"不合时宜"的话，那么一战之后，对现代文明的批判就成了当代西方哲学一个普遍且重要的课题。伽达默尔在《20 世纪哲学的基础》中指出："伴随着第一次世界大战，也出现了一种真正的划时代的意识，它把 19 世纪牢牢地归入过去的范围之中。这种说法不仅在以下意义上说是正确的，即资产阶级时代把对技术进步的信仰同对有保证的自由、至善至美的文明的满怀信心的期待统一起来，这个时代已经终结。这个终结不仅仅是意识到离开了一个时代，更主要的是有意识

① 《马克思恩格斯文集》第 1 卷，北京：人民出版社 2009 年版，第 54 页。

② 《马克思恩格斯选集》第 1 卷，北京：人民出版社 1995 年版，第 276－277 页。

③ 《马克思恩格斯全集》第 46 卷（上册），北京：人民出版社 1979 年版，第 393 页。

地退出这个时代，而且是对这个时代最尖锐的拒斥。”自此之后，“我们必须更为尖锐地提出我们时代的问题，即在一个完全由科学支配的社会现实中人如何能够理解自己”，因而“哲学通过捍卫科学对世界的意识定向的界限与当代诸事件相伴随而存在”。① 鉴于现代科学技术在现代文明中的核心地位，“捍卫科学对世界的意识定向的界限”也就意味着对现代文明的最尖锐的拒斥，意味着批判地揭示现代文明的界限。

在当代西方哲学家中，海德格尔对现代文明作了最为彻底的批判。这种彻底性表现在，他通过深思“技术的本质”，揭示了现代科学技术与整个形而上学之间的内在关系。海德格尔认为，现代科学技术是哲学的终结和完成，是形而上学（柏拉图主义）的最后形态。因此，要想从现代科学技术造成的激情和灾难中解放出来，我们就必须返回到苏格拉底之前，“重新思考开端、开创的东西”，然而，“趋向开端却总是意味着在追溯已走过的路（形而上学之世界历史天命的行程及其在现代科学中的终结和完成——引者注）时发现其他的、开放的可能性”。因此，“无须惊异，甚至海德格尔对开端的回溯也在某种程度上追踪着东方思想的魅力，并且试图在日本和中国访问学者的帮助下——徒劳地——更进一步地追随这种思想。”② 据海德格尔的亲炙弟子伽达默尔回忆，海德格尔曾有一次在把他的一篇文章读给他们听的过程中中断下来，并十分不耐烦地说：“所有一切都是中文。”

2. **中华文明的和平主义传统**

与海德格尔一样，在批判现代文明的过程中，罗素也将希冀的目光投向了东方，尤其是中国。罗素是二十世纪英国著名的哲学家、数学家和逻辑学家，在第一次世界大战之前，他一直“沉迷在科学和抽象思维之中”。但是，一战的爆发瞬间就击碎了罗素“过去认为有价值的东西”，他曾认为是很安全的西方文明，突然间爆发出可与摧毁古罗马帝国相比的破坏力和危害。在这种背景下，罗素放弃了原先的抽象的研究工作，转而“关注如何建设一个和平的社会”。③ 在罗素看来，

---

① ［德］伽达默尔：《哲学解释学》，夏镇平、宋建平译，上海：上海译文出版社 2004 年版，第 110 页，第 113 页，第 111 页。

② ［德］伽达默尔：《真理与方法》下卷，洪汉鼎译，北京：商务印书馆 2007 年版，第 439 – 440 页。

③ 关于罗素思想发展中的这种转折，参见［英］伯特兰·罗素：《罗素自选文集》，戴玉庆译，北京：商务印书馆 2006 年版，第 1 – 8 页。

就“和平”这个当今人类面临的重大问题来说，西方文明大体上是没有希望的。因为西方文明，特别是以“现代工业主义和民族主义”为标志的现代西方文明是造成当前世界混乱并使世界陷入争战的原因。因此，为了建设一个和平的社会，就必须接触并了解非西方文化。

基于这种考虑，罗素曾于1920年10月21日踏上了去中国的旅程，并在中国旅行与考察了将近一年的时间。后来，在回到英国之后，罗素于1922年出版了《中国问题》一书。全书的基本主题是：中国文化孕育着“建设一个和平的社会”的美好希望，其根据在于：由“道教”、“儒教”和“佛教”三种因素构成的中国文化自古以来就是一种“和平主义”的文化。根据罗素的分析，中国的和平主义传统突出地表现在四个方面：

首先，中华民族是一个热爱和平的民族。“中国人不像白种人那样想统治其他民族。中国在国际上之所以软弱无力，一半是因为它不想统治别国，一半是因为它的政治腐败和其他原因”。“虽然中华帝国已有两千年的历史，但中国人对于统治的爱好却极为淡漠。”① 与爱好“占有、自恃、统治”的西方人相比，中国尽管发生过多次战争，但中国人非常爱好和平，强烈到中国的诗人甚至会把逃兵作为英雄来歌颂，“一如白居易在《新丰折臂翁》中所描写的那个自伤其臂而逃避兵役的人，魏莱曾把此诗译为英文，取名《The Old Men with the Broken Arm》”。②

其次，中华民族是一个宽容的民族，“中国人的宽容程度超过了欧洲人基于国内经验所能想象的任何事情”。③ 众所周知，西方文化发源于“希腊文化”，而从希腊文化发端的整个西方形而上学从一开始就包含着超感性世界与感性世界的二元界分以及超感性世界对感性世界的支配和统治。这也是西方文化之所以能接受“犹太宗教和伦理”的原因。“从犹太人那里我们得到了狂热的信仰（也可以友善地称其为‘信

① ［英］伯特兰·罗素：《罗素自选文集》，戴玉庆译，北京：商务印书馆2006年版，第177页。

② ［英］伯特兰·罗素：《罗素自选文集》，戴玉庆译，北京：商务印书馆2006年版，第177页。

③ ［英］伯特兰·罗素：《罗素自选文集》，戴玉庆译，北京：商务印书馆2006年版，第179页。

心’）、道德热诚和罪恶观、宗教的不容忍性，以及我们的民族主义中的一部分内容。”[①] 因此，从犹太人那里继承了一种不宽容态度的西方人绝对不可能同时接受两种宗教。但是在中国，却不存在这种不可并存的状况。一个中国人可以同时相信儒教、道教和佛教，而且不会感到丝毫的不安。另外，与总是“致力于在世界上留下我们的文明印记”的西方好战分子不同，中国人的宽容还表现在，“中国人却也没有也要我们改变成孔教徒的意愿，他们认为宗教是多种多样的，而理性却是单一的，因此他们乐于让我们走自己的路。”[②] 中国人有一种“自以为是”所不能相提并论的“自豪”。这种自豪感，一方面决定了中国人从来不会对外来文化“一概照搬”。中国人热爱学习，其目的是为了“既保留自己的优点，又吸收他人之所长”。另一方面，它也意味着中国人从来不想把自己的文明强加于别的民族。在这方面，中国强于西方的地方在于，西方的繁荣、西方为之奋力保卫的东西，“只不过是通过对弱小民族的压迫和盘剥而得到的。中国则不同，它还没有强大到可以伤害别国的程度。中国人只是依靠自身的优点和努力来保障可能享受到的欢愉。”[③]

再次，中华民族是世界上最有忍耐力的民族。“中国人使欧洲人感到震惊的莫过于他们的忍耐……过去，他们曾经被占领过，最早是鞑靼人，后来是满洲人占领过中国；但是无一例外，他们同化了占领者。中华文明一以贯之，无所更改；经过几代人的时间，侵略者变得更像中国人了，而不再是过去的样子。”[④] 同样，进入近代以来的中国人十分清楚外国势力的威胁，但是，他们的忍耐力、他们对自己的和平主义传统的珍视，决定了中国人不会像“灵活多变”的日本人那样迅速地西方化并最终走上军国主义的道路。这一点正是中国和整个世界未来建立一种和平社会的希望所在。

---

① ［英］伯特兰·罗素：《罗素自选文集》，戴玉庆译，北京：商务印书馆 2006 年版，第 170 页。

② ［英］伯特兰·罗素：《罗素自选文集》，戴玉庆译，北京：商务印书馆 2006 年版，第 178 页。

③ ［英］伯特兰·罗素：《罗素自选文集》，戴玉庆译，北京：商务印书馆 2006 年版，第 162 页。

④ ［英］伯特兰·罗素：《罗素自选文集》，戴玉庆译，北京：商务印书馆 2006 年版，第 187 页。

最后，中华民族是一个艺术家的民族。这种艺术感决定了“那种支配着西方人的进步观和使我们的勃勃野心具有合理色彩的进取心，在中国人之中是不存在的”。[①] 中国同英语国家之间的最根本的区别在于，“典型的西方人希望成为改造周围环境的动力，而且希望引起的变化越多越好；而中国人则希望充分享受环境，而且是分享得越多、越精妙越好。”[②] 要言之，西方文明是建立在一个假设的基点上的，即认为无休止地显示力量具有合理性。西方的工业主义、军事主义、帝国主义以及对发展的狂热追求、对传道的醉心、对统治他人和发号施令的热衷，凡此种种都建基于这一假设的基点之上。与之相反，“中国人并不追求发展和效率，除了那些受到西方影响的人才会有这样的追求。我们正是依靠对发展和效率作出积极的评价，才保障了权力和财富；但是，在我们对中国人侵犯之前，中国人却忽视发展和效率，进而在总体上获得了平静的生活和生命的充分乐趣。”[③]

总之，在罗素看来，中国人虽然有着诸如“贪财、怯懦和冷漠”等缺点，但是，在那些使中国人高出一筹的伦理品质中，有一种“不会毁灭”且“正是当今世界最急需的素质”，那就是中国人“热爱和平的性格”。[④] 这种性格决定了中华文明在同西方文明相遇之后有可能创造出一种“工业化同符合人性的生活方式相结合，特别是同艺术、个性自由相结合”[⑤] 的新型文明：

“中国自身的古老文化已经变得日益僵化了，它现在的艺术和文学也已不再是过去的样子，孔夫子对于现代人——哪怕他是一个中国人——的精神需求会大为不满。受过欧美教育的中国人认识到，为了振兴民族传统就需要注入新的因素，他们从我们西方的文明中寻求支持。但是，他们并不想建立一个同我们一样的文明，而正是这一点才

---

① ［英］伯特兰·罗素：《罗素自选文集》，戴玉庆译，北京：商务印书馆 2006 年版，第 178 页。

② ［英］伯特兰·罗素：《罗素自选文集》，戴玉庆译，北京：商务印书馆 2006 年版，第 184 页。

③ ［英］伯特兰·罗素：《罗素自选文集》，戴玉庆译，北京：商务印书馆 2006 年版，第 162 页。

④ ［英］伯特兰·罗素：《罗素自选文集》，戴玉庆译，北京：商务印书馆 2006 年版，第 192 页。

⑤ ［英］伯特兰·罗素：《罗素自选文集》，戴玉庆译，北京：商务印书馆 2006 年版，第 4 页。

孕育着美好的希望。如果他们不是以军国主义为目标，他们也许就可以创建一个真正的文明，这个文明要比西方能够创造的任何文明都更加优越。”①

罗素的这个结论包含两个论题：一是中华文明的和平主义传统；对于有着悠久历史的中华文明来说，“自然而然”的东西不是扩张主义和霸权主义，而是和平主义。二是中华民族的和平主义传统决定了中华文明同西方文明相遇之后，有可能在吸收、消化西方文明的基础上创造出一种不同于西方且优越于西方的新型文明。利玛窦、桑原骘藏、马克斯·韦伯、汤因比等有识之士的观察和评论已经证实了前一个论题②，而中国近代以来的历史性实践已经证实并且还将继续证实后一个论题。

3. 中国近代以来的历史性实践

在近代同现代西方文明接触之前，中华文明就像一条不知源头的河流始终在从容流淌，其间中华民族不止一次遭受过外族的入侵，也曾受过外来文化——佛教——的重要影响，但中华民族每次又都依靠自己独有的忍耐精神顽强地维持着自己的文化传统和思想格局。但是，一旦与现代西方文明相遇，在以“进步强制”为基本建制的现代西方文明面前，古老的中华文明就立刻显示出了僵化、停滞、落后的特征，以至于擅长历史哲学的德国思想家赫尔德直接将中华帝国刻画为一种化石，一具“周身涂有防腐香料、描画有象形文字”的木乃伊。③ 但是，中国近代以来的历史性实践业已证明，赫尔德对中华帝国的这种刻画只不过是反映了西方文明固有的“自恃”和“傲慢”。

进入近代以来，在西方坚船利炮的“刺激”之下，中华民族这头“沉睡的雄狮”终于慢慢醒来，并在帝国主义列强的侵略和压迫之下艰

---

① ［英］伯特兰·罗素：《罗素自选文集》，戴玉庆译，北京：商务印书馆2006年版，第188－189页。

② 有关中华文明和平主义传统的观察和评论，参见何兆武、柳卸林主编：《中国印象：外国名人论中国文化》，北京：中国人民大学出版社2011年版；《利玛窦中国札记》，何高济等译，北京：中华书局1983年版；马克斯·韦伯：《儒教与道教》，洪天富译，南京：江苏人民出版社1995年版；［日］池田大作、［英］汤因比：《展望21世纪——汤因比与池田大作对话录》，荀春生等译，北京：国际文化出版公司1999年版。

③ ［德］赫尔德：《中国》，参见夏瑞春编：《德国思想家论中国》，陈爱政等译，南京：江苏人民出版社1989年版，第89页。

难地开启了中国现代化的实践历程。最初，“先进的中国人，经过千辛万苦，向西方国家寻找真理……只要是西方的新道理，什么书也看。向日本、英国、美国、法国、德国派遣留学生之多，达到了惊人的程度。……学了这些新学的人们，在很长的时期内产生了一种信心，认为这些很可以救中国。……要救国，只有维新，要维新，只有学外国。”① 在这种倾向的推动下，在一百多年的近代史中，中国几乎尝试了所有西方的经验和主义，对于自己的“国体”进行了无数次的争论和改造。但是，最终所有这些试图把中国引向西方文明、引向资本主义发展道路的尝试都失败了。经由这些失败，中国人终于明白了一个道理：在帝国主义的侵略和压迫之下，中国的现代化实践从一开始就注定了不能走资本主义的老路。

为什么呢？因为在半殖民地半封建的社会历史条件下，中国并不能产生一个独立的、足够强大的民族资产阶级。“固然，外国资本主义的入侵对中国封建社会的自然经济基础起了破坏作用，从而促进了商品经济和资本主义因素的发展。但是，从上个世纪中叶以后出现的中国民族资本处于极其艰难的条件下，不可能发展壮大起来，它不但遭到具有种种特权的外国资本的排挤，而且无力抗拒在中国社会中仍然居于统治地位的前资本主义的剥削制度。”② 在这种局面下，中国独立走上资本主义道路的设想注定只是一种“抽象的可能性”。中国没有走上资本主义的现代化道路，归根结底是“因为半殖民地半封建的中国，除了无产阶级政党中国共产党以外，没有哪个政党或政治力量能够解决中国的独立问题（从帝国主义的统治和压迫下解放出来）、土地问题（农民从封建的土地关系下解放出来）、民主和统一问题（这个问题是同前两个问题直接联系着的，不解决前两个问题，就不可能有国家的民主化，也不可能有真正的统一）。”③

新中国成立之后，中国人民踏上了社会主义现代化的伟大征程。在探索如何建设社会主义的过程中，中国共产党遇到了许多困难，产生了许多失误，但同时也积累了许多宝贵的历史经验。

---

① 《毛泽东选集》第4卷，北京：人民出版社1991年版，第1469－1470页。

② 《胡绳全书》第3卷（上），北京：人民出版社1998年版，第76页。

③ 《胡绳全书》第3卷（上），北京：人民出版社1998年版，第47页。

首先，坚持了中国现代化的社会主义性质。正如新中国成立之前，中国近代具体的历史条件决定了中国不能独立走上资本主义道路一样，新中国成立之后，中国同样不能走资本主义道路。这有两方面的原因：一方面，“既然是在共产党领导下，以工人、农民和小资产阶级为主要力量取得民主革命的胜利，当然不可能是建立资产阶级统治的国家，不可能是在资产阶级统治下发展资本主义。”① 另一方面，“从世界各国的经验来看，要发展资本主义，第一靠对殖民地的掠夺，第二靠剥夺本国的农民和其他小生产者，使之赤贫化。前一点中国不能也不应该做。后一点如果做了，那就会在几亿人口中造成新的阶级分化，引起长期的强烈的社会动荡不安，其结果就不是什么资本主义的发展，而只会重新走上半殖民地半封建的道路。”②

其次，中国共产党在以带有中国特色的方法完成了社会主义改造以后，努力探索一条有别于苏联、符合于中国情况的社会主义建设的道路。坚持自己的文化传统，对外来文化绝不照搬，是中华文明的一大特色。这个特色在中国革命和建设的过程中再次得到了生动的印证。在中国革命和建设的过程中，俄国的十月革命和苏联社会主义建设的经验曾经给过中国共产党巨大的帮助，中国共产党也十分尊重这些经验。但是，中国共产党也坚决反对把十月革命的模式强加在中国革命头上、要求一切照搬的倾向，坚决反对苏联领导人（和共产国际领导人）按照自己的经验和自己的利益在中国头上挥舞的指挥棒。③ 中国共产党曾经根据中国的具体情况走出一条具有中国特色的革命的道路，并最终取得了胜利；在新中国成立之后，在建设社会主义现代化的过程中，为了避免苏联模式的缺点和错误，中国共产党又开始寻求一条具有中国特色的道路。在探索的过程中，中国的社会主义建设犯了包括“大跃进”、“人民公社”和“文化大革命”在内的许多错误，但是，我们绝不能据此就否认中国共产党在探索具有中国特色的道路方面所作出的努力。

---

① 《胡绳全书》第3卷（上），北京：人民出版社1998年版，第47页。

② 《胡绳全书》第3卷（上），北京：人民出版社1998年版，第110页。

③ 关于中国共产党在社会主义建设时期对具有中国特色的道路的探索，参见胡绳：《毛泽东一生所做的两件大事——纪念毛泽东诞辰一百周年》，《胡绳全书》第3卷（上），北京：人民出版社1998年版，第199－207页。

最后，确立了独立自主的和平外交政策。中华民族自古以来就是一个热爱和平、宽容的民族，它从来不会把自己的文化传统强加给别的民族；同时，中华民族从来不会照搬其他民族的文化。中华文明的和平主义传统通过中国近代以来的历史性实践重新恢复了生机和活力，并最终成为了中国基本的外交方针和政策。

以中国共产党十一届三中全会为标志，中国社会主义现代化事业进入了新的历史时期。这个时期最鲜明的特点是改革开放。对内改革，实现了从高度集中的计划经济体制到充满活力的社会主义市场经济体制的转变；对外开放，实现了从封闭半封闭到全方位开放、积极参与全球化发展浪潮的伟大转折。通过改革开放，中国取得了举世瞩目的发展成就——国民经济快速增长，综合国力巨大提升。但是，当代中国的快速变化，以及伴随着这种变化而产生的诸如收入差距拉大、环境污染、政治腐败之类的现实问题，也引起了人们的一些疑虑。这些疑虑，概括起来就是：随着改革开放的不断深入，中国是否正在走向资本主义？与之相关，中国的崛起是否会导致新的扩张主义和霸权主义？煮开中国现代化的这锅百年老汤，是否意味着要全面融入“现代文明”？正如中国近代以来的历史性实践已经证明中国不能独立走上资本主义道路，当下中国正在展开的改革开放的伟大实践同样会对上述问题给出否定的回答。理由有三：

第一，中国的和平主义传统。这一随着中国近代以来的历史性实践重新焕发出生机和活力的和平主义传统，决定了中国的发展道路只能是和平主义的，而不会是军国主义的。

第二，现代西方—资本主义文明本身就具有暴力性和进攻性。就此而言，中国发展道路首先必须尽力避免的一种危险，就是“全盘西化”的危害。因为“全盘西化”在使中华民族的不同凡响之处——和平主义传统——荡然无存之余，“其结果只是在这个星球上再增添一个躁动、智慧、勤奋、尚武的国家，而这样的国家现在已经使得不幸的世界苦不堪言了”。① 因此，为了避免战争带来的恶果，中国必须在珍视自己的和平主义传统的基础上创造出一种不同于现代西方—资本主

① ［英］伯特兰·罗素：《罗素自选文集》，戴玉庆译，北京：商务印书馆2006年版，第163页。

义文明的新型文明。

第三，中国的快速发展正在驱迫现代文明迅速地、不可遏制地抵达其终结阶段。前面我们已经指出，现代文明本身就包含着其自身所无法超越的历史界限。改革开放以来，当今中国在快速发展的同时，也如此迅捷、如此直接地将这种界限凸显出来，以至于这种界限的极端甚至在实践的现实性方面都变得清晰可见了。一方面是自然界限的极端，由于人口的众多和体量的巨大，中国的发展已经揭示并且还在不断地揭示此一极端的快速临近；另一方面是社会生活的界限。在缺乏基督教这种救赎宗教传统的中国，“唯利是图”的资本精神已经并还在不断地瓦解着中国人的整个社会生活。当这种限度迅速地到来的时候，我们的发展面临着巨大的危险——我们有可能在处于现代解放之前，就处于现代崩溃的境地。在这种危险的境地中，中国的未来维系于：在自身发展的独立性中开启出一种新的文明类型。①

综上所述，现代文明的本质及其界限、中华文明的和平主义传统、中国近代以来的整个历史性实践共同决定着中国未来不能走全面融入“现代文明”的资本主义道路，而必须走中国特色社会主义道路。就其不同于资本主义道路而言，中国特色社会主义道路有三个方面的基本规定：它是社会主义的，而不是资本主义的；它是和平主义的，而不是霸权主义的；它是开放创新的，而不是封闭僵化的。

（三）社会主义核心价值观的提炼

在科学地回答了中国为什么不能走资本主义道路，而只能走中国特色社会主义道路这个问题之后，根据中国特色社会主义道路的三个基本规定，我们就能简明扼要地提炼出中国特色社会主义的核心价值观。具体来说，社会主义核心价值观主要包括三个方面的内容：

1. 公平正义

公平正义，就是要建立人人平等的公平正义之社会。作为社会主义的核心价值观，公平正义包括两个方面的要求：一方面，要坚定不移地发展社会主义民主政治，深化政治体制改革，以保证人民当家作

① 关于这个方面的讨论，参见吴晓明：《当代中国的精神建设及其思想资源》，《中国社会科学》2012 年第 5 期。

主为根本，以增强党和国家活力、调动人民积极性为目标，扩大社会主义民主，建设社会主义法治国家，发展社会主义政治文明；另一方面，必须在经济发展的基础上，更加注重社会建设，着力保障和改善民生，推进社会体制改革，扩大公共服务，完善社会管理，促进社会公平正义，努力使全体人民学有所教、劳有所得、病有所医、老有所养、住有所居，推动建设和谐社会。

公平正义作为中国特色社会主义的核心价值观，是由中国发展道路的社会主义性质所规定的。邓小平同志指出，“我们为社会主义奋斗，不但是因为社会主义有条件比资本主义更快地发展生产力，而且是因为只有社会主义才能消除资本主义和其他剥削制度所必然产生的种种贪婪、腐败和不公正现象。”① “社会主义的本质，是解放生产力，发展生产力，消灭剥削，消除两极分化，最终达到共同富裕。”② 贫穷不是社会主义，贫富两极分化也不是社会主义。中国现代化事业要取得成功，中华民族要实现伟大复兴，其关键在于：中国要坚定不移地走既能实现现代化又能消除两极分化的中国特色社会主义道路。一言以蔽之，社会公平正义是“社会主义制度的本质要求”，“实现社会公平正义是中国共产党人的一贯主张，是发展中国特色社会主义的重大任务。”③

2. 和谐发展

和谐发展包含两个方面的内容：对内，要努力建立一个人与自然、人与人和谐相处的社会；对外，要努力建设一个持久和平、共同繁荣的和谐世界。作为中国特色社会主义的核心价值观，和谐发展是由两个方面的因素决定的：

其一，和谐发展是深入贯彻落实科学发展观的内在要求。如前所述，现代文明在历史地赢得自己的世界历史意义的同时也日益显露自己的历史限度。改革开放以来，当今中国在快速发展的同时，也迅捷地、直接地经受到了现代文明的这种限度——自然的界限和社会生活

① 《邓小平文选》第3卷，北京：人民出版社1993年版，第143页。

② 《邓小平文选》第3卷，北京：人民出版社1993年版，第373页。

③ 胡锦涛：《高举中国特色社会主义伟大旗帜　为夺取全面建设小康社会新胜利而奋斗——在中国共产党第十七次全国代表大会上的报告》，《人民日报》2007年10月25日。

的界限。这种限度的出现及其扩展使中国的发展面临着一种危险——我们有可能在处于现代解放之前，就处于现代崩溃的境地。因此，为了从这种危险中解救出来，我们就必须坚决贯彻落实科学发展观，实现经济增长方式的转变，“坚持生产发展、生活富裕、生态良好的文明发展道路”；积极建构社会主义和谐社会，“按照民主法治、公平正义、诚信友爱、充满活力、安定有序、人与自然和谐相处的总要求和共同建设、共同享有的原则，着力解决人民最关心、最直接、最现实的利益问题，努力形成全体人民各尽其能、各得其所而又和谐相处的局面，为发展提供良好社会环境。”①

其二，和谐发展是由中国特色社会主义道路的和平主义性质所决定的。与西方文明不同，中华文明始终保持着一种和平主义传统。进入近代以来，在西方坚船利炮的“刺激”之下，中国艰难地开启了自己的现代化之路。最初，中国的先进人士向西方国家寻求真理，试图让中国走上资本主义道路。但是，这些尝试无一例外地失败了。这些失败让中国人明白一个道理：中国现代化之路只能是社会主义性质的，而不能是资本主义性质的。现代西方—资本主义文明本身就包含着霸权主义的趋向，因此，中国现代化的社会主义性质同时就规定了中国的发展只能是和平主义的，而不能是霸权主义的。饱受欺辱、饱经战争苦难的中国人十分珍视独立自主的原则，也十分渴望并热爱和平。就此而言，中国所实行的独立自主的和平外交政策是中国近代历史发展的必然产物。坚定不移地维护这一基本的外交政策，不仅让中华文明的和平主义传统“再度青春化”，而且也是热爱和平的中国人民送给动荡不安的现代世界的最珍贵的礼物。

3. 开放创新

开放创新，就是坚持面向现代化、面向世界、面向未来的开放态度，既继承中华文明的优良传统，又虚心学习借鉴包括西方文明在内的人类创造的一切文明成果，综合创新，努力建构一种与中国特色社会主义道路相契合的新文明类型。开放创新作为中国特色社会主义的核心价值观，是改革开放历史新时期的内在要求。

① 胡锦涛：《高举中国特色社会主义伟大旗帜　为夺取全面建设小康社会新胜利而奋斗——在中国共产党第十七次全国代表大会上的报告》，《人民日报》2007 年 10 月 25 日。

首先，它是由中国现代化的历史性任务所决定的。近代中国一百多年的苦难历程业已证明，中国要摆脱落后挨打的局面、要实现民族的独立、统一和富强，就必须实行现代化。实行现代化就意味着中国要向西方文明学习，特别是向它们学习中华文明传统所缺乏的现代科学技术。“现代社会同文艺复兴时期相比，或好或坏，其任何不同之处都源于科学的作用。掌握了科学的国家，在战争方面，在商业方面，以及在令人羡慕的其他成功之处，都堪称是最强盛的国家。当今世界，只要与科学为敌就不会有任何机会再获成功。”① 同样，中国要想在当今世界中取得成功，实现中华民族的伟大复兴，它就必须对外开放，向西方文明学习。只有这样，它才有可能在消化、吸收西方文明的基础上实行综合创新，“把前工业社会的传统生活方式和近代以来已经在西方和西方化国家生根的工业方式这二者的优点结合起来，而又避免二者的缺点”，② 创造出一种不同于西方文明且优越于西方文明的新型文明。就此而言，中国的发展除了要避免“全盘西化”的错误之外，也要避免“文化保守主义”的错误。

其次，它是由社会主义与资本主义之间的批判继承关系所决定的。“社会主义对于资本主义社会，不仅是对立的关系，而且是继承的关系。不妨简单地说，在生产关系以及保护生产关系的国家政权方面，是对立的关系；在生产力方面，是继承的关系”。③ 一方面，社会主义与资本主义的对立，决定了中国发展道路必须坚定不移地坚持自身的社会主义性质；另一方面，社会主义对资本主义社会生产力的继承，又决定了中国社会主义现代化事业必须对外开放，向西方发达资本主义国家学习。邓小平同志指出，“社会主义要赢得与资本主义相比较的优势，就必须大胆吸收和借鉴人类社会创造的一切文明成果，吸收和借鉴当今世界各国包括资本主义发达国家的一切反映现代社会化生产规律的先进经营方式、管理方法。”④

最后，它是由世界文明的多样性决定的。江泽民同志曾经在联合

① ［英］伯特兰·罗素：《罗素自选文集》，戴玉庆译，北京：商务印书馆2006年版，第4页。

② ［英］阿诺德·汤因比：《历史研究》下卷，刘北成、郭小凌译，上海：上海世纪出版集团2005年版，第394页。

③ 《胡绳全书》第3卷（上），北京：人民出版社1998年版，第133页。

④ 《邓小平文选》第3卷，北京：人民出版社1993年版，第373页。

国说过，“世界是丰富多彩的。如同宇宙间不能只有一种色彩一样，世界上也不能只有一种文明、一种社会制度、一种发展模式、一种价值观念。各个国家、各个民族都为人类文明的发展作出了贡献。应充分尊重不同民族、不同宗教、不同文明的多样性。世界发展的活力恰恰在于这种多样性的共存”。[①] 因此，为了保持中华文明的传统和活力，中国也必须对外开放、综合创新，既坚持自己的传统，又尊重其他民族的文明，从而在同其他文明的接触、交流和融合中保持并扩充中华文明的沸腾的生命力。

总之，根据中国特色社会主义道路的三个基本规定——社会主义的、和平主义的、开放创新的，我们可以将社会主义核心价值观简明扼要地概括为“公平正义”、“和谐发展”、“开放创新”。当然，这只是我们的看法，考虑得不一定周全。但无论对社会主义核心价值观如何提炼和概括，有一点是必须是肯定的，那就是：社会主义核心价值观的提炼和概括不能脱离中国当下正在开展的“中国特色社会主义道路”这一伟大的历史性实践。舍弃了这一点，关于社会主义核心价值观的讨论就有可能沦为一种抽象的、没有具体内容的词句之争。

① 《江泽民文选》第3卷，北京：人民出版社2006年版，第110页。

第六章　社会主义核心价值体系建设与文化强国建设

文化是国家和民族发展的血脉，先进文化是人民心灵的安顿之所，中华文化是中华民族共有精神家园。社会主义核心价值体系是社会主义文化的本质体现，只有大力推进社会主义文化的发展繁荣，社会主义核心价值才能深入人心。建设中国特色社会主义，必须走文化强国之路；建设社会主义文化强国，必须加强社会主义核心价值体系建设。

一、文化建设的重要意义

文化是民族延续的血脉，是人民生活的精神家园。中华文化绵延五千多年不间断，为中华民族发展壮大提供了强大精神力量，中华文化繁荣五千多年不衰落，为人类文明进步作出了不可磨灭的重大贡献。没有优秀文化的积极引领，没有精神境界的极大提高，没有精神力量的充分发挥，任何国家、任何民族都不可能屹立于世界民族前列。物质贫乏建不成社会主义，精神空虚同样建不成社会主义。只有社会主义文化繁荣发展，才能建成社会主义现代化强国。在新的历史时期继续深化文化体制改革、推动社会主义文化大发展大繁荣，关系着中国特色社会主义伟大事业的成功，关系着全面建成小康社会奋斗目标的实现，关系着中华民族的伟大复兴。

（一）文化建设的重要性和紧迫性

马克思主义哲学认为，文化是一种深深熔铸在民族历史中的精神力量，集中展现为一个民族生存与发展进程中的生命力、创造力和凝聚力，对于民族精神的培育和健全人格的塑造、促进人的全面发展具有特殊的、不可替代的作用。恩格斯指出："政治、法律、哲学、宗教、文学、艺术等的发展是以经济发展为基础的。但是，它们又都互相影响并对经济基础发生影响。并不是只有经济状况才是原因，才是积极的，而其余一切都不过是消极的结果。这是在归根到底不断为自己开辟道路的经济必然性的基础上的互相作用。”① 这就表明，在社会发展的历史过程中，经济状况相对于文化发展而言，居于基础地位，但这种基础地位只是相对的。文化在社会发展中的作用并非完全被动和次要的，而是具有相对独立性、客观规律性和社会历史性，能够在人类历史的进程中发挥巨大能动性。同时，文化和经济基础又是相互制约、相互影响和相互促进的，正如毛泽东所指出，“一定的文化是一定社会的政治和经济的反映，又给予伟大影响和作用于一定社会的政治和经济”。② 实际上，文化创意和文化产业本身就是一种经济活动，就是一种文化生产力，文化在社会发展中所表现出来的软实力具有推动经济发展和社会进步的巨大能量。

“文化”的定义异常复杂，在英语世界中，文化位列最复杂词汇的前三甲。其实在汉语中也是这样。“文”是人文，是人通过实现和行动化弊为利、化劣为优、化恶为善、化伪归真。“化”是转化之化，即通过人的活动来运化、化解、促变。“文化”是从总体上引导人与自然、人与社会、人与人之间的关系变得和谐、美好和圆满的实践活动。文化既是思想和精神层面的东西，又有物质层面的东西。是二者的辩证统一，既需要思想观念等意识形式的引导，又需要通过物质的手段加以实现。

当今中国，建设文化强国既是中国特色社会主义的重要任务，也是社会主义核心价值体系建设的题中应有之义。文化是社会发展的血脉，先进文化是人民的精神家园。党的十七届六中全会指出：“在我国五千多年文明发展历程中，各族人民紧密团结、自强不息，共同创造出源远流长、博大精深的中华文化，为中华民族发展壮大提供了强大精神力量，为人类文明进步作出了不可磨灭的重大贡献。”推动社会主义文化的大发展大繁荣是我们党在新的历史时期对国内外形势的高瞻远瞩、对社会发展规律的深刻把握、对文化作用和意义的高度自觉，

---

① 《马克思恩格斯全集》第39卷，北京：人民出版社1974年版，第199页。

② 《毛泽东选集》第2卷，北京：人民出版社1991年版，第663—664页。

充分反映了全国各族人民的共同愿望，吹响了当前和今后一个时期我党和各族人民为之而奋斗的号角。没有社会主义文化的繁荣发展，就建不成社会主义现代化强国；没有中华文化的繁荣兴盛，就实现不了中华民族的伟大复兴。

社会主义核心价值体系是社会主义意识形态的本质体现，是建设社会主义先进文化的根本。在建设中国特色社会主义文化的事业中，必须加强社会主义核心价值体系建设，以统领多元化发展的价值观；引领当代中国多样态的文化的发展，就必须确立社会主义价值观的核心地位。社会主义文化建设所关涉的理论旗帜、时代主题、精神支柱、道德基石等一系列重大理论问题，社会主义核心价值体系都给予了明确的回答。中国特色社会主义文化建设必须以发展了的马克思主义理论为指导，高举马克思主义理论旗帜。繁荣社会主义文化，走向文化强国，必须坚持能够凝聚人心、凝聚力量的中国特色社会主义道路，明确中国特色社会主义共同理想的时代主题。文化的发展、文化的创新离不开精神动力，必须努力塑造和提升全国各族人民在建设文化强国过程中的民族精神和时代精神，以爱国主义为核心的民族精神和改革创新为核心的时代精神，是推动中国特色社会主义文化强国建设的精神支柱。道德是文化的主要内容，社会主义道德建设是文化建设的重要任务，社会主义文化建设需要夯实道德基石。因此，社会主义核心价值体系建设在文化发展中占有重要地位，而这种重要地位是通过发挥引领作用来实现的。建设文化强国既需要发挥指导思想作用的思想旗帜，也需要能够表达民意、振奋人心、理想追求的时代主题，即共同理想，也需要激发人民为之奋斗的坚定信念和精神动力，即民族精神和时代精神的支撑，还需要能够规范人们实践行为的、调整人与人之间、人与社会之间和谐关系的道德规范，即有助于形成良好社会风气的道德基石。

党的十七届六中全会指出：走中国特色社会主义文化发展道路，推动社会主义文化大发展大繁荣，兴起社会主义文化建设新高潮，是时代赋予我们的重大而紧迫的光荣使命。切实推动文化改革发展，必须坚持以马克思主义为指导，牢牢把握意识形态工作主导权，掌握文化改革发展领导权。必须坚持社会主义先进文化的发展方向，坚持以人为本，始终体现最广大人民的根本利益，这既是建设社会主义核心价值体系的内在要求，也是推进文化大发展大繁荣的根本保证。是我们走中国特色社会主义文化发展道路，建设社会主义文化强国的必然选择。

改革开放以来，尽管中国的经济建设、社会建设和政治建设取得了奇迹，一度令世界其他地区黯然失色，中国经济向世人展示惊人成就的同时，公共文化服务短缺的状况也日益彰显。极不平衡的文化消费表现为城乡之间的差别、东西部之间的差别、不同收入群体之间的差别、中国与发达国家之间的差别，物质的富足强烈反衬精神的贫乏。现实生活中凸显出来各种新矛盾，一方面，我们需要大力弘扬科学文化，发展自然科学技术，充分发挥其“物质生产力”的作用，以解决当前社会发展中人民群众日益增长的物质需求问题；另一方面，我们需要大力弘扬人文文化，培育社会主义精神文明，充分彰显其“精神生产力”的作用，以解决当前社会发展中人民群众日益增长的精神文化需求问题，促进社会和谐发展。当今时代，文化在综合国力竞争中的地位日益凸显。哪个国家占据了文化发展的制高点，它就能够更好地在激烈的国际竞争中掌握主动权。

在以经济建设为中心的同时，中国共产党和国家领导人从来没有忽视文化建设的迫切性和重要性。“革命文化，对于人民大众，是革命的有力武器。革命文化，在革命前，是革命的思想准备；在革命中，是革命总战线中的一条必要和重要的战线。而革命的文化工作者，就是这个文化战线上的各级指挥员。‘没有革命的理论，就不会有革命的运动’，可见革命的文化运动对于革命的实践运动具有何等的重要性。”① 革命的文化既来自革命实践，又是革命实践的先导，是革命实践的有力武器。在革命年代建设革命文化具有紧迫性和重要性。毛泽东始终认为，取得革命的胜利，仅仅依靠军事斗争是不够的，还需要文化战线上的斗争，一支过硬的文化军队，是团结人民、战胜敌人必不可少的一支军队。

改革开放初期，邓小平同志就指出：“没有这种精神文明，没有共产主义思想，没有共产主义道德，怎么能建设社会主义？党和政府愈是实行各项经济改革和对外开放的政策，党员尤其是党的高级负责干

① 《毛泽东选集》第2卷，北京：人民出版社1991年版，第708页。

部，就愈要高度重视、愈要身体力行共产主义思想和共产主义道德。否则，我们自己在精神上解除了武装，还怎么能教育青年，还怎么能领导国家和人民建设社会主义！”① 社会主义精神文明、共产主义思想就是社会主义文化本身，没有社会主义文化就建不成社会主义，这就把文化建设提高到社会主义建设的高度，特别是党的领导干部首先要重视文化建设。邓小平特别强调社会主义物质文明和精神文明“两手都要抓，两手都要硬”的观点。一方面，对外开放打开国门，国外一些好的东西传进来的同时，也会传进来一些消极落后，甚至与社会主义先进文化格格不入的文化，给国民和社会特别是青少年的人生观和价值观带来负面影响。实行“两手抓”，就可以有效地抵制一些腐朽的意识形态对我国社会的侵蚀。另一方面，中国特色社会主义现代化建设的各项事业，是相互促进和全面发展的事业，仅仅致力于经济建设肯定不行，人们的思想观念和科学文化素质需要提升，社会道德秩序和良好社会风气需要优化，这样才能促进经济发展，促进社会的全面进步和整个社会文明的全面发展。邓小平提出“两手抓”就是为了达到这个目的。坚持两手抓的工作方针，致力于社会主义文化建设，是我们顺利推进改革开放和现代化建设，把经济建设搞上去的思想保证，也是建设中国特色社会主义的一个重要内容。没有良好的、先进的文化环境，改革开放和经济建设都难以成功。

江泽民认为：“唱响社会主义文化的主旋律，坚持为人民服务、为社会主义服务，实行百花齐放、百家争鸣，是发展先进文化必须贯彻的重要方针。”② 提出“主旋律”和“先进文化”的概念，是新时期我们党对社会主义文化的性质和作用认识的又一次升华。中国社会的发展面临着转型期的剧变，形形色色的意识形式、鱼龙混杂的文化样态、以及多元并存的价值取向深刻影响着人们的精神世界，深深改变着人们的价值观念，亟需唱响时代主旋律以指明人们思想的方向，亟需先进文化来净化人们的精神世界。

尽管我们党对道德理想教育一刻没有松懈过、对精神文明的建设一刻没有松懈过、对各项文化建设事业也一刻没有松懈过，并且取得

① 《邓小平文选》第2卷，北京：人民出版社1994年版，第367页。

② 《江泽民文选》第3卷，北京：人民出版社2006年版，第277页。

了令人振奋的成就，但文化领域面临的挑战仍然是前所未有的。“当今时代，文化在综合国力竞争中的地位日益重要。谁占据了文化发展的制高点，谁就能够更好地在激烈的国际竞争中掌握主动权。人类文明进步的历史充分表明，没有先进文化的积极引领，没有人民精神世界的极大丰富，没有全民族创造精神的充分发挥，一个国家、一个民族不可能屹立于世界先进民族之林。”[①] 胡锦涛这一论断将党中央对文化建设的意义提到一个新的境界，体现了我们党在新的国际国内形势下，对发展文化的迫切性和重要性的深刻领会，是对文化意识的空前自觉，奏响了中国走向文化振兴的激昂旋律。

文化建设呼唤新的内容和新的形式。建设先进文化就是建设中国特色社会主义文化，重要内容就是建设社会主义核心价值体系。社会主义核心价值体系是中国特色社会主义的灵魂，是团结全国各族人民的向心力，是国家软实力的重要标志。社会主义核心价值作为一个开放的价值体系，在不同的历史阶段有其不同的内涵。它不是一个凝固的体系，而是一个不断创新、丰富和深化的过程，需要不断结合生活现实和时代要求培育新的内容。它也不是一个僵化的模式，而是一个不断变化格调、翻新样式、追新求异的过程。以体现时代特征的先进文化培育社会主义核心价值体系，要立足于当代中国文化强国建设实际，紧贴世界文化发展潮流，发掘优秀民族文化传统，在形式上积极求变求新，既有让人民满意的内容，也有让人民喜欢的形式。

（二）文化的自觉、自信与自强

“深化文化体制改革、推动社会主义文化大发展大繁荣。”这是党中央对发展文化的呼唤。紧密结合时代发展形势，紧紧扣住科学发展这个主题，牢牢把握体制和机制创新这个重点，努力构建境界高远、理念先进、科学合理、为人民大众所喜闻乐见的文化体系，着力创造充满活力、公平正义、富有效率、有利于文化健康发展的体制和机制，我们就能够牢牢把握文化发展主动权，推动社会主义文化大发展大繁荣，不断增强我国文化软实力和国际竞争力，从而满足人民群众日益

① 胡锦涛：《在中国文联第八次全国代表大会中国作协第七次全国代表大会上的讲话》，《人民日报》2006 年 11 月 11 日。

增长的精神文化需求。

社会主义文化是凝聚人民意志和激励人民信念的重要力量，是全国各族人民进行社会主义现代化建设的理论旗帜和精神支柱，因而是当代中国综合国力的重要标志。综合国力是衡量一个国家基本国情和基本资源最重要的指标，是一个国家所拥有的赖以存在和发展的全部实力的总和，也是衡量一个国家的经济、政治、军事、文化和社会发展实力的综合性指标。综合国力由五大要素资源构成：即物质资源、人力资源、基础设施、知识资源和资本资源。如果从实力要素的角度来看，综合国力应该包含经济实力、政治实力、军事实力、外交实力和文化实力等重要力量。可见，无论是着眼于资源要素还是着眼于实力要素，文化实力、知识资源等精神力量都是综合国力不可或缺的重要因素。当今世界，经济全球化、政治多极化、文化多元化的深入发展，不同文明体系之间相互激荡，不同类型的文化相互交融、交锋，传统的和现代的文化、民族的和世界的文化、原生的和转型的文化、进步的和落后的文化，既有融合又有斗争，既相互渗透又相互排斥。中华民族要立足于世界民族之林而不落伍，只有大力建设中国特色社会主义文化，建设社会主义核心价值体系，提高中华民族的思想道德素养和科学文化素养，才能积极应对来自文化方面的严峻挑战。

改革开放以来，中国共产党经过不断探索和实践，逐步走出一条中国特色社会主义文化发展大道。在经济实力不断增强、发展质量明显提升的同时，文化事业和文化产业开始风起云涌、扬帆远航，文化在国家发展中的作用日益凸显，越来越成为民族凝聚力和创造力的重要源泉，越来越成为经济社会发展的重要支撑，越来越凸显国家发展的重要战略地位。文化创新正在成为拉动中国经济增长的强力引擎。对文化的自觉、自信和自强正在成为中国共产党作为一个成熟执政党的显著标志。

建设文化强国，必须要有文化自觉和文化自信。历史和现实都表明，一个国家的强大，最终应该是思想和文化上的强大；一个民族的力量，很大程度上取决于思想和文化的自觉和自信。可以说，是否具有高度的文化自觉和自信，不仅关系到文化自身的振兴和繁荣，而且决定着一个国家、一个民族的前途命运。文化自觉就是要懂得文化之于经济发展、文化之于社会进步、文化之于国家强盛的重要关联。我们要深刻认识到推进文化改革发展的重要性和紧迫性，明白我们的文化有哪些优势、哪些劣势，从而发扬光大文化的优势，克服文化的劣势。文化自信就是对本民族文化意义的认同感，对本民族文化价值的自豪感。我们只有对本民族文化抱有坚定的信心，才能获得坚守的从容，鼓起奋发进取的勇气，焕发改革创新的活力。

文化自觉，本质上是对文化价值的觉悟和觉醒，一个民族的觉悟，离不开文化上的觉悟；一个国家的强大，当然取决于文化上的强大。文化自觉，从思想意识上要求我们对文化意义、文化地位、文化价值有深刻的认同感，从实际行动上要求我们对文化繁荣、文化发展、文化创新有高度的责任感。思想是行动的先驱者，没有思想上的深刻觉醒，就没有实践上的自觉行动；行动是思想的现实化，没有对文化繁荣和发展的责任担当，就没有文化价值的真正实现。

发展和创新中华文化，实现文化大国向文化强国的转化，是时代发展的必然选择，是人民生活的必然要求。顺应时代的选择，中国共产党始终把文化建设放在国家全局工作重要地位，坚持物质文明和精神文明共同提高，实行依法治国和以德治国辩证统一，促进文化事业和文化产业协同发展，开创了中国特色社会主义文化发展道路；呼应人民的要求，中国共产党始终把满足人民的文化需要作为奋斗目标，努力建设社会主义先进文化，中央财政支出不断向文化倾斜，文化市场不断加大投入力度；文化发展不断加速，文化质量不断提高，文化市场不断繁荣，精品力作不断呈现；中国制造文化产品的数量位居世界前列，公共文化服务体系的基本框架业已形成。努力实施文化体制改革，文化生产力得到极大的解放和发展，明确把文化区分为文化产业和文化事业，一手抓经营性文化产业，一手抓公益性文化事业。这是中国共产党发展文化的又一个“两手抓”，依靠这新的“两手抓”，文化事业获得蓬勃发展，文化产业注入强劲动力，文化事业发生着翻天覆地的变化。

文化自信，本质上是对文化软实力的信念和信心。文化软实力集中表现为文化生命力、文化凝聚力、文化感召力、文化影响力和文化竞争力。对文化生命力的信念和信心，需要我们增强对历史传统文化、红色革命文化、地方民间文化、当代中国文化的理性审视，对世界历史文化、异域民族文化、现代文明成果的包容借鉴。对文化凝聚力的信念和信心，需要我们继承中华优秀传统文化的精髓民族精神，弘扬中华当代先进文化的精髓时代精神，以民族精神和时代精神凝聚力量，开拓前进。对文化感召力的信念和信心，需要我们高举中国特色社会主义伟大旗帜，团结全国各族人民，万众一心、众志成城，共赴全面建成小康社会的伟大事业。对文化影响力的信念和信心，需要我们的文化走出国门，走向全球，展现中华文化作为世界文明宝库夺目明珠的美轮美奂，彰显中华文化的博大精深和高远境界，从而让中华文化的影响力征服世界，深入人心。对文化竞争力的信念和信心，需要我们不断发掘民族传统文化的精髓，创新当代中国文化的内容和形式，努力建设社会主义先进文化，创新社会主义核心价值体系，凝炼社会主义核心价值观，振兴中华文化，不断提升中华文化在世界文化中的地位。五千年中华文明薪火相传，是我们文化的深厚积淀；包容借鉴人类文明成果，是我们海纳百川的胸襟气度，改革创新精神对文化的创造，是我们永葆青春、永续发展的不竭动力。“为天地立心，为生民立命，为往圣继绝学，为万世开太平”的伟大气魄，正是中华民族文化高度自信的最准确表露。

文化自强，本质上是对文化强国的理性诉求。有了充分的文化自觉和文化自信，才会实现文化自强。提升文化自觉，增强文化自信，最终总要体现为追求文化自强的实际行动。“文化自强”，就是立足当代中国的实际，依靠中国人民自己的力量，突出中华民族的特色，走中国特色社会主义的文化发展道路，建设面向现代化、面向世界、面向未来，民族的科学的大众的社会主义先进文化；“文化自强”，就是要使中华民族文化具有强大的吸引力和影响力，具有强大的生命力和创造力，具有强大的生产力和竞争力，建设中国特色社会主义的文化强国。“一切妨碍文化发展的思想观念都要坚决冲破，一切束缚文化发展的做法和规定都要坚决改变，一切影响文化发展的体制弊端都要坚决革除。”这就是中国共产党推进文化体制改革、努力实现文化自强的坚定决心。

实现文化自强，需要我们正确把握文化灵魂、文化方向和文化道路。灵魂强健体魄，方向决定全局，道路关涉成败。守住正确的文化灵魂，坚定正确的文化发展方向，选择正确的文化发展道路，就能展现文化的绰约风姿，就能培育人民需要的先进文化，就能实现文化强国的宏伟目标。坚持文化发展正确方向的关键，是在文化建设中牢牢抓住社会主义核心价值体系这个灵魂，坚持文化为人民服务、为社会主义服务的宗旨。用社会主义核心价值体系指导文化建设，是中国特色社会主义文化建设的根本要求，是坚持社会主义先进文化前进方向的必然选择。中国特色社会主义这条发展道路是在改革开放背景下，中国共产党审时度势，从中国实际出发，顺应历史发展趋势，领导全国各族人民在探索中国特色社会主义伟大实践中逐步开辟的。在中国特色社会主义道路上建设的社会主义文化，才能满足人民的精神需要，才能适应时代发展的趋势，才能引领中华民族不断繁荣强盛。

实现文化自强，需要我们促进文化事业和文化产业的协同发展。发展公益性文化事业，要发挥政府的主导作用。繁荣文化事业，要优先设计群众关心关注的文化项目，优先实施重点文化惠民工程，构建覆盖全社会的公共文化服务体系。发展经营性文化产业，要发挥市场的主导作用。发展文化产业，要着力打造国民经济支柱性产业，增强整体实力和国际竞争力；要具有战略眼光，构建结构合理、门类齐全、科技含量高、竞争力超强的现代文化产业体系。

实现文化自强，需要加强文化创新、扩大文化传播、培养文化建设人才。文化工作者应当始终坚持为人民而创作的根本宗旨，坚持为社会主义精神文明服务的创作导向，秉持崇高的文化理想和价值追求，在贴近实际、贴近群众、贴近生活的基础上，创作生产更多无愧于历史、无愧于时代、无愧于人民的优秀作品，谱写华丽篇章，讴歌伟大时代，熔铸钢铁支柱，鼓舞人民士气。新形势下文化的影响力，既取决于其内容是否反映人民的心声，也取决于其传播手段和传播能力。一定意义上讲，文化传播力决定着文化影响力。党的十七届六中全会指出："要坚持马克思主义新闻观，牢牢把握正确导向，坚持团结稳定鼓劲、正面宣传为主，壮大主流舆论，提高舆论引导的及时性、权威性和公信力、影响力，发挥宣传党的主张、弘扬社会正气、通达社情民意、引导社会热点、疏导公众情绪、搞好舆论监督的重要作用，保障人民知情权、参与权、表达权、监督权。"努力发挥文化引领社会风尚、服务人民大众、推动经济发展的作用，要注重搭建更丰富多样的传播平台，建立更通畅快捷的传播渠道，采用更高超优越的传播手段，让优秀文化作品传遍五湖四海，让优秀文化精品传向世界各地，充分展现中华文化的独特魅力。实现文化自强，忠诚的队伍是基础，优秀的人才是关键。要牢固树立人才资源是第一资源的意识，把文化人才队伍建设提到更加突出的位置，为社会主义文化的发展繁荣提供强有力的人才支撑。要在全社会倡导尊重劳动、尊重知识、尊重人才、尊重创造的风气，着力造就高层次文化领军人物，加快培养德才兼备、锐意创新、结构合理、规模宏大的文化人才队伍。

在当代中国进行文化建设，就要以马克思主义中国化的最新成果为指导，坚持社会主义文化发展的中国道路，即中国特色社会主义文化发展道路。党的十七届六中全会提出的“坚持社会主义先进文化前进方向，以科学发展为主题，以建设社会主义核心价值体系为根本任务，以满足人民精神文化需求为出发点和落脚点，以改革创新为动力”是走好这条道路的内在要求。这条发展道路是中国特色社会主义道路的重要组成，目标是建设富强、民主、文明、和谐的社会主义现代化国家。

二、社会主义核心价值体系建设与社会主义先进文化建设

社会主义核心价值体系是社会主义文化的精髓，社会主义核心价值体系建设是文化建设的重要内容，直接关系到文化建设的成败。建设社会主义先进文化是建设中国特色社会主义的重要任务，社会主义先进文化建设，则关系着中国特色社会主义事业的成败。因此，加强社会主义核心价值体系的宣传和实践，加强社会主义先进文化建设，增强各族人民对伟大祖国的自豪感、对中华民族的自豪感、对中华文化的自豪感，打牢民族团结的思想文化基础，是建设中国特色社会主义的必然要求。

（一）社会主义先进文化要义

在马克思主义经典作家看来，文化是在一定的经济活动和社会活动基础上产生的，文化在本质上是人的有目的、有意识的对象化活动，即实践活动，而不是无意的或随心所欲的活动，文化是现实的人在既定的、具体的、前人创造的生活条件基础上创造的，并且总是同各种

不同的利益和观念纠缠在一起，具有鲜明的实践性、历史性和时代性。文化有先进文化与落后文化之分。先进文化是反映先进生产力发展要求、指明社会前进方向、代表广大人民群众根本利益的文化。落后文化是影响社会生产力发展、阻碍社会历史前进、代表极少数落后人群或腐朽势力利益的文化。社会主义先进文化，是相对于封建的、落后的文化而言的，是顺应人类社会发展的历史趋势，反映社会物质文明和精神文明建设最新成果，具有远大前途的，能够维系社会发展的精神纽带。具有三个方面的本质特征：一是人民性，即最广大人民的根本利益和美好愿景的集中反映；一是科学性，即人类社会历史的发展规律的高度体现；三是历史性，即随着人民群众认识世界和改造世界的实践的发展而发展。社会主义先进文化的核心内容是社会主义核心价值体系，它是引导中国特色社会主义事业前进最活跃和最强劲的精神动力。

不同的民族在不同的时代都曾诞生自己的先进文化，指引着人民创造美好家园，实现幸福理想的前进方向。春秋战国时期繁荣的诸子学说形成百家争鸣的文化景象，为中国封建社会的诞生奏响了前进的序曲，是中华民族从奴隶社会向封建社会迈进的历史诉求。欧洲文明进程中的启蒙运动，同时就是一场彻底的文化革命，扫除了封建社会向资本主义社会迈进的思想障碍，是资产阶级革命和资本主义制度的助产婆。近代中国的新文化运动，为了实现民族的富强，从“中学为体、西学为用”的文化主张，到“师夷长技以制夷”，高扬“科学与民主”的大旗，开启了中国社会救亡图强的奋斗史，演绎中国近百年的先进文化苦旅。文化在历史进程中发挥着培育民族精神、塑造健全人格的巨大作用。

马克思主义文化观认为，文化是一种深深熔铸在人类的血脉中，激发人类创造历史的积极性，在人类的历史活动中展现为极大的生命力、创造力和凝聚力。这是文化的人类共性。每一个民族的生活方式和实践方式的不同，决定了这个民族的思维方式和意识形态的差别，每个民族都有自己不可替代的文化，这是文化的民族个性。展现人类普遍性的文化和表现民族特殊性的文化是辩证统一的。一方面，人类社会总是由各具个性的民族组成的，人类的文化就是通过民族的文化体现出来；另一方面，风格迥异的民族是人类大家庭的一员，每个民族的文化就是人类的文化。因此，不可将文化的普遍性与特殊性割裂开来。

人类历史总是从野蛮愚昧走向文明智慧、从低级社会形态走向高级社会形态的发展过程，文化就是这个过程的反映和写照。一定意义上，人类史就是文化史，掌握了人类实践活动的规律，也就能够理解人类文化的本质；反过来，理解了人类文化的本质，也就掌握了理解人类自身发展的钥匙。文化包含个体意识和群体意识、社会心理和社会意识形式两个层面，一定的文化对于人们的精神和思想、对于人们的生活和实践都有十分重要的影响。邓小平指出："不论是对于满足人民精神生活多方面的需要，对于培养社会主义新人，对于提高整个社会的思想、文化、道德水平，文艺工作都负有其他部门所不能代替的重要责任。"① 文化在社会发展、人的培养中的积极意义显而易见。人类发展的历史表明，人所创造的文化环境和文化氛围是人类的生活世界，在这里人类"懂得按照任何一个种的尺度来进行生产，并且懂得怎样处处都把内在的尺度运用到对象上去；因此，人也按照美的规律来建造"。②

建设中国特色社会主义文化，"就是以马克思主义为指导，以培育有理想、有道德、有文化、有纪律的公民为目标，发展面向现代化、面向世界、面向未来的，民族的科学的大众的社会主义文化"。③ 先进文化是时代精神的升华，对社会发展具有潜移默化的能动作用。通过社会主义先进文化建设，能够为中国特色社会主义提供有力的思想保证、强大的精神动力和良好的文化氛围。

首先，先进文化具有引领经济社会发展的作用。先进文化是国家文化软实力建设的精神旗帜，在建设文化强国的实践中能起到提纲挈领、统揽全局的作用，以润物细无声的方式强烈而深远地影响人民大众的思想和精神，并进而影响他们的实际行动。

其次，先进文化具有凝聚力量和提振精神的作用。通过先进文化建设，将全国各族人民紧密地团结在一起，围绕着建设中国特色社会

---

① 《邓小平文选》第2卷，北京：人民出版社1994年版，第209页。

② 《马克思恩格斯全集》第42卷，北京：人民出版社1979年版，第97页。

③ 《江泽民文选》第2卷，北京：人民出版社2006年版，第17—18页。

主义的目标建功立业。我国正处于社会转型期，不可避免地出现了一些社会矛盾和利益分化，这就需要发挥先进文化的感召及整合作用，化危机为机遇，将各种不协调因素转化为社会发展的推动力量。加强先进文化建设，能够极大地调动全国各族人民的积极性，充分挖掘各种潜在力量，使全国人民在胜利面前谦虚谨慎、戒骄戒躁，在困难面前保持昂扬斗志、勇往直前。

再次，先进文化具有对社会主体的规范作用。先进文化是一种制约和规范力量，通过理想信念、价值取向、社会舆论、风俗习惯等意识形态的功能，制约和规范社会成员的思想和行为。只要社会大众认可了某种文化及其价值准则，并产生一种归属感和认同感，就会自觉将各种外在强制性的“他律”转化为内心信仰的“自律”，自觉规范、约束自身的行为。

（二）社会主义核心价值体系是先进文化的灵魂

党的十七届六中全会指出：“坚持推进社会主义核心价值体系建设，用马克思主义中国化最新成果武装全党、教育人民，用中国特色社会主义共同理想凝聚力量，用以爱国主义为核心的民族精神和以改革创新为核心的时代精神鼓舞斗志，用社会主义荣辱观引领风尚，巩固全党全国各族人民团结奋斗的共同思想道德基础。”社会主义核心价值体系是兴国之魂，是社会主义先进文化的神髓。把社会主义核心价值体系建设放在文化强国建设的核心位置，体现了党中央对社会主义核心价值体系与文化强国之间关系的科学认知。

坚持马克思主义理论指导，是社会主义核心价值体系的灵魂，决定了社会主义先进文化的性质和方向。只有始终高举马克思主义的伟大旗帜，始终坚持用马克思主义中国化的最新成果指导先进文化建设，才能建立中华民族共同的精神支柱，为建设文化强国提供广泛而坚实的思想基础。坚持马克思主义的指导地位，既要坚持马克思主义基本原理的普遍性价值，更要结合改革开放的实践发展马克思主义理论，努力实现二者的有机统一。中国特色社会主义理论就是马克思主义基本原理与改革开放实践相结合的产物。在当代中国，坚持中国特色社会主义理论就是坚持马克思主义。坚持马克思主义指导地位，就要不断推进马克思主义理论创新，就要不断赋予马克思主义鲜明的实践特色、民族特色、时代特色。实践特色体现在马克思主义在改革开放实践的运用和发展之中，民族特色体现在马克思主义中国化进程中与中华民族传统文化的融合之中，时代特色体现在马克思主义回答和应对时代课题的理论和实践之中。

中国特色社会主义共同理想是中华民族追求美好发展前景的价值认同，是社会主义文化的重要组成。共同理想是我们党治国理政、凝聚民心的旗帜，是我们国家走向富强民主繁荣昌盛的向导。中国特色社会主义作为现阶段我国各族人民的共同理想，是我党立足社会主义初级阶段的客观实际，在总结改革开放以来理想建设方面的经验教训基础上提出来的，符合我国社会发展的规律，体现全党全国各族人民的根本利益和共同愿望，因而是团结全体人民共同奋斗、攻坚克难的强大精神动力。坚持中国特色社会主义的共同理想，就要坚持马克思主义指导思想，坚持中国共产党领导，走中国特色社会主义道路，实现中华民族伟大复兴。因为马克思主义是经过实践检验的科学真理，中国共产党的领导是历史的选择，是中国革命和建设的需要，走中国特色社会主义道路是中华民族复兴的必由之路。中国特色社会主义共同理想作为社会主义核心价值体系的主题，也是社会主义先进文化建设的主题。只要我们坚定不移地发展中国特色社会主义市场经济，发展中国特色社会主义民主政治，发展中国特色社会主义先进文化，建设中国特色社会主义社会民生，建设中国特色社会主义生态文明，就能实现中国特色社会主义共同理想。

以爱国主义为核心的民族精神和以改革创新为核心的时代精神，是对实现共同理想驱动力的价值认同。民族精神是在长期的社会历史进程中形成的、为大多数社会成员所认同和接受的思想品格和价值取向的总和，是支撑一个民族追求理想、自强不息、发展壮大的精神支柱。时代精神是在新的历史条件下形成的、响应时代发展的召唤、体现了社会主流群体的精神风貌。民族精神是时代精神的基础和依托，时代精神是民族精神的转型和升华。民族精神是中华民族团结奋进的历史足迹，是传统的积淀；时代精神是中华民族进行新长征的宣言，是现实的升华。民族精神和时代精神都是中华民族的宝贵精神财富，是社会主义先进文化的精髓，是文化生产力、文化生命力、文化凝聚力和文化创造力的源头活水。

着眼当今国际形势的新变化和国内社会的新情况，总结我国社会主义革命和建设的基本经验，遵循中国特色社会主义的价值取向，胡锦涛提出社会主义荣辱观，为当代中国社会确立了基本的价值取向和行为准则，为社会主义核心价值体系奠定了道德基石。社会主义荣辱观“与社会主义市场经济相适应、与社会主义法律规范相协调、与中华传统美德相承接、与世界道德文明的优秀成果相接轨”，[①] 是社会主义思想道德体系的系统概括，其所包含的思想道德规范、法律法规和积极健康的生活方式既是维系社会安宁的价值尺度，也是文化建设的基本内容。见荣知荣尚荣，见辱知辱拒辱，知荣辱才能树正气，知荣辱才能促和谐。社会主义荣辱观贯穿着爱国主义、集体主义和社会主义思想，体现着正确的世界观、人生观、价值观和道德观，丰富了社会主义先进文化的宝库。

社会主义核心价值体系是社会主义文化的灵魂，社会主义文化的基础是中国特色社会主义的伟大实践。强其魂才能健其体，固其本才能壮其身。社会主义先进文化建设要以建设社会主义核心价值体系为根本任务，要密切联系人民群众的社会实践，准确反映人民群众的酸甜苦辣，及时回应人民群众的心声。

（三）大力建设社会主义先进文化

文化“既是推动社会发展的重要手段，又是社会文明进步的目标；既是凝聚人心的精神纽带，又是民生幸福的关键内容；既直接贡献于经济增长，又对提升经济发展质量发挥着重要作用”。[②] 正因为文化的这种特殊地位和特殊功能，我们党历来重视文化建设。

社会主义先进文化的建设离不开三个方面，一是向经典著作寻求“经”的资源，二是向历史传统和文化传统寻求“史”的资源，三是向生活世界和社会实践寻求“实”的资源。要了解一个民族的价值观的形成，只研究这个民族的经济状况是不够的，还必须知道它的风俗习惯，了解它的个人意识和群体意识，研究它的社会心理和社会意识形式。一句话，对这个民族的文化没有精细的研究与了解，就根本不可

① 吴潜涛：《社会主义核心价值体系的科学内涵》，《道德与文明》2007 年第 1 期。

② 任仲平：《文化强国的“中国道路”》，《人民日报》2011 年 11 月 15 日。

能做出科学的历史唯物主义的解释。可以说，文化不仅是一种价值取向标准，而且也是一种行为规范体系，它给整个民族和每个社会成员提供了判断是非、优劣，分辨善恶、美丑的标准，并通过学习和宣传使其内化为整个民族和社会成员的正义感、审美感和责任感，从而有效提升人们的精神境界，塑造人们的健全人格，营造社会的良好风尚。文化对于民族精神的抚育呵护，对于时代精神的培育升华，对于促进人的全面发展都具有特别重要的作用。

推动社会主义先进文化繁荣发展，需要正确对待传统文化遗产。如何更好地继承传统文化遗产的精髓，是社会主义文化建设的一个重要问题。列宁关于两个民族和两种文化的论断认为："每一个现代民族中，都有两个民族。每一种民族文化中，都有两种民族文化。"[①] 任何文化都是在继承历史传统的基础上，根据现实的需要革故鼎新、顺应时代而发展的，既有传统的方面也有现代的创新，是二者的有机结合。毛泽东认为，"中国的长期封建社会中，创造了灿烂的古代文化，清理古代文化的发展过程，剔除其封建性的糟粕，吸收其民主性的精华，是发展民族新文化提高民族自信心的必要条件；但是决不能无批判地兼收并蓄。必须将古代封建统治阶级的一切腐朽的东西和古代优秀的人民文化即多少带有民主性和革命性的东西区别开来。中国现时的新文化也是从古代的旧文化发展而来的，因此，我们必须尊重自己的历史，决不能割断历史。"[②] 这是对待文化遗产的正确态度。弘扬中华民族文化的优秀传统，并不是要走复古道路。历史文化是一定时代的产物，同任何文化一样，中华民族的文化遗产也具有"精华和糟粕"两重性。封建文化有其时代的局限性，诸如宗法观念、因循守旧、封建迷信等等，都是封建时代的糟粕，是导致我国社会长期停滞不前的思想根源所在。当然，传统文化中的自强不息、厚德载物、诚信守法等思想却是我们民族文化的优秀成分，需要发扬光大。因此，对待历史文化遗产切忌良莠不分，全盘否定或全盘接受，而应当批判地继承，取其精华去其糟粕。我们弘扬民族文化的根本目的，是要推陈出新，古为今用，是为了建设社会主义核心价值体系，是为了建设社会主义

---

① 《列宁选集》第 2 卷，北京：人民出版社 1995 年版，第 344 页。

② 《毛泽东选集》第 2 卷，北京：人民出版社 1991 年版，第 707—708 页。

先进文化。

推动社会主义先进文化繁荣发展，需要辩证看待外来文化资源。今天的外来文化主要是资本主义的文化，作为社会主义文化的前身和对立面，资本主义文化是在继承人类前资本主义时代一切优秀文明成果的基础上形成的。马克思恩格斯在《共产党宣言》中指出：资本主义时代使得“一切固定的僵化的关系以及与之相适应的素被尊崇的观念和见解都被消除了，一切新形成的关系等不到固定下来就陈旧了。一切等级的和固定的东西都烟消云散了，一切神圣的东西都被亵渎了”。[①] 资本主义文化彻底颠覆了封建主义的传统，改变了过去的一切陈旧关系，瓦解了封建的价值观。资本主义文化推动了生产力的极大发展，作为人类文明的组成部分，自然有其历史的进步性，有其值得学习和借鉴的优秀成分。然而这种学习和借鉴必须是辩证性的和批判性的。在同英国记者斯坦因谈如何利用外来文化时，毛泽东指出：“继承中国过去的思想和接受外来思想，并不意味着无条件地照搬，而必须根据具体条件加以采用，使之适合中国的实际。我们的态度是批判地接受我们自己的历史遗产和外国的思想。我们既反对盲目接受任何思想也反对盲目抵制任何思想。我们中国人必须用我们自己的头脑进行思考，并决定什么东西能在我们自己的土壤里生长起来。”[②] 这就为我们正确地看待和利用外来文化资源提供了科学的方法。

推动社会主义先进文化繁荣发展，需要面向生活世界和社会实践。任何一种文化的创新与发展，都离不开时代的土壤，离不开对社会实践中重大问题的回应。改革开放的时代孕育了改革创新精神，改革创新精神又内蕴为这个时代文化的灵魂。马克思、恩格斯曾明确指出：唯物史观和唯心主义历史观不同，“它不是在每个时代中寻找某种范畴，而是始终站在现实历史的基础上，不是从观念出发来解释实践，而是从物质实践出发来解释观念的形成。”[③] 从现实出发，就是要从现实生活出发，从现实的人的实践活动出发，反映当代中国人在社会主义初级阶段的生活过程、思想追求、精神风貌、道德状况等等，描绘

① 《马克思恩格斯选集》第1卷，北京：人民出版社1995年版，第275页。
② 《毛泽东文集》第3卷，北京：人民出版社1996年版，第192页。
③ 《马克思恩格斯选集》第1卷，北京：人民出版社1995年版，第92页。

建设中国特色社会主义进程在意识形态上的反射和反响，我们的文化才有坚实的基础，才会真正得到人民大众的喜爱。毛泽东在延安文艺座谈会上讲话时指出："我们是马克思主义者，马克思主义叫我们看问题不要从抽象的定义出发，而要从客观存在的事实出发，从分析这些事实中找出方针、政策、办法来。我们现在讨论文艺工作，也应该这样做。"① 一切从实际出发，理论联系实际是马克思主义最重要的理论品质，是指导文化发展的根本指南，紧紧扎根于现实生活是文化始终保持蓬勃生命力的关键所在。

推动社会主义先进文化繁荣发展，需要始终坚持文化发展的正确方向。任何一种文化的创新与发展，都需要坚持正确的方向，"牢牢把握中国先进文化的发展趋势和要求，坚持以马克思列宁主义、毛泽东思想、邓小平理论为指导，立足于建设有中国特色社会主义的实践，着眼于世界科学文化发展的前沿，不断发展健康向上、丰富多彩的，具有中国风格、中国特色的社会主义文化，满足人民群众日益增长的精神文化需求，引导广大人民群众从思想上精神上正确武装和不断提高起来。"② 文化建设如果失去正确的方向，就有可能收效甚微，就有可能误入歧途，就有可能失去大有作为的重要战略机遇期。当代中国文化建设的指导思想是马克思列宁主义、毛泽东思想和中国特色社会主义理论体系。文化建设的目标是发展健康向上、丰富多彩的，具有中国风格、中国特色的社会主义文化。文化建设目的是为了满足人民群众日益增长的精神文化需求。

建设社会主义先进文化是一项极其艰巨而复杂的任务，必须加强党对文化建设的领导，动员全社会的积极参与，兴起全社会建设文化强国的热潮。一要处理好文化建设与经济建设、社会建设和政治建设的关系，文化建设要适应中国特色社会主义的发展而全面地繁荣起来。经济、社会和政治建设是文化建设的前提和基础，文化建设是经济、社会和政治建设的动力和引擎。二是在文化建设中，既要唱响主旋律，又要兼容并蓄。要在全社会弘扬社会主义文化的主旋律，让科学的、健康的、积极的、高尚的思想观念、道德情操和价值取向得到弘扬，

---

① 《毛泽东选集》第3卷，北京：人民出版社1991年版，第853页。

② 《江泽民文选》第3卷，北京：人民出版社2006年版，第276—277页。

使那些愚昧的、低级趣味的、腐朽的文化因素得到改造和抵制。中国传统文化和国外传入文化都具有积极的方面和消极的方面，国际国内的经济、社会、政治发展形势反映到文化上也有积极的方面和消极的方面，这些都需要我们以马克思主义的基本原理为指导，以科学的世界观、人生观和价值观来吸收积极的文化，拒斥消极的文化。三要把文化建设的出发点和落脚点置于人的发展上。要将文化建设落实到提升人的精神境界、培育优秀道德品质、全面发展人的素质上来。"必须以科学的理论武装人，以正确的舆论引导人，以高尚的精神塑造人，以优秀的作品鼓舞人，不断培养和造就一代又一代有理想、有道德、有文化、有纪律的社会主义新人。"① 四是建设一个懂文化、有文化、兴文化的政党。中国共产党要始终代表先进文化的前进方向，还必须加强党自身的建设，特别是每个党员自身文化素质的提高。没有党员对社会主义先进文化的高度自觉，就不能带领全国各族人民进行文化建设。

三、社会主义核心价值体系建设与文化软实力提升

全面提升国家文化软实力，对内可以增强中华民族的凝聚力和向心力，对外可以增强国家的亲和力和影响力，是增强我国综合实力的必然要求，也是实现文化强国战略的重要举措。建设社会主义核心价值体系，为文化建设凝魂聚气、强基固本，在全社会形成共同理想信念、强大精神力量、良好道德风尚，在全社会形成奋发向上的民族气概、团结和睦的精神纽带，是全面提升国家软实力的客观需要。

（一）文化软实力的内涵

软实力概念是美国学者约瑟夫·奈提出来的。他认为，国家的综合国力从硬实力和软实力两个方面体现出来，经济、军事、科技等力量展现的是硬实力，意识形态的吸引力、影响力等文化要素展现的是

---

① 江泽民：《在全国宣传思想工作会议上的讲话》，《论党的建设》，北京：中央文献出版社 2001 年版，第 125 页。

软实力。约瑟夫·奈认为硬实力和软实力在国家综合实力中地位同等重要，今日信息时代，软实力的作用似乎更加突出。

所谓“软实力”，约瑟夫·奈认为，“就是通过吸引而非强迫或收买的手段来达己所愿的能力”。[①] 文化的凝聚力、价值观的感召力、政治制度的吸引力、国际话语权的影响力等内容构成一个国家的软实力。约瑟夫·奈指出：“一个国家可以在国际政治中得到所希望的结果，因为他国想追随他，欣赏其价值观，效仿其模式，渴望达到其繁荣水平和开放程度。从这一意义上说，在国际政治中通过制定议程来吸引他人，与通过威胁或使用军事或经济手段来强迫他人改变立场同等重要。我把实力的这一方面称为软实力。”[②] 文化软实力凝聚了社会成员对生活对社会的历史认知和现实感受，表达了一个国家人民最深层的理性诉求和价值取向。

丹尼尔·贝尔在《资本主义文化矛盾》中认为，在当代美国，新教伦理精神已经衰竭：“现代主义的真正问题是信仰问题，它就是一种精神危机，因为这种新生的稳定意识本身充满了空幻，而旧的信念又不复存在了。如此局势将我们带回到虚无。由于既无过去又无将来，我们正面临着一片空白。”[③] 贝尔的忧虑是基于这样一个基本预设：一个正常运转的社会有赖于信仰、信念等精神性纽带的维系，这个精神性纽带的核心内容就是文化价值观，一旦失去了文化价值观的支撑，社会发展的正常秩序就会打破，就会发生动荡。

文化属于社会意识形式，虽然在根本上受制于物质资料的生产活动，但是无论是政治法律思想、道德、宗教，还是文学、艺术和风俗习惯等，都是现实的经济关系、社会关系、交往关系，以及人们实践活动直接或间接的反映。一定社会的文化总是同一定社会的经济、政治密切相关，一个民族的文化既是“一个民族的生活方式的总和”，[④]

---

① 约瑟夫·奈：《软力量——世界政坛成功之道》，吴晓辉、钱程译，东方出版社 2005 年版，前言第 2 页。

② 约瑟夫·奈：《美国霸权的困惑——为什么美国不能独断专行》，门洪华译，世界知识出版社 2002 年版，第 9 页。

③ 丹尼尔·贝尔：《资本主义文化矛盾》，赵一凡、蒲隆、任晓晋译，北京：三联书店 1989 年版，第 74 页。

④ 克利福德·格尔茨：《文化的解释》，韩莉译，南京：译林出版社 1999 年版，第 5 页。

也是一定历史时代的产物。文化反映着人们在实践中发现和掌握的规律，是科学理论；文化反映着人们的理想追求，又是价值标准。社会生产力表现为两种形式：一种是物质生产力，一种是精神生产力。物质生产力和精神生产力都是推动社会历史进步的决定力量。精神生产力本质上就是文化生产力，就是我们今天所讲的“文化软实力”。文化作为一种软实力，体现着一个国家或一个民族文化所达到的境界和建设成果，蕴涵着推动经济发展、社会发展与人的全面发展的精神动力和智力因素，其核心是国民整体素质的提高和人的创新能力的充分发挥。建设中国特色社会主义文化是走向文化强国、实现社会主义现代化的战略需要。

改革开放以来，我们党以高度的理论自觉，深刻认识到发展文化软实力的重要性。邓小平提出的“解放和发展生产力”就包含着解放和发展文化生产力，清除制约文化发展的一切障碍，冲破文化发展上的“左”和“右”两个方面的错误倾向，将文化生产力从单一的意识形态属性中解放出来。将文化的意识形态属性与商品经济属性结合起来，将文化的社会效益与经济效益结合起来，将文化精神与文化产业结合起来，把丰富人民的精神生活水平与提高人民的物质生活水平结合起来，把提升人民的精神境界、道德水准与满足人民的文化需要结合起来，我们党对文化软实力的认识达到空前的高度和境界。

人心齐则泰山移，文化强则国家强。“社会生活发生了深刻变化，时代和国际形势发生了深刻变化，必然在人们的思想上反映出来。不重视这些变化，不以这些变化作为加强和改进思想意识领域工作的基本依据，我们就会失去思想意识领域中的优势。另一方面，在全球化时代日益加剧的综合国力竞争中，文化、意识形态领域等无形的、‘软’的力量的地位和作用日益突出；在国际政治斗争中，文化、意识形态成为越来越重要的战场，特别是经济全球化衍生的对文化主权的销蚀，使文化、意识形态安全成为国家安全的重要组成部分”。[①] 对于文化的发展，对于文化意义的正确领会和高度重视，直接关系到国家和民族未来的发展，关系到国家综合实力的增强，关系到文化强国战略的实施。

---

① 郁建兴：《马克思主义文化理论与现时代》，《中国社会科学》2001 年第 6 期。

历史和现实一再昭示：一个民族的觉醒，首先是思想和文化上的觉醒；一个民族的崛起，必然伴随文化精神和文化产业的崛起；一个民族的强大，必然表现为思想和文化的强大。人类文化上的每一次进步，都是人类社会的一次大发展，都是从必然王国向自由王国的一次大迈进，都是人类社会历史的进步。文化自觉是精神文明不断提高的主要表现，它体现在每个社会成员的精神风貌和实际行动之中。

（二）社会主义核心价值体系与文化软实力

文化作为国家软实力的重要内容，它是国家的核心竞争力的体现和标志。文化软实力来自一个国家的政策法规的正义性、政治行为准则的合法性、文化的吸引力和感召力。如果一个国家的政策法规具有正义性，就会得到世界各国的认同，因而提升国际形象；如果一个国家的政治行为准则具有合法性，就有利于开展经济、文化和各方面的贸易往来，因而加强国家的话语权；如果一个国家的文化具有很强的吸引力和感召力，就能够主导世界秩序、规范世界行为、引领世界潮流。就文化软实力自身而言，一个国家的文化软实力集中体现在价值观上，我国正在建设的社会主义核心价值体系是社会主义文化的本质和灵魂，是社会主义意识形态的基石。社会主义核心价值体系极大提升了中华民族的凝聚力、创造力、影响力和竞争力。江泽民指出：“有没有高昂的民族精神，是衡量一个国家综合国力强弱的一个重要尺度。综合国力，主要是经济实力、技术实力，这种物质力量是基础，但也离不开民族精神、民族凝聚力，精神力量也是综合国力的重要组成部分。”①

文化“凝聚力”本质上是一种文化领导权，文化领导权是在市民社会和观念上层建筑领域运作的，它与警察、军队、监狱等政治上层建筑的控制方式有着本质的不同。葛兰西就认为，文化领导权的实质是通过意识形态手段塑造领导社会成员的普遍共识，谋求大众对主流意识形态的普遍认可。这种认可不是强制性的，而是人们积极自愿达成的。它是通过社会成员的广泛对话和民主协商实现的，是对主流意

① 江泽民：《在全国抗洪抢险总结表彰大会上的讲话》，《十五大以来重要文献选编》（上），北京：人民出版社2000年版，第549页。

识形态的心悦诚服，而不是对强权的附和。文化领导权不是作为思想暴力的赤裸裸的“最高圣旨”，而是经过广泛民主协商形成的思想、文化和价值观的引领力量。正是因为这样，核心价值体系才能提升民族凝聚力。

社会主义核心价值体系能够提升中华民族凝聚力。文化软实力的一个基本内涵就是文化凝聚力，这种凝聚力来自于人们对文化价值观的认同和接受，文化有了凝聚力就会形成民族凝聚力，形成一个民族对自己文化的高度自觉和自信。中华民族凝聚力是在历史发展长河中维系整个中华民族生存与发展的一种内在的精神力量。客观地讲，今日世界是资本主义主导的世界，全球化浪潮夹杂着文化的渗透和普世价值的冲击。西方世界鼓吹的“自由”、“民主”“博爱”的普世价值观念随着工业产品与文化产品传遍全世界。为了从容应对这种全球化浪潮的冲击，我们必须着眼于社会主义先进文化的建设，着眼于社会主义核心价值体系的建设，增强民族凝聚力，着力提升国家文化软实力，以求在日趋激烈的国际综合国力竞争中赢得主动。

中华民族不仅在近代饱受外敌的凌辱，而且承受着自然灾害的磨难。在抗击自然灾害的过程中，中华民族展现出顽强的意志和超强的凝聚力。改革开放以来，在灾难面前，党和国家领导人心系人民，心忧天下，与人民在一起；人民军队成为人民的中流砥柱，坚强的后盾，成为国家的定海神针，不倒的长城；全社会万众一心，人尽所能，众志成城，迸发出气吞山河的社会力量。灾难面前，各级党的组织、政府部门和机关干部自觉履行人民公仆的职责，使人民公仆不再是一种概念的可能性，而成为实践的现实性；每一个社会成员都奉献出自己的拳拳爱心，让灾区充满爱，构筑起民族凝聚力的深厚根基；关注生命、珍视生命的意识被视为人间的最高伦理，以人为本成为生命伦理的最高目标。改革开放以来中华民族在应对突发事件过程中，迸发出来的民族凝聚力是对民族精神与时代精神的丰富和深化，充分彰显出中国特色社会主义先进文化的实践特色、民族特色与时代特色。

社会主义核心价值体系能够提升中华民族创造力。改革开放的时代是不断探索的时代，也是不断创新的时代，我们在探索中创新：我们在探索“什么是社会主义，怎样建设社会主义?”的过程中形成了邓小平理论，我们在探索“建设什么样的党，怎样建设党?”的过程中形成了“三个代表”重要思想；我们在探索“实现什么样的发展，怎样发展?”的过程中形成科学发展观。邓小平理论、“三个代表”重要思想和科学发展观，即中国特色社会主义理论体系都是理论创新的成果，是马克思主义中国化的新成果，是改革开放的指导思想。在中国特色社会主义理论指导下，中国特色社会主义经济道路成功开辟、中国特色社会主义政治道路成功开辟、中国特色社会主义文化道路成功开辟、中国特色社会主义社会发展道路成功开辟、中国特色社会主义生态文明建设道路成功开辟。这些都是实践创新的成果。创新是中华民族进步的灵魂，是中国兴旺发达的不竭动力。一个没有创新力的国家，很难拥有强大的文化软实力，也不可能在国际竞争中占据制高点。建设创新型国家，必须倡导创新理念，培育创新文化，弘扬改革创新精神，让创新的激情充分燃烧，让创造的源泉永不枯竭。

社会主义核心价值体系能够提升中华民族影响力。中华民族文化影响力，是国家文化软实力的重要标志。中华文化的原创性思想和整体性思维具有独特魅力，其生命力极其旺盛、繁衍力极其强大，是世界文化的珍品，一度引领世界文化风骚。只是近代以来，在现代化浪潮的冲击下，中华文化开始呈现疲态，在西方价值观的强势主导下，中华文化的国际影响力开始下降。全球化时代，中华文化虽然得到了广泛传播，但其影响力与我国作为发展中大国的地位还不相适应。马克思主义在中国的传播，给中华文化带来了新鲜血液、注入了强劲活力。社会主义核心价值体系的培育和践行，文化强国战略的有力实施，中华文化的内容和形式都焕然一新、风头正劲，充分向世人展现出中国特色、中国风格和中国气派。随着历史的前进，具有民族性、时代性和先进性的中华文化，必将并注定要向世界展现着强大的国际影响力。

社会主义核心价值体系能够提升中华民族竞争力。今日世界，国与国之间的竞争日趋激烈，而且突出表现为文化之间的竞争，文化的强弱直接关系到国家竞争力的强弱，国家的发展亟需文化的支撑和思想的支撑。文化越先进，对别国的影响力就越大，文化产业越强大，对别国的渗透就越深，在国际竞争中就越占据优势。“作为后起的大国，中国与发达国家尤其是美国相比，差距最大的不是国内生产总值和军事实力，而是各种软力量。”① 文化软实力作为综合国力的重要体现，要想在国际竞争中立于不败之地，就必须占领文化的制高点；一定意义上，中华民族的复兴就是文化的复兴，中华民族的复兴必须走文化立国、文化兴国、文化强国之路。

（三）着力提升文化软实力

作为国家软实力的社会主义先进文化，应该是一种融科学文化和人文文化为一体的现代文化。科学文化是人类在认识和改造世界的社会实践中所形成的一种文化形态，是指导人们实践的正确世界观，包括尊重规律、尊重事实的理性精神，一切从实际出发、实事求是的思维方式，敢于怀疑、勇于批判的无畏品质，奋发向上、开拓进取的创新意识。人文文化是人类在认识世界、改造世界和自我实现的过程中所形成的文化形态，是人类用以指导和规范自身行为的人生观和价值观，包括对真善美的追求，理想信念、价值目标的自觉，对公平、正义、自由、平等、幸福的向往和对共有精神家园的塑造等等。人文文化与科学文化在本质上是一致的，只是近代工具理性主义的膨胀，人为导致了二者的分裂。社会主义文化应该是科学性与艺术性、物质性与精神性、真理性与价值性相统一的综合创新文化，是科学精神和人文精神相统一的文化体系。没有关于真理标准问题的大讨论，我们很难及时冲破左倾思想的坚冰，迎来改革开放的时代；没有中国特色社会主义理论的提出和实践，改革开放很难取得如此巨大的成就。

促进自然科学与社会科学的协调发展，促进科学精神和人文精神的天然融合，实现科学文化与人文文化的协调发展，着力提升国家文化软实力，具有重大的战略意义：

第一，为中华民族提供强大凝聚力。中国是一个多民族的国家，文化凝聚力尤为重要。它可以在当代竞争日益激烈的国际环境中，把五十六个民族凝聚成一个大家庭，从容面对国际挑战。全球化的时代造成一个多元化的世界，这种多元性不仅表现在政治经济上，而且表现在思想文化上。所以，亟需提升文化软实力，通过发展文化来整合整个社会，以形成强大的民族凝聚力。

① 黄仁伟：《中国崛起的时间和空间》，上海：上海社会科学出版社 2002 年版，第 109 页。

第二，为经济社会发展提供强大的文化支撑。金融危机以来，我们殚精竭虑谋求走出经济发展的低谷。文化的发展不仅能够提供智力支持，而且本身就是生产力。把文化区分为文化事业和文化产业，政府主抓公益性文化事业，让经营性文化产业走向市场，这是我们党对文化建设理论上的重大突破，文化发展实践上的重大创新。我们明确了公益性文化事业的责任，覆盖城乡的基本公共文化服务体系由政府建成；文化产业被列入国家产业振兴计划，成为国民经济支柱性产业。文化生产力得到空前释放，文化建设活力显著增强，文化为现代化建设事业服务的功能得到极大发挥。全面建成小康社会，不仅取决于经济实力，而且越来越取决于文化软实力。

第三，在世界面前重塑中华民族的大国形象，增强国际话语权。近代以来，中华民族走过了一段屈辱的历史，至今仍饱受西方强权的误解、曲解和打压。让文化走向世界，就是向世界展示中华民族的文化，让世界了解中国；让文化走向市场，就是要在国际竞争背景下，刺激民族文化企业的尽快成长与壮大。只有在面对西强我弱的挑战时赢得市场，社会主义先进文化才能赢得话语权和主动权。

第四，提高中华民族思想文化素质。中华民族几千年来能够不断向前发展，源于我们的血管里流淌着中华民族鲜活的文化基因，文化血脉没有断。但是，在现代化的冲击之下，我们必须更新血液，为民族文化增添新的力量。否则就不能应对西方文化的挑战，就不能适应时代发展的需要。提升文化软实力，就集中体现在中华民族思想文化素质的全面提高上。

提升文化软实力，本质上呼唤文化创新。要着力推进文化思想创新。没有创新的思想，就没有创新的行动，思想是行动的先导，是创新的前提。把转变思想观念贯穿于文化创新的全过程，不断强化创新意识，以创新的理论认识新的情况，以创新的方法解决新的问题，以创新的成果提升文化软实力。要着力推进文化体制机制创新。体制机制是推进文化创新的制度保证。体制优越才能焕发文化自身的生命力，机制畅通才能极大解放文化生产力。要着力推进文化内容创新。内容创新是文化创新的核心，要从传统中发掘文化资源，要从世界文化精品中寻找灵感，创造内容丰富多彩、具有民族特色和时代特色的文化精品。要着力推进文化形式创新。好的文化需要好的形式，形式美是文化魅力的展现，优秀的文化作品要为人们接受和认可，必须具有生动优美的活泼多样的形式。

创新需要科学精神与人文精神的共同作用。创新首先要尊重事物自身发展的规律，创新不是盲目蛮干，只有具备扎实专业功底和深厚知识积累的人，创新才有可能，灵感是偏爱有准备的头脑的。独立的思考、艰苦卓绝的研究和上穷碧落下黄泉的探索，这是科学精神的重要内涵；创新同时需要正确世界观的指导，充分发挥创新主体的主观性和创造性，需要追求卓越的高远境界和团结协作的集体主义精神，需要睿智、热情、理性，以及不屈不挠的品格，这是人文精神的重要体现。我们既要做文化大国也要做文化强国，既要做科技大国也要做科技强国。科技创新是推动文化发展的重要引擎，无论是文化精神的培育还是文化产业的发展都需要加大科技创新的力度，要大力提倡科学精神、科学方法、科学态度，尊重科技人才和知识分子。要加快实施科教兴国战略，促进文化和科技良性互动，增强自主创新能力，建设科学文化创新型国家。

提升文化软实力，必须繁荣哲学社会科学。哲学社会科学是文化的重要组成，社会主义核心价值体系是文化的灵魂。繁荣哲学社会科学需要强化其魂魄，要用社会主义核心价值体系树立正确的文化理念，指引和强化文化软实力建设。实施哲学社会科学的建设工程，还要理顺体制和机制，发挥哲学社会科学工作者主动性和积极性。坚决冲破一切妨碍文化发展的思想观念，坚决改变一切束缚文化发展的做法和规定，坚决革除一切影响文化发展的体制弊端。

经过改革开放30多年的发展，我国经济实力和综合国力显著增强，但我国仍处于并将长期处于社会主义初级阶段的基本国情没有变，人民日益增长的物质文化需要同落后的社会生产之间的矛盾这一社会主要矛盾没有变。当前，我国正面临加快转变经济发展方式的攻坚时期，文化越来越成为生产力的重要增长点、越来越成为综合国力竞争的重要方面、越来越成为经济社会发展的重要支撑，丰富精神文化生活越来越成为我国人民的热切愿望。着力提升文化软实力，需要做到：

第一，努力满足弱势群体的利益需要。改革开放以来，我国社会以农民阶层和工人阶层为代表的主要群体基本状况获得了大幅度的改善，物质生活条件和精神文化需求有了明显提高，但由于种种历史的原因和发展的具体条件不同，我国东西部及中部地区呈现发展不平衡状态，同一个地区中不同群体的发展也呈现不平衡状态。主要表现有：一些地区和一些人群经受绝对贫困与相对贫困的双重困扰，农民工劳动权利的维护处于十分弱化的状态，部分人员和人群就业难度加大，社会保障状况令人担忧，一些劳动者不同程度地被边缘化，一些地区人民的精神文化生活极其贫乏，等等。应对这些情况，需要确立全体社会成员共享社会发展成果的基本理念，需要及时调整国家政策，加大对中西部地区的政策倾斜，努力维护和保障每一个社会成员的基本生存权利，尽快建设社会公平保障体系，加快社会主义文化体系建设，以满足落后地区广大人民群众日益增长的精神文化生活需要。

第二，要密切联系群众。重大问题要多途径征求群众意见，畅通群众表达意见和诉求利益的渠道，搭建联系群众、了解群众和服务群众的绿色平台，积极主动回应群众的合理要求。要建立健全决策的程序问题，重大决策必须与民意做及时、顺畅的沟通，必须让百姓知情和参与，满足人民群众的知情权、参与权和决策权。各级干部都要深入农村和社区，与群众面对面直接沟通，充分听取民声、民愿，并及时向群众反馈。把人民关心的重大问题及时准确纳入到文化体系建设之中，让文化真正成为人民大众的文化。

第三，要着力建设文化民生。文化民生是指文化层面的人民生计，也就是人民生计中的文化层面，属于精神层面的民生。文化民生所要解决的首要问题，是广大群众的精神家园问题，解决人民群众的安身立命之本。社会主义先进文化所倡导的基本精神，社会主义核心价值体系所呈现的基本内容，都是文化民生的精神家园所在，是各族人民群众的精神支柱。人民群众获得安身立命之本，得到精神上的激励和智力上的支持，享受优质的文化资源和教育资源，享受体育和医疗卫生服务，满足图书影视消费需求，满足休闲旅游观光需求，以及其他各种各样的文娱活动、讲座展览等需要，都是文化民生的基本内容。目前社会上一些不满情绪的蔓延和宣泄，究其原因一是文化基本权益得不到保证，二是不同群体的人民的安身立命之本没有着落。国家软实力与文化民生关系密切，文化民生直接影响文化生产力。完善文化生活方式，着力文化民生的建设、享受和实践，将为文化发展注入新的动力，本身就是文化功能和价值的实现与文化软实力的提升。疏通文化民生的脉络，完善公共文化服务体系，提供更多的文化产品、文化设施、文化机遇和文化消费，让民众时时处处浸润在优美健康的文化氛围之中，感受到文化生活的便捷和美好，从而缓解情绪、振奋精神、放飞激情，最终达到提高文化生产力、建设和谐社会的目标。从意识形式角度看，文化民生则涉及现代公民意识，即文化公民的权利意识，人民群众既是文化创造的主体，也是文化享受的主体。公共文化服务的目标就是实现每一个公民的基本文化权利。这些文化权利包括如下不可或缺的内容：文化创造的权利，文化选择的权利，文化消费的权利，文化休闲的权利，文化传播的权利，以及文化批评的权利。

四、社会主义核心价值体系建设与中华民族共有精神家园建设

中华文化是中华民族自强不息、顽强拼搏的不竭动力，是中华民族团结奋进、不屈不挠的精神支柱。国家的发展离不开文化的创新，民族的复兴离不开文化的支撑。古往今来，没有哪一个国家轻视自己文化的建设，没有哪一个民族无视自己文化的发展。中华文化是中华民族共有精神家园，社会主义核心价值体系是这个家园的守护神。把社会主义核心价值体系建设与精神家园建设结合起来，显示我们党在新的历史条件下对发展繁荣中华民族文化的高度重视。

（一）建设中华民族共有精神家园的意义

一个人如果没有精神家园，物质生活再富裕，也不会真正拥有幸福；一个国家如果没有精神家园，经济成就再辉煌，也不可能真正强大起来。中华民族之所以能数千年绵绵不绝，历尽磨难而不衰，就在于中华文化的博大精深。走进新时代，在马克思主义指导下，中华民族传统文化成功实现现代转型，社会主义核心价值体系作为中华文化的核心内容，在建设小康社会的历史进程中发挥着愈来愈强大的精神力量。可以断言，当社会主义核心价值体系真正深入人心，成为每一个社会成员的主心骨，中华民族就会真正跻身世界强国之列。

中华民族具有悠久的历史和灿烂的文明，曾经引领世界潮流，作为泱泱大国，受到各国的追捧和学习。只是到了近代以来，特别是清

朝末年开始，中华民族遭受西方列强的百般蹂躏，国破家亡，文化蒙羞。一方面源于封建王朝的没落式微，大清帝国还沉睡在所谓世界中心的梦想中，做着千年王国的美梦；一方面源于西方文明的迅速崛起，将世界文明卷入资本的逻辑之中，工业文明的坚船利炮，“使未开化和半开化的国家从属于文明的国家，使农民的民族从属于资产阶级的民族，使东方从属于西方。”[①] 资产阶级，“把一切民族甚至最野蛮的民族都卷到文明中来了。它的商品的低廉价格，是它用来摧毁一切万里长城、征服野蛮人最顽强的仇外心理的重炮。它迫使一切民族——如果它们不想灭亡的话——采用资产阶级的生产方式；它迫使它们在自己那里推行所谓的文明，即变成资产者”。[②] 资本主义文明的腥风血雨之下，有着五千多年历史的中华文明出现了重大危机，中华文明的共同精神家园需要重建。必须谋求变革，以迎接西方文明的挑战。

中国共产党人肩负民族振兴的重任，建立起人民当家作主的社会主义制度，改革开放以来，我们在探索建设社会主义强国的道路上取得了令世人瞩目的成就。民族的复兴和强大首先是文化的复兴和强大。党的十七大充分认识到文化建设的重要性和迫切性，自觉肩负起“弘扬中华文化，建设中华民族共有精神家园”的光荣使命。

对于个人而言，没有文化的抚慰和引导，就会沉湎于物欲之中而迷失前进的方向，堕落于物役之中而失去精神家园，最终难以达到“宁静以致远”。文化的作用，不仅在于让人形成正确的世界观、人生观和价值观，引领前进方向、形成工作合力、具有精神归属，还在于摆脱工具理性主义的魔力，纠正资本主义价值观所导向的错误轨道，引领社会发展的正确方向。近代以来，自然科学在人类历史的发展进程中发挥了非常积极的作用。但是，自然科学知识，在改造外部物质世界的同时，应该与人文科学统一起来，以正确的价值观为指导，否则这柄双刃剑就会给人类带来巨大的灾难。先进文化就是引导自然科学造福人类的旗帜；现代企业的发展史说明，没有文化品位的企业，终究是要倒闭的。现代国家的发展史说明，没有文化底蕴和正确理论指引的国家，是终究要落伍的。现代文明史告诉我们，个人的生存与

① 《马克思恩格斯选集》第1卷，北京：人民出版社1995年版，第276－277页。

② 《马克思恩格斯选集》第1卷，北京：人民出版社1995年版，第276页。

成长，没有不断修炼的文化涵养，不能形成正确的立场、方法和观点，是终究要沉沦的。

（二）社会主义核心价值体系是精神家园之灵魂

党的十七届六中全会强调："建设社会主义文化强国，就是要着力推动社会主义先进文化更加深入人心，推动社会主义精神文明和物质文明全面发展，不断开创全民族文化创造活力持续迸发、社会文化生活更加丰富多彩、人民基本文化权益得到更好保障、人民思想道德素质和科学文化素质全面提高的新局面，建设中华民族共有精神家园，为人类文明进步作出更大贡献。"把文化强国建设与共有精神家园建设直接勾联起来，体现了党中央对社会主义先进文化使命的高度自信。

邓小平在谈到革命理想信念的作用时说："为什么我们过去能在非常困难的情况下奋斗出来，战胜千难万险使革命胜利呢？就是因为我们有理想，有马克思主义信念，有共产主义信念。"① 理想信念是在思想观念上对现实和自我的某种超越，是对一定价值目标的认可和追求。共同理想能使人们保持思想的一致，凝聚人们的实践力量，目标明确行动统一，从而形成所向披靡的强大物质力量。马克思主义信念是中国共产党人历经千难万险、不怕流血牺牲的强大支撑，是革命事业能够成功的思想保障。今天我们建设中国特色社会主义，是一次新的伟大长征，同样面临千难万险，同样需要流血牺牲，同样需要我们坚定马克思主义信念和共产主义信念。

江泽民在谈到先进文化的作用时指出："我们党高举中国先进文化的前进旗帜，努力建设和弘扬反映革命、建设和改革要求的新文化，荡涤旧社会遗留下来的和国外渗透进来的腐朽没落的旧文化，从思想上精神上极大地解放和激励了广大干部群众，在全党全国人民中形成了凝聚人心、统一意志的正确指导思想和共同理想。"② 社会主义先进文化是前进的旗帜，在中国特色社会主义实践中发挥引领作用，是统一全党意志、凝聚全国人心的共同理想，是解放广大干部思想、激励广大群众意志的行动指南。

---

① 《邓小平文选》第 3 卷，北京：人民出版社 1993 年版，第 110 页。
② 《江泽民文选》第 3 卷，北京：人民出版社 2006 年版，第 277 页。

党的十六大针对文化建设与经济建设不匹配的状况，及时做出重要战略决策："必须大力发展社会主义文化，建设社会主义精神文明。全党同志要深刻认识文化建设的战略意义，推动社会主义文化的发展繁荣。"① 提出了牢牢把握先进文化的前进方向、坚持弘扬和培育民族精神、切实加强思想道德建设、积极发展文化事业和文化产业、深化文化体制改革等一系列重大战略方针。党的十七大着眼新的国际国内形势，从中国特色社会主义经济、政治、文化、社会建设"四位一体"的高度，筹划深化文化体制改革的总体布局，掀起社会主义文化建设新高潮，推动社会主义文化大发展大繁荣。十七届六中全会提出要充分认识推进文化改革发展的重要性和紧迫性，更加自觉、更加主动地推动社会主义文化大发展大繁荣。"物质贫乏不是社会主义，精神空虚也不是社会主义。没有社会主义文化繁荣发展，就没有社会主义现代化。在新的历史起点上深化文化体制改革、推动社会主义文化大发展大繁荣，关系实现全面建设小康社会奋斗目标，关系坚持和发展中国特色社会主义，关系实现中华民族伟大复兴。"②

以社会主义核心价值体系为灵魂，构筑中华民族共有精神家园。为我们民族确立精神归属，提供灵魂安顿，是民族繁荣和时代发展的要求，是每个人的全面发展的要求。精神家园建设需要加强指导思想建设，马克思主义要随时代的发展而发展，中国化的马克思主义也要随着改革的推进而与时俱进。马克思主义理论需要不断创新，才能担负指导思想的使命。精神家园建设需要加强理想建设。精神家园离不开民族认同，民族认同往往表现为对同一个民族的自我认同，及对其他民族的相互认同两个方面，自我认同与相互认同都需要确立共同的理想目标，拥有一个共同的价值追求，中国特色社会主义共同理想也需要在实践中不断增添新的内容。精神家园建设需要加强民族精神建设。民族精神和时代精神能够召唤、激发社会成员为共同的理想而奋斗，使每一个社会成员对国家整体产生向心力，民族精神需要升华，时代精神需要深化。精神家园建设需要加强社会主义道德建设。社会

① 《江泽民文选》第3卷，北京：人民出版社2006年版，第558－559页。

② 《中共中央关于深化文化体制改革推动社会主义文化大发展大繁荣若干重大问题的决定》，《人民日报》2011年10月19日。

主义道德不是封闭的凝固物，需要根据时代的发展变化和实践的要求，不断推陈出新，更换内容和形式，始终紧贴人民大众的生活实际，才能真正成为人们行为的规范，才能为精神家园建设提供道德基石。

没有正确价值观的引领，没有先进文化的感召，就没有人民精神世界的极大丰富，就没有全民族精神力量的充分发挥，一个国家、一个民族也就不可能屹立于世界民族之林。全党必须步调一致、全民必须万众一心，高举中国特色社会主义伟大旗帜，深入贯彻落实科学发展观，努力在全社会培育和践行社会主义核心价值体系，促进文化理念提升，深化文化体制改革，加快文化的发展和繁荣，建设中华民族共有精神家园。

（三）建设中华民族共有精神家园

迄今为止，世界上没有哪一个国家可以否定自己的传统文化而能建成现代化的，没有哪一个国家可以否定自己的历史而能走向未来的，也没有哪一个国家可以做到闭关自守、隔绝国际间的交往而能称雄世界的。因而立足于中国的现实，发掘传统文化的宝藏，提炼其固有的精神资源，弘扬中华文化的精粹，重建高于古人、异于西方的适应我国现代化需要的先进文化，应对西方强势文化的冲击，才是我们建设精神家园的应有姿态。

建设中华民族共有精神家园，尤其需要密切关注时代的新变化和实践的新发展，把那些能够敏锐反映人类文明发展大趋势的社会变革与发展因素，作为进一步丰富和发展核心价值观的重要内容。今日世界是百舸争流的时代，在和平、发展和合作的主旋律之下，演绎出四大发展趋势，即：经济全球化愈演愈烈，政治多极化不可阻挡，文化多元化方兴未艾，科技信息化突飞猛进。这四大趋势，不断深化和平与发展的时代主题，为建设精神家园带来新的生机与动力。

经济全球化给精神家园建设带来持久而深刻的影响。积极适应经济全球化大趋势，果敢地参与全球化竞争，在多方博弈中摒弃陈旧的思维定势、思想观念和行为方式，确立科学的思维方式、思想观念和行为准则，是增强文化生机与活力的关键。这是社会主义文化建设的新的生长点。我们应当始终保持与时俱进的思维方式，充分利用经济全球化提供的历史性机遇，在进一步推进改革创新中不断赋予文化以鲜活的时代内涵，确保文化的时代生命力。

经济市场化给精神家园建设带来全面而彻底的影响。我国的社会主义市场经济改革，是一场深刻的革命，其所产生的观念变革效应是广泛而深刻的。这就需要我们深入研究市场经济所带来的经济结构多样化、就业方式多样化、生活方式多样化以至阶层团体多样化的社会现实及其发展趋势，在多样化发展中进一步丰富社会主义文化的特有内涵，使之更加贴近社会现实而又引领社会发展。

政治多极化给精神家园建设带来广泛而深远的影响。政治多极化一方面有利于稳定和巩固和平发展的时代主题和世界格局，一方面也带来了更为激烈的世界竞争。我们要密切关注政治多极化带来的复杂影响，不断激发人们的危机意识、发展意识、改革意识和创新意识，以积极的观念创新推进体制创新和制度创新，在坚持不懈的自主创新中不断增强文化凝聚力和影响力。

文化多元化给精神家园建设带来巨大挑战。中华文化“和而不同”的思想认为，世界各民族文化总是既具有同一性，又具有差异性。“同一性”有利于共生共长，“差异性”有利于相辅相成。据此思想，世界各种文化应在和平竞争中取长补短，在求同存异中共同发展。因为每一种文化都是一个民族的基本象征，内蕴一个民族特有的价值观念、行为方式，凝聚着一个民族的精神实质。愈是民族的，就愈是世界的。把握好这一辩证法，我们的文化和价值观就能独立于世界文化之林。

科技信息化给精神家园建设带来重大契机。科技信息化是当今人类文明进步的第一推动力。科技革命浪潮突飞猛进，科技信息化正在全方位地影响着社会变革与社会发展，历史性地改变着人们的生活方式、思维方式和价值观念。科学利用科技信息化产生的巨大社会效应进一步推动思想观念的变革，丰富和发展能够走在时代前列、引领中华民族跻身当今人类文明的时代精神，成为精神家园建设的重要内容。

每一个文化工作者都要努力认清时代和人民赋予的神圣使命，坚持为人民服务、为社会主义服务，坚持百花齐放、百家争鸣，坚持贴近实际、贴近生活、贴近群众，高擎民族精神火炬，吹响时代前进号角，创作生产更多无愧于历史、无愧于时代、无愧于人民的优秀作品，奋力开创文艺发展新局面，为推动社会主义文化大发展大繁荣、建设社会主义文化强国贡献智慧和力量。

建设精神家园，就要着力建设先进文化，让社会主义核心价值体系更加深入人心，让社会主义精神文明和物质文明建设齐头并进，不断开创全民族文化创造活力持续迸发、社会文化生活更加丰富多彩、人民基本文化权益得到更好保障、人民思想道德素质和科学文化素质全面提高的新局面。

建设精神家园，要处理好“古今”问题和“中外”问题。首先要全面了解祖国的传统文化，深刻挖掘其珍贵的宝藏，加强优秀文化传统的传播和学习，继承好祖先馈赠的灿烂文化；与此同时，我们要做到与时俱进，不断地丰富和发展中华文化，实现中华民族传统文化的现代转型，做到古为今用。其次，在对外文化交往方面，要具有开放包容的胸襟，要充分吸收人类文明的一切优秀成果，做到洋为中用。我们要具有海纳百川、博采众长的胸怀，促成百花齐放，倡导百家争鸣。古为今用才能让血脉相传、继承传统，洋为中用可以借他山之石攻我之玉，百花齐放才能源远流长，百家争鸣才能共同提高。

建设精神家园，就要坚持“以人为本”的价值指导原则。近代科学文化的主旨，就是为了将人从中世纪的基督教神学奴役下解放出来，赋予人以理性和自由。现代科学技术的突飞猛进，极大地提高了社会生产力，将人类从繁重的体力劳动中解放出来，获得充足时间从事文化休闲活动，从容享受生活。科学文化的本质就是“以人为本”，就是为了培育有理想、有道德、有文化、守纪律的社会公民，实现人的自由和全面发展。建设中华民族共有精神家园，目的就是为了丰富人的精神生活，提升思想境界，树立崇高理想，陶冶道德情操，赋予人们以文化底蕴和人文素养。因此，“以人为本”既是建设精神家园的出发点也是归宿点。

党的十七届六中全会进一步以“深化文化体制改革推动社会主义文化大发展大繁荣”为主题，以建设社会主义文化强国为根本任务，制定了发展中国特色社会主义文化的行动纲领。新的长征再次启动，“当文化越来越成为民族凝聚力和创造力的重要源泉，越来越成为综合国力竞争的重要因素，越来越成为经济社会发展的重要支撑，越来越成为我国人民的热切愿望，沿着中国特色社会主义文化发展道路，我们坚信：中国人民有能力为人类文明进步做出更大贡献”[①]。

“以高度的文化自觉和文化自信，着眼于提高民族素质和塑造高尚人格，以更大力度推进文化改革发展，在中国特色社会主义伟大实践中进行文化创造，让人民共享文化发展成果”。胡锦涛在庆祝中国共产党成立90周年大会上的讲话，为中国特色社会主义文化建设描绘了蓝图，是建设社会主义先进文化、提升文化软实力、建设中华民族共有精神家园的时代宣言。

① 任仲平：《文化强国的“中国道路”》，《人民日报》2011年11月15日。

结语：坚定不移地推进改革开放，实现中华民族的伟大复兴

人类历史总是在革命、建设、改革、发展的交响中前行，社会主义社会也“不是一种一成不变的东西，而应当和任何其他社会制度一样，把它看成是经常变化和改革的社会”，[①]“世界在变化，我们的思想和行动也要随之而变。过去把自己封闭起来，自我孤立，这对社会主义有什么好处呢？历史在前进，我们却停滞不前，就落后了。”[②] 社会主义社会应该是一个不断改革和完善的社会。这是由社会主义社会基本矛盾的运动和发展所决定的。社会主义社会基本矛盾即生产关系和生产力、上层建筑和经济基础之间表现为既相适应又相矛盾的状况，就是这种既相适应又相矛盾的运动推动着社会不断前进。社会主义的生产关系和生产力、上层建筑和经济基础是基本相适应的，但是在不同历史阶段，它们之间仍然存在着不相适应的环节和方面。社会主义社会的历史进程，不可能天生完美，作为一种年轻的社会制度，一直处在探索、改革的实践过程中，经历一个从不成熟到比较成熟、从不完善到比较完善的长期发展过程。

在社会主义整个发展过程中，只有通过一系列的改革，革除同生产力发展不相适应的经济体制，建立同生产力发展相适应的新的经济体制；改革同经济基础不相适应的政治体制，建立同经济基础相适应的政治体制，社会主义才能生机勃勃地向前发展。列宁在领导苏维埃俄国建设社会主义的过程中，总是从现实的国情出发，正视国情，面对一系列新问题和新情况，不拘泥于过去已有的结论，始终做到“根据经验来谈论社会主义”。[③] 在建设社会主义的具体做法上，列宁主张

---

① 《马克思恩格斯选集》第4卷，北京：人民出版社1995年版，第693页。

② 《邓小平文选》第3卷，北京：人民出版社1993年版，第274页。

③ 《列宁全集》第34卷，北京：人民出版社1985年版，第466页。

开放口岸，敞开国门，欢迎一切有识之士和有志之士投资兴业。改革开放是社会主义发展的常态和必由之路，从实际出发必然要求改革开放，学习和利用人类特别是资本主义的一切有价值的东西。

今天的世界是开放的世界，国家之间的相互联系日益密切，民族之间的相互交往日益频繁，任何一个国家的发展都不能游离于世界之外。中国的发展离不开世界，世界的发展同样离不开中国。因此，必须将当代中国的发展变化纳入到整个世界的发展潮流之中，放到整个世界和时代的变化情景之中。离开了对时代发展、对世界格局变化的正确认识和把握，我们就无法真正把握现实，从实际出发就是一句空话。本着面向现代化、面向世界、面向未来的视野来透视世界历史发展的现象，才能真正把握世界历史的进程及其发展趋势，清楚自己在世界格局中所处的历史方位，才能制定正确的发展战略，对外开放才获得真正的意义。

改革开放是新时期最鲜明的时代特征，改革开放是中国共产党、中国发展进步、马克思主义永葆青春的活力源泉。改革开放是建设中国特色社会主义的强大动力。改革开放极大地调动了中国人民建设美好家园的积极性，中华民族以前所未有的自信走向世界，实现了从高度集中的计划经济体制到充满活力的社会主义市场经济体制、从封闭锁国到全方位开放的伟大历史转折，中国人民的精神面貌、社会主义中国的社会面貌、中国共产党的执政面貌发生了根本性变化，一个面向现代化、面向世界、面向未来的社会主义中国巍然屹立在世界东方。

改革开放为中国特色社会主义事业的发展提供了现实境域。中国特色社会主义是当代中国的马克思主义，源于对当代中国现实问题的思考和解答。十一届三中全会以来，中国共产党紧扣经济建设这个中心，坚持四项基本原则与改革开放的统一，成功地打开了中国社会主义现代化建设的全球视域，谱写了社会主义运动的新篇章，创造出社会主义运动的新经验，凝练出社会主义核心价值体系的新内容，进一步推进改革开放，是建设社会主义核心价值体系的需要。

改革开放的实践发展了马克思主义指导思想，铸造了社会主义核心价值体系的灵魂。我们在坚持马克思主义基本原理的同时，紧密结合中国改革开放和社会主义现代化建设的实际，紧密结合新的时代主题，赋予马克思主义新的鲜活力量，中国特色社会主义凝结了几代中国共产党人艰辛探索的智慧和心血，凝结了中国人民建设社会主义实践的宝贵经验，是马克思主义中国化最新成果。随着改革开放向纵深发展，随着各种新情况、新问题的出现，马克思主义中国化必将产生更新的内容。中国特色社会主义理论体系就是当代中国的马克思主义，就是中国共产党和国家各项事业的指导思想。

改革开放的实践形成了中国特色社会主义共同理想，书写了社会主义核心价值体系的主题。改革开放以来，我们取得一切成就和进步的根本原因，归结起来就是：开辟了中国特色社会主义道路，形成了中国特色社会主义理论体系，建立了中国特色社会主义制度。走中国特色社会主义道路，是实现中华民族伟大复兴的必由之路，是当代中国人民的共同理想。这一共同理想集中反映了全国各族人民对国家发展美好前景的向往，是全体人民根本利益的集中诉求，是全体中国人民团结奋斗的共同目标，描绘了国家富强、民族振兴、人民幸福、社会和谐的锦绣前程。坚持改革开放，是实现中国特色社会主义共同理想的有力保证。

改革开放的实践升华了以爱国主义为核心的民族精神和以改革创新为核心的时代精神，为社会主义核心价值体系注入精髓。民族精神是中华民族团结统一的精神纽带，是中华民族发展壮大的精神力量。爱国主义是中华民族精神最深厚的内核，最能感召中华儿女团结奋进。作为世界上历史悠久而且连续不断的文明之邦，中华民族有着自己独特的坚守，有着自己坚不可摧的根底，这就是以爱国主义为核心的民族精神，因此总能在民族危亡的关头和重大危机中重新崛起。百年中国的历史清楚表明，改革开放实践之所以成就斐然，中华民族之所以能够复兴，中国特色社会主义实践之所以硕果累累，一个重要的原因就在于民族精神的强大再生力。

在改革开放的时代大潮中生发和升华出来的改革创新精神，作为中华民族进步的灵魂和中国社会发展的精神动力而愈益成为中国人民的共识，成为时代精神的核心。置身于中国改革开放的境域之中，改革创新精神就是要勇于探索、奋发向上，锐意进取、勇往直前，使一切有利于国家发展的行动得到支持，有利于创业实践的意志得到尊重，有利于创新创优的品质得到肯定，并最终升华为全国人民发挥才华、施展抱负、奉献社会、报效国家的意志和品格。改革创新精神继承了中华民族革故鼎新的优秀传统，体现当代中国社会发展进步的要求，贯穿改革开放的全部实践，贯通时代精神的各个方面。30多年来，中国经济体制、政治体制、文化体制、社会体制等方面的改革不断深化，理论创新、制度创新、科技创新、文化创新以及其他各方面的创新全面推进，改革创新成为时代的最强音，成为社会发展的潮流。正是因为改革创新，社会生产力获得了极大解放，中国以世界上少有的速度持续快速发展起来，取得了改革开放和社会主义现代化建设的辉煌成就，创造了举世瞩目的发展奇迹。事实证明，改革创新是中国共产党和国家发展进步的活力源泉，是中国特色社会主义事业开拓前进的不竭动力。

改革开放实践丰富了社会主义道德内容，为社会主义核心价值体系奠定了牢固的道德基石。改革开放和中国特色社会主义建设取得的巨大成就，增强了人们对社会主义祖国的自豪感，坚定了人们对改革开放的信心，对马克思主义指导思想的信仰，坚定了人们走中国特色社会主义道路的信念，使广大人民锐意改革、开拓创新的时代精神日益深化，大大提高和增强了全体人民的思想境界和文化素质，使集体主义、爱国主义、社会主义思想深入人心，使热爱祖国、服务人民、崇尚科学、辛勤劳动、团结互助、诚实守信、遵纪守法、艰苦奋斗成为中国人民精神世界的主流。

推进改革开放是建设社会主义核心价值体系的需要，是建设社会主义文化强国的内在要求，也只有建设社会主义核心价值体系，才能进一步推动改革开放，实现中华民族的伟大复兴。社会主义核心价值体系是一个开放的体系，是与时俱进、不断变化发展的动态过程，需要到更广阔的时代新变化和实践新发展中得到丰富和深化。提炼和提升社会主义核心价值观，不仅要着眼于正在进行的改革开放实践，而且要着眼于时代变化和实践发展的新走向和新趋势，实现创新性、超前性的丰富和完善，在实践与理论的互动过程中，充分发挥社会主义核心价值体系指导社会实践、引领社会思潮和激励社会前进的巨大作用。

社会主义核心价值体系的形成和发展是一个反复实践、反复探索、不断总结、不断提升的过程。在发展的时间上，这一过程表现为承前启后。前承传统，源远流长，不仅承继了中华民族优秀文化的精华，而且实现了人类最优秀的文明成果——马克思主义的中国化；后启来者，永无止境，不仅坚挺当代中国人民团结奋进的民族脊梁，而且为建设中国特色社会主义确立了精神支柱，社会主义核心价值将永远激励着全国各族人民为振兴中华而不懈努力。在发展的空间上，这一过程表现为海纳百川。兼容并包、容载万物，社会主义核心价值体系始终反映着人类发展进步的最新成果，具有吸纳和融通外来一切积极因素的能力；内联实践，和合共生，社会主义核心价值体系既依存于中国特色社会主义实践，又是深化中国特色社会主义实践的前进动力。尽管改革开放的过程充满艰辛，也难免会出现各种各样的反复，只要我们始终坚持社会主义核心价值体系的引领，就能冲破形形色色的迷雾，坚定正确的航向。改革开放的成功经验向世人昭示："改革开放是决定当代中国命运的关键抉择，是发展中国特色社会主义、实现中华民族伟大复兴的必由之路；只有社会主义才能救中国，只有改革开放才能发展中国、发展社会主义、发展马克思主义。"①

中国共产党十七届六中全会要求：充分利用中国发展的重要战略机遇期，在新的历史起点上深化文化体制改革、推动社会主义文化大发展大繁荣，坚持社会主义先进文化前进方向，紧扣科学发展这个时代主题，以建设社会主义核心价值体系为根本任务，以满足人民精神文化需求为出发点和落脚点，以改革开放为保障，以改革创新为动力，发展面向现代化、面向世界、面向未来的，民族的科学的大众的社会主义文化，培养高度的文化自觉和文化自信，提高全民族文明素质，提升国家文化软实力，增强国家文化竞争力，努力建设社会主义文化强国。社会主义核心价值体系是社会主义意识形态的本质体现，是当代中国人民的精神旗帜，是建设中国特色社会主义的思想基础，也是形成全社会共同的理想信念和道德规范的精神纽带。在经济全球化进程加快，科学技术进步日新月异，文化软实力竞争日趋激烈的新形势下，建设社会主义核心价值体系，加快社会主义先进文化建设，是推进中国特色社会主义事业的必然要求。

当今世界正处在经济危机之后大调整大变革的时期，当代中国正处在大调整大发展的时期，改革开放处在新的历史节点上，文化的作

① 《中国共产党第十七次全国代表大会文件汇编》，北京：人民出版社2007年版，第10页。

用对于实现新的奋斗目标更加凸显。一定意义上，社会和谐就是文化和谐，国家强盛就是文化强盛。建设社会主义核心价值体系，不仅是改革开放的需要，也是建设社会主义先进文化的需要，是提升文化软实力的需要，是建设共有精神家园的需要。放眼国际，综合国力竞争的一个显著特点就是文化的地位和作用更加突出，谁占据了文化发展的主导权，谁拥有了强大文化软实力，谁就能够在激烈的国际竞争中赢得主动。

从国内形势看，改革开放进入深水区，中国大地正在发生广泛而深刻的变革，社会主义核心价值体系建设，社会主义先进文化建设、中华民族共有精神家园建设都取得了巨大成就。但总体而言，社会主义核心价值体系建设、文化发展同经济社会发展和人民日益增长的精神文化需求还不完全适应，文化整体实力和国际影响力与大国地位还不相称，社会主义核心价值体系与文化建设任务非常艰巨。

社会主义核心价值体系的建设和研究已经取得很大成就，当前理论界面临的重要课题是，遵循体现时代性、突出大众性、富有创造性、具有民族性的指导思想，对社会主义核心价值体系做进一步概括和凝炼。目前为止，很多地方已经概括出具有本地特点、反映本地精神的核心价值观，具体的内容很不一致，表述风格也不一致，得到全国人民普遍认同的核心价值观还没有出炉，这是当前十分重要、急需解决又颇有难度的工作，需要理论界和全国人民共同努力。

社会主义核心价值体系的建设始终要抓住理论和现实两个维度。理论维度一方面要着力于社会主义核心价值体系的解读、理解和宣传；一方面要着力于社会主义核心价值体系内涵的拓展、丰富和深化，从历史和逻辑相结合的视野，揭示社会主义核心价值体系在当代中国演变的逻辑进程。现实维度一方面要践行社会主义核心价值体系，将其内化为世界观和方法论、认识世界的理论和改造世界的方法；一方面要让社会主义核心价值体系融入人民大众的生活实践中，解群众所惑，想群众所需，为群众所用。要实现理论维度和现实维度的有机结合，必须实现社会主义核心价值体系大众化。只有为大众所理解和接受，社会主义核心价值体系才有生命力，只有反映时代的规律、人民的生活、民族文化的精粹、世界文明的成果，社会主义核心价值体系才会永放光芒。第一，社会主义核心价值体系建设要努力反映社会主义现代化建设规律，要随时代的发展而发展，真正成为时代精神的精华，凸显社会主义价值观的科学性。第二，社会主义核心价值体系建设要努力结合人民群众的日常生活实践，关心人民的疾苦、回应人民的心声，凸显社会主义价值观的实践性。第三，社会主义核心价值体系建设要不断发掘中华民族文化的宝藏，充分吸纳其精华，凸显社会主义价值观的民族性。第四，社会主义核心价值体系要广纳世界优秀文明成果，特别是现时代的物质文明和精神文明优秀成果，凸显社会主义价值观的时代性。

实现社会主义核心价值体系从理论形态向现实的方法的转化，让社会主义核心价值体系成为现实生活中的导航标，要注意在社会主义核心价值体系大众化的实现过程中不断进行方法创新。要努力用社会主义核心价值理论去服务公众事业。从理论上的价值体系转变为人民群众生活中的活的行为准则，成为切实指导人民群众解决现实问题的法宝。要努力用社会主义核心价值原理去指导方法的创新。把原则性的价值体系转变为操作性的价值规范。加强各种形式的普及和宣传，让社会主义核心价值体系成为人民大众喜闻乐见的道德规范，易于接受的道德准则。要努力把经典语言表述转化为生活语言表述。把社会主义核心价值体系同广大人民群众的工作、学习和日常生活相结合，赋予当代社会主义核心价值体系通俗易懂的表现形式，获得入耳入脑入行的传播效果。要努力让社会主义核心价值体系由少数人的理论话语转变为多数人手中的行动指南。把书斋中课堂上的社会主义核心价值体系转化为人民大众实践中的行为指南。

大国崛起，不仅是国内生产总值的增长，而且是社会核心价值体系的提升；不仅是物质财富的增长，而且是精神财富的增长；不仅是工业产品的强势，而且是思想文化和价值观的强势；不仅体现为强大的硬实力，而且体现为强大的软实力。“当中国不仅是以经济大国，而且是以文化大国，不仅是以经济强国，而且是以文化强国屹立在世界东方时，中华民族的伟大复兴才能真正实现。”①

① 郭建宁：《建设文化强国的意义、思路与路径》，《大连干部学刊》2011年第11期。

主要参考文献

一、著　作

1.《马克思恩格斯选集》（1－4卷），北京：人民出版社1995年版。

2.《列宁选集》（1－4卷），北京：人民出版社1995年版。

3.《毛泽东选集》（1－4卷），北京：人民出版社1991年版。

4.《邓小平文选》（1－3卷），北京：人民出版社1993、1994年版。

5.《江泽民文选》（1－3卷），北京：人民出版社2006年版。

6. 胡锦涛：《科学发展观重要论述摘编》，北京：中央文献出版社、党建读物出版社2008年版。

7. 中共中央宣传部：《社会主义核心价值体系学习读本》，北京：学习出版社2009年版。

8. 中共中央宣传部理论局：《理论热点面对面2009》，北京：学习出版社2009年版。

9. 中共中央宣传部理论局：《六个"为什么"——对几个重大问题的回答》，北京：学习出版社2009年版。

10. 李德顺：《价值论》，北京：中国人民大学出版社2007年版。

11. 葛洪泽：《重建精神家园》，芜湖：安徽师范大学出版社2011年版。

12. 袁贵仁：《价值观的理论与实践：价值观若干问题思考》，北京：北京师范大学出版社2006年版。

13. 孙伟平：《价值差异与社会和谐——全球化与东亚价值观》，长沙：湖南师范大学出版社2008年版。

14. 韩震：《社会主义核心价值体系研究》，北京：人民出版社2007年版。

15. 王琴：《筑牢中华民族精神支柱——建设社会主义核心价值体

系研究》，北京：人民出版社 2010 年版。

16. 侯惠勤、姜迎春、黄明理：《冲突与整合》，北京：中国人民大学出版社 2004 年版。

17. 陈新汉：《警惕核心价值体系“边缘化危机”》，北京：社会科学文献出版社 2011 年版。

18. 梅荣政、杨军：《社会主义核心价值体系与社会思潮析评》，北京：中国社会科学出版社 2010 年版。

19. 周玉清、王少安：《社会主义核心价值体系引领大学文化建设论纲》，北京：人民出版社 2011 年版。

20. 杨晓慧：《社会主义核心价值体系融入大学生思想政治教育全过程的基本问题研究》，北京：人民出版社 2011 年版。

21. 陈志军：《社会主义核心价值体系融入大学生思想政治教育全过程研究》，北京：光明日报出版社 2009 年版。

22. 胡懋仁：《大学生理论热点问答——社会主义核心价值体系建设丛书》，北京：人民出版社 2012 年版。

23. 陈新汉、冯西屏主编：《现代化与价值冲突》，上海：上海人民出版社 2003 年版。

24. 吴向东：《重构现代性——当代社会主义价值观研究》，北京：北京师范大学出版社 2006 年版。

25. 何兆武、柳卸林主编：《中国印象：外国名人论中国文化》，北京：中国人民大学出版社 2011 年版。

26. 韩勃、江庆勇：《软实力：中国视角》，北京：人民出版社 2009 年版。

27. 陈章龙：《论主导价值观》，南京：江苏人民出版社 2006 年版。

28. 郑国玺：《社会主义市场经济条件下的价值观建设》，成都：四川人民出版社 1995 年版。

29. 孟繁华：《众神狂欢—当代中国的文化冲突问题》，北京：今日中国出版社 1997 年版。

30. ［美］约瑟夫·奈：《软力量——世界政坛成功之道》，吴晓辉、钱程译，北京：东方出版社 2005 年版。

31. ［美］爱德华·W·萨义德：《文化与帝国主义》，李琨译，北京：三联书店 2003 年版。

32. ［美］乔纳森·弗里德曼：《文化认同与全球性过程》，郭建如译，北京：商务印书馆 2003 年版。

33. ［美］泰勒·考恩：《创造性破坏：全球化与文化多样性》，王志毅译，上海：上海人民出版社 2007 年版。

34. ［美］塞缪尔·亨廷顿：《文明的冲突与世界秩序的重建》，北京：新华出版社 2002 年版。

35. ［美］丹尼尔·贝尔：《资本主义文化矛盾》，赵一凡等译，北京：三联书店 1989 年版。

36. ［美］克利福德·格尔茨：《文化的解释》，韩莉译，南京：译林出版社 1999 年版。

37. ［法］阿芒·马特拉：《世界传播与文化霸权》，陈卫星译，北京：中央编译出版社 2005 年版。

38. ［英］马丁·雅克：《当中国统治世界：中国的崛起和西方世界的衰落》，张莉、刘曲译，北京：中信出版社 2010 年版。

39. ［英］伯特兰·罗素：《罗素自选文集》，戴玉庆译，北京：商务印书馆 2006 年版。

40. ［意］乔万尼·阿里吉：《亚当·斯密在北京：21 世纪的谱系》，路爱国等译，北京：社会科学文献出版社 2009 年版。

二、论　文

1. 李长春：《深入学习实践科学发展观　推动社会主义文化大发展大繁荣》，《求是》2008 年第 22 期。

2. 刘云山：《深入推进社会主义核心价值体系建设　巩固全党全国人民团结奋斗的共同思想基础》，《党建》2008 年第 4 期。

3. 袁贵仁：《建设社会主义核心价值体系》，《中国社会科学》2008 年第 1 期。

4. 李崇富：《关于“普世价值”的几点看法》，《马克思主义研究》2008 年第 9 期。

5. 侯惠勤：《“普世价值”的理论误区和实践危害》，《马克思主义研究》2008 年第 9 期。

6. 俞可平：《中国特色社会主义的世界历史意义》，《人民论坛》

2008 年第 12 期。

7. 陈先达：《论普世价值与价值共识》，《哲学研究》2009 年第 4 期。

8. 周弘：《全球化背景下“中国道路”的世界意义》，《中国社会科学》2009 年第 5 期。

9. 戴木材、田海舰：《社会主义核心价值体系建设需要深化研究的若干理论》，《马克思主义研究》2009 年第 9 期。

10. 汪信砚：《普世价值 · 价值认同 · 价值共识——当前我国价值论研究中三个重要概念辨析》，《学术研究》2009 年第 11 期。

11. 张传开：《社会主义核心价值体系是当代中国人民的主心骨》，《求是》2009 年第 15 期。

12. 邹诗鹏：《三十年来中国社会文化思潮的走向及其历史效应》，《马克思主义与现实》2009 年第 1 期。

13. 李景源：《核心价值体系与中国发展道路》，《马克思主义研究》2010 年第 5 期。

14. 萧功秦：《困境之礁上的思想水花——当代中国六大社会思潮析论》，《社会科学论坛》2010 年第 8 期。

15. 云杉：《文化自觉　文化自信　文化自强——对繁荣发展中国特色社会主义文化的思考》，《红旗文稿》2010 年第 15、16、17 期。

16. 李德顺：《社会主义核心价值与当代普世价值》，《学术探索》2011 年第 10 期。

17. 孙伟平：《论中国特色社会主义核心价值理念》，《湖北大学学报》2011 年第 3 期。

18. 杨涯人、邹效维：《“普世价值”考辨》，《哲学研究》2011 年第 2 期。

19. 杨芳、梅荣政：《论中国特色社会主义理论体系与社会主义核心价值体系的内在关系》，《思想理论教育导刊》2011 年第 10 期。

20. 吴晓明：《当代中国的精神建设及其思想资源》，《中国社会科学》2012 年第 5 期。

21. 陈新汉：《核心价值体系及其与核心价值观的关系》，《红旗文稿》2012 年第 8 期。

22. 韩震：《“民主、公正、和谐”体现了社会主义的核心价值追求——兼论社会主义核心价值观的凝练及其原则》，《红旗文稿》2012

年第 6 期。

23. 包心鉴：《社会主义核心价值观的凝练与建构》，《光明日报》2012 年 1 月 14 日。

24. 李建华：《社会主义核心价值观的提炼》，《红旗文稿》2012 年第 5 期。

25. 杨明：《国家与公民：社会主义核心价值观概括的基本路径》，《红旗文稿》2012 年第 4 期。

26. 龚群：《以马克思主义社会有机体论为基础概括社会主义核心价值观》，《红旗文稿》2012 年第 7 期。

后　记

本书系新闻出版总署社会主义核心价值体系建设“双百”出版工程重点出版物和2012年国家出版基金项目。

改革开放是实现中华民族伟大复兴的必由之路。30多年来，在中国共产党的领导下，全国人民高举中国特色社会主义伟大旗帜，大胆改革，锐意创新，取得了社会主义现代化建设的一个又一个伟大胜利，我国的经济、政治、文化、社会和生态文明建设迈上了一个又一个新的台阶。但是，在快速发展的同时，我国社会也出现了这样或那样的问题，许多问题都指向思想、文化、价值观领域。因此，建设社会主义核心价值体系，建设社会主义文化强国，提升中国文化软实力，是摆在我们面前的时代课题。

文化是一个民族、国家之魂，是一个民族、国家全体社会成员的精神家园。而社会主义核心价值体系则是社会主义文化的精髓。加强社会主义核心价值体系建设，是文化强国建设的重中之重，是团结全国各族人民，凝心聚力，实现中华民族伟大复兴的必然选择。同时，繁荣发展社会主义先进文化，加强社会主义核心价值体系建设，也是增强中国文化软实力和国际话语权的重大举措。

建设社会主义核心价值体系既是一项艰巨的历史性任务，也是一项复杂的社会系统工程，而吸纳和弘扬以改革创新为核心的时代精神则是其中的重要内容之一。中国共产党十一届三中全会拉开了我国改革开放的大幕，以土地承包为主要内容的农村改革、经济特区的设立、全国范围的经济体制改革、政治体制改革、科技体制改革、医疗卫生体制改革、文化体制改革，特别是社会主义市场经济体制的确立，等等，催生、培育了当代中国的时代精神。至于改革开放历史进程中涌现出来的抗洪抢险精神、抗震救灾精神、航天精神、北京奥运精神，等等，则是改革创新精神的具体而生动的呈现，同时也构成了社会主义核心价值体系不可或缺的有机组成部分。

正是基于上述认识，以及我们自觉肩负的使命感和责任感，我们组织了一个课题组，力图围绕改革开放和社会主义核心价值体系建设展开系统研究。本课题由孙伟平、张传开主持，但各课题组成员出力颇多，实际上是一项集体合作成果。课题组先拟定了一个基本的研究框架，经过反复讨论、协商，确定了写作提纲并进行了分工。干成俊撰写了导言、第四章、第六章和结语，牛菲撰写了第一章，余在海撰写了第二章、第五章，并编制了主要参考文献，戴兆国撰写了第三章。在各部分执笔者反复修改的基础上，最后由孙伟平、张传开统稿、定稿。本书截稿时间为 2012 年 10 月 8 日。

由于问题本身的复杂艰深和我们的水平有限，再加上时间较紧，因而书中难免存在这样或那样的问题甚至错漏，热诚欢迎广大读者和学界同仁批评指正。

孙伟平　张传开

2012 年 10 月 30 日